はじめに

本来,「生きること」と「学ぶこと」は統合されていた。学校も寺子屋もない時代, 物事を熟知する地域の年寄り, 長老を囲み, 彼の語りから若者は様々なこと, 人生の智恵を学んだ。この時代には,「学ぶこと」は生きる術の獲得であった。「学ぶこと」は即「生きること」だった。だが, 社会が発展し, 学校制度が整備されるにつれて, 学校は社会から隔離されていき, やかで学校で学ぶことは社会に出てから役に立たないとまで言われるようになってしまった。「学ぶこと」と「生きること」が分離したのである。

「学ぶこと」と「生きること」が一体の時代,「物語り」によって教育が行われていた。教育のプリミティブな形として,「物語り」による教育, ナラティヴ・エデュケーションがあった。本書は, 社会に開かれた学びが標榜され, 主体的・対話的な深い学びが求められる現在, そのような学びを指向する授業づくりの実際を提示したものである。なお, 若年教員や教員を目指す学生にも分かりやすいように,「物語り」を活かした実践記録の詳しい記述に努めた。本書が, 今後, ナラティヴ・エデュケーションを試みる方々の意欲の扉を開くとともに, 未だ緒にも就いていない, 古くて新しい教育であるナラティヴ・エデュケーションの扉を少しでも拓くことになれば, 編者一同望外の喜びである。

「第Iの扉 『ナラティヴ・エデュケーション』への誘い」では, ナラティヴ・エデュケーションへの理解が深まるように心がけた。第1章では, まず, 生徒一人ひとりの「私の中学校時代」という物語を「成長の物語」にする視点を教育者が共有する意義が述べられる。次に,「物語としての授業」が述べられる。授業は, 教師が構想した物語と子どもたちがそれぞれに描く物語, そして教材さえ物語る, そのぶつかり合いのなかで進行する「物語的交渉」である。授業は「多声的現実」でもある。それ故, 授業を最初に構想できる特権的立場の教師ですら,「思いがけない展開のなかに新鮮な驚きを感じる」, 本当に面白い物語(ドラマ)なのである。第2章では, ナラティヴとは何か, どんな意味があるかが述べられる。ナラティヴは, 自らの世界を理解するフィルターに例えられる“心的な機能”であり, その人の体験や感じてきた歴史(物語り)の総体である。新たなナラティヴ生成は, 先が見えない今を「共に生きる」ことが求められ,「無知の知」が必要であり, 子どもの気持ちを「傾聴」することが大切となる。ナラティヴが, 我々の過去や現在, 未来さえも規定するが故に, どんなナラティヴを子どもの内に創造するかが, 子どもの未来を育てる鍵にもなる。第3章では, 今, ナラティヴ・エデュケーションが求められる理由と中学校でのナラティヴ・エデュケーションの意味が述べられる。「物語り」は, 人間の根源的なことに係わる。それ故に,「物語り」の訴求力は高くなり, 巷に「○○物語」が溢れている。しかも,「出来事と人生を理解しうるものにするのは物語の働きであって, 科学的説明ではない」。中学校は,「自立への基礎」を図るとともに,「個性をさぐる」機会の準備が重要となる。このような, 学校教育におけるアイデンティティ形成の支援では,「物語り」を活用した授業が有効である。そして, 香川大学附属坂出中学校のナラティヴ・エデュケーションとしての各実践のポイント等が述べられる。

「第IIの扉 ナラティヴ・エデュケーションの実際とその展開」では, 香川大学教育学部附属坂出中学校のナラティヴ・エデュケーションと係わる授業実践をラインナップし, 主体的・対話的な深い学びを実現する実践づくりの実際を紹介する。ここでは，若い教員や教員を目指す者でも分かりやすいような実践記録の記述にも努めた。若い教員や教員を目指す者が，主体的・対話的な深い学びの実践をどのようにしていけばよいか考える際に，参考になるように心がけた。

伊藤　裕康
竹森　元彦

2018(平成30)年11月2日

目　次

第Ⅰの扉　「ナラティヴ・エデュケーション」への誘い

第１章　「私の中学校時代」という物語を生きる

人間の基礎的な「あり方」としての「物語ること」。ここでいう「物語ること」とは，私たちが自己の生の歩みを，あるいは世界のなかで経験する出来事を，始まり/あいだ/終わりという時間の流れのなかに筋立てて捉えることである。私たちはつねに物語りつつあり，たとえある特定の物語から抜け出ることはできても，物語るという存在様式そのものから逃れることはできない。

私たちが世界のなかで経験する出来事はすべて，それが有意味な出来事であるかぎり，始まりと終わりに挟まれた「あいだ」に生起する。そもそも，私たちが人間として生きることは，誕生と死という２つの限界によって区切られた生の歩みに，そのつど全体としての意味を与えながら生きること，つまり「私の人生」という物語を生きることである。

私たちは自分についての物語を自分に対して語り続けるかぎりにおいて「自分自身であること」ができる。上に,「有意味な」出来事はいつも始まりと終わりの「あいだ」に生起すると述べたが，考えてみれば,「自分が自分である」ということも一つの出来事である。私たちが「自分自身である」そのあり方（物語的自己同一性）は，私たちが始まりと終わりの「あいだ」をどう筋立てるのかによって，つまりどういう人生物語を物語るかによってそのつど違ってくるであろう。

私はかつて，こうした「人間存在の物語性」という包括的な地盤において「教育の物語学」を展開し，その成果をいくつかの論文（「「物語ること」と人間形成」(1996)「教育のナラトロジー」(1996)「教師のための物語学－教育へのナラティヴ・アプローチ」(2003)「いじめの語られ方―いじめ問題への物語論的アプローチ」(2003) など）にまとめた[1)] ことがある。

また，香川大学教育学部附属高松中学校の校長在任中（2009 年 4 月から 2012 年 3 月まで）には,「建心館」という講堂で，附中生に対して「人間のあり方，生き方としての「物語」」というテーマで話したり，あるいは間接的にこれに関連するテーマで話したりする機会が何度かあった。さらには，附属坂出中学校が「ものがたり」をキーワードとする研究主題を掲げるようになり，この研究主題のもとに進められる実践研究について，私なりに考えることがないわけではなかった。

そこで今回は，まず，附属高松中学校で行った校長講話のなかで，物語ないし物語論に直接間接に関連した話をいくつか紹介しながら，中学生が「中学校時代という物語」を生きることの意味を考えてみたい。次に，附属坂出中学校の実践研究を手がかりに,「物語としての授業」について考えてみたい。

まず，最初に紹介するのは，20011 年の１月に行った校長講話である。

今日は，人間の在り方，生き方としての「物語」について考えてみたい。

やや抽象度の高い話になります。

ここで言う「物語」は，竹取物語や源氏物語のような出来上がった作品としての物語ではありません。そうではなく，人間の在り方，生き方としての物語です。実は，様々な出来上がった作品としての物語も，このような人間の在り方，生き方から生み出されました。

私たちは，この世で経験する出来事を，始まり/あいだ/終わり，という時間の流れの中で筋立てて捉えています。始まりと終わりのあいだを筋立てるという以外に，出来事を経験する方法はあるでしょうか。

人生もまた，一つの出来事であり，一つの物語です。誕生によって始まり，死によって終わります。生きているということは，生まれたということであり，死んでいないということ，つまり，誕生と死との「あいだ」を生きているということです。私たちは，この「あいだ」を筋立てながら，「私の人生」という物語を生きているのです。私たちは，「私の人生」という物語の物語作家であり，同時にこの物語の主人公として生きています。

ここに，人間と動物との生き方の違いの一つがあります。動物はただ生きている。それに対して人間は，ただ生きているのではなく，「私の人生」という物語を生きている。

この「私の人生」という物語の中には，いくつもの小さな物語が入っています。例えば，「私の附属高松中学校時代」という物語が。「私の中学校時代」という物語の中には，さらにいくつもの小さな物語が入っており，入れ子状になっています。中学校時代のエピソードの一つ一つが物語であり，その物語は，「私の中学校時代」という物語の中に入っています。

ところで，「私の中学校時代」という物語の始まりは入学であり，この物語の終わりは卒業ですね。ここで大事なことは，この中学校時代の真っただ中において，私たちは，この中学校時代がいずれ終わる，卒業することを知って生きているということです。卒業することは，入学した時から知っています。だから，「私の中学校時代」という「かけがえのない物語」を大切に生きることになるのです。

2011年が始まった時から，2011年が終わることを知っている。終わることを知っているから，このかけがえのない2011年を，悔いが残らないように大切に過ごしたいと思う。それで，例えば，年頭に当たって決意する。

もし，2011年が終わらないならば，いや（正確には），2011年が終わることを知らないならば，私たちは「2011年という物語」を生きていることにはならない。したがって，このかけがえのない2011年をよい一年にしようと，例えば，年頭に当たって決意することはない。

もし，中学校時代が終わらないならば，いや，中学校時代が終わることを知らないならば，私たちは「私の中学校時代」という「かけがえのない物語」を生きていることにならない。だから，「私の中学校時代」を有意義な中学校時代にしようと努力することもない。

もし，人生が終わらないならば，いや，人生が終わることを知らないならば，私たちは「私の人生」という物語を生きていることにはならない。この「私の人生」を悔いのない，有意義な人生にしようと懸命に生きることもない。

人間はただ生きているのではなく，「私の人生」という物語を生きている。それは，私たちがmortal（有限存在）であることの言い換えです。ここでいう有限存在というのは，単に終わりがあるということではなく，終わりがあることを知って生きているということです。だから，犬やネコは，mortal（有限存在）ではありません。人間のみがmortal（有限存在）なのです。有限存在として，始まりと終わりの「あいだ」を筋立てながら生きることが，人間の人間らしい生き方を可能にしています。

もう一度言います。私たちは，有限存在として，始まりと終わりの「あいだ」を筋立てながら生きています。私たちは，「私の人生」という物語の物語作家であり，同時にこの物語の主人公として生きているのです。

今日は，人間の在り方，生き方としての「物語」について考えてみました。
これで話を終わります。

講話の冒頭で「今日は，人間のあり方，生き方としての「物語」について考えてみたい」と述べた。その日の講話の主題を最初に示したのである。続いて「やや抽象度の高い内容になります」と，これから話すことが，思いっきり背伸びをして聴くような内容であることを予告している。そのあと「人間存在の物語性」（人間のあり方，生き方としての「物語」）の最も基礎的な考え方について，中学生に語って聴かせている。

自分で言うことではないのかもしれないが，これまで自分が書いたどの論文よりも，物語論の一番肝心なところについて，簡潔でよい説明ができたように思う。誰に向かって語るように書くのか。対象として想定している聴衆と読者によって，ずいぶん書き方は変わってくるだろう。私は，附属高松中学校の校長になったことで，背伸びをしている中学生に向かって語りかけるという，自分によく合った思考と表現のスタイルを発見できたのである。

さて，冬休みが明けて最初の全校朝会では，各学年の生徒代表が 2011 年の年頭に当たっての決意を述べた。1 月の講話は，それを受けての話の内容になっている。「私の人生」「私の中学校時代」「2011 年という物語」という 3 つの物語，始まりと終わりをどこで区切るのかで長さの違う，入れ子状になった 3 つの物語を使って，人間のあり方，生き方としての物語について説明し，そこから「よく生きること」「人間の人間らしい生き方」について考えさせるという構造になっている。

講話の中で述べている物語論の立場に立てば，中学生は，その中学生時代の只中において始まり（入学）と終わり（卒業）を見通しており，そうした時間的展望のなかで，そのつど自分の中学校時代を筋立てている。中学生が中学生であるのは，彼らが「私の中学校時代」という物語を自分に対して語り続けているからである。生徒の一人ひとりが「私の中学校時代」という物語の物語作家であり，同時にこの物語の主人公として生きている。私は校長として，附属高松中学校に入学した皆が，この「私の中学校時代」というかけがえのない物語を大切に生きてほしいし，またこれを「成長の物語」にしてほしいと願っていた。

では，「私の中学校時代」という物語を「成長の物語」にするためには何が必要か。実は，それぞれの物語には，主人公以外の様々な人物が登場する。様々な登場人物との出会いと豊かな交流が，成長につながる物語には必要である。さらに，そこには必ず何らかの「挑戦」という要素が必要であろう。附属高松中学校という成長の舞台で，様々な仲間と出会い，豊かに交流し，幾多の困難な課題にひるむことなく挑戦してほしいという願いを込めて，生徒代表が年頭の決意を述べた翌週というタイミングで，この「物語を生きる」という講話をしたのである。

次に紹介するのは，「過去の制作」という校長講話である。2010 年 2 月の全校朝礼で話している。

今日は，人間の過去に対する関係，私たちの現在における「過去の制作」について，お話します。
私たちは，普通，現在と過去の関係について，次のように考えます。過去は，動かしえない事実であって，私たちは過去に立ち返って（いくら，ああすればよかった，こうすればよかったと思っても）やり直すわけにはいきません。過去の動かしえない事実。それが一つひとつ積み重なって，私たちの現在ができている。過去は原因であり，現在はその結果であると，このように考えています。

この意味では，過去が現在を規定している。過去が現在を創っていると言ってよいでしょう。ところが，これとは全く逆のことを言うこともできます。現在が過去を規定している。現在が過去を創っているのだ，と考えることもできます。それは，どういうことでしょうか。

こういうことです。なるほど，過去の事実は変えられないが，しかし，過去の事実に対する私の態度は変えることができる。過去の事実をどう受け止めるのか，これをどのように解釈するかは，そのつど，私の現在にかかっている。過去の事実が何を意味するのかは，現在において決まることである，と。

現在における「過去の制作」。これは，個人の歴史においても，民族の歴史においても，言えることである。

では，私たちは現在において，自分の過去に対してどのような態度をとることができるのか。いろいろな態度をとることができますが，ここでは，二つの対極的な態度のとり方を取りだして，比較してみたい。

一方で，私たちは，自分の過去を受け入れることができる。他方で，私たちは，自分の過去を拒み続けることもできる。受け入れるのか，拒み続けるのか。この現在における態度のとり方によって，過去は違った意味を持つ。

私たちが過去と向かい合い，これを受け入れるならば，私たちにとって，過去は「支える土台」となる。私たちは，過去によって支えられ，未来に向かって前進することができる。

ところが，もし過去を拒み続けるなら，過去は「桎梏」（手かせ足かせ）となる。過去が「支える土台」となるのか，手かせ足かせの意味の「桎梏」となるのか，それを決めるのは，現在における過去に対する私の態度である，といってよい。

精神分析学という学問を創始し，今日の精神医学の礎（いしずえ）を築いたジグムント・フロイトは，精神分析の仕事を「過去を思い出に変えること」だと言いました。

それはどういうことか。分かりやすく説明すると，思い出すことを拒絶され，無意識下に押しやられた過去を，それゆえ，様々な神経症の症状となって現れる過去を，受け入れられた過去である「思い出」に変えていくことが，精神分析の仕事だというのです。

さて，過去を振り返るときに，どういう感情が伴っているのか，それをみれば，現在における過去に対する私の態度が分かります。人間は，一切の感情なしに，過去を振り返るということはできません。

過去を「感謝」とともに振り返るとき，私たちは過去と和解し，過去を受け入れたのです。逆に，ルサンチマン（うらみつらみ）とともに過去を振り返るとき，過去を拒絶しているのです。

ただ，過去を拒絶したままでは，前に進めない。いや，それでも，前に進もうとするとき，今あるステージから新しいステージに向かおうとするとき，私たちは再び過去と向かい合い，過去と和解することを迫られるのです。

「思い出ぽろぽろ」とは，アニメ映画のタイトルですが，人生の節目において，あるステージから次のステージ移行しようとする頃に，訳もなく昔のことが思い出される。あたかも，過去の方から，私たちに「それでもよかったと，受け入れなさい」と迫ってくるかのようです。実際に，私たちは，人生の節目において，過去において自分の形成に与った人々に対して，「ありがとう」を言いたくなるのです。

未来に向かって前進することのできる人にとって，過去は「支える土台」であり，そのような人は，過去を感謝とともに振り返ることができるのだ，ということができます。
今日は，「現在と過去の関係」についてお話しましたので，次回は，「現在と未来の関係」について，お話します。

この講話も，現在における「過去の制作」，過去に対する対極的な態度の取り方それに伴う感情という抽象度の高い話になった。

それにしても人はなぜ，身の上に起こった出来事を繰り返し物語ろうとするのか。これは，物語論における重要な論点の一つである。私たちは，繰り返し物語ることで，人生物語の主人公である自分自身と折り合いをつけ，わが身に降りかかった出来事の結末を「受け入れよう」とする。いや，むしろ逆に，過去の自分と自分の形成に与った人々と和解し，自分にとって受け入れがたいことを何とか受け入れようとするとき，私たちは繰り返し物語るのだとも言えよう。

「私の中学校時代」は，様々な成長の課題に直面する時期である。失敗したり，挫折したりすることも多い。それでも這い上がって，未来に向かって力強く前進するためには，自分にとって受け入れがたいことであっても，そこから目を背けてはならない。今の自分があるのは「あのことがあったから」「あの人たちがいたから」と，感謝とともに振り返ることができるようにならなければならない。

次回の全校朝礼で「現在と未来の関係」について話すと予告しながら，実は，翌週の全校朝礼が，何かの都合で流れてしまう。結局，持ち越したテーマについて話したのは，卒業式での校長式辞においてであった。

卒業という節目に当たって，皆さんに最後の話をします。
皆さんの右前方に，本校の教育目標が掲げてあります。これまで何度見てきたことでしょう。最後にもう一度，しっかり見てほしいと思います。

自ら立ちつつ，共に生きることを学ぶ
今日に生きつつ，明日を志すことを学ぶ

前半のフレーズは，「自ら立つこと」と「共に生きること」を統一的に捉えています。自立なき共生は本物の共生ではない，共生なき自立は本物の自立ではない。このことを個と集団の関係に置き換えて，集団に背を向けるのではなく，集団に埋没するのでもなく，集団のなかで個を活かすことを学ぶのだと，これまで何度も話してきました。
後半のフレーズは，「今日に生きること」と「明日を志すこと」を　統一的に捉えています。前半のフレーズと語呂をあわせるために，現在における未来に対する関係について述べていますが，実は，現在における過去に対する関係への言及が隠されています。このことについて，2月の全校朝礼で，次のように話しました。過去の事実は変えられないが，過去に対する私の態度は変えることができる，私たちはそのつどの現在において，過去に対して態度をとっている。過去と向き合い，受け入れるのか，それとも過去を拒み続けるのか，それに応じて過去は違った意味を持つ。過去を受け入れ感謝とともに振り返る人にとって，過去は現在を支える土台であると。

さて，このように私たちの現在は，一方で過去によって支えられていますが，もう一方で，未来によって支えられています。未来にはいったい何が起こるか分からない，未来は不確かなものとして私たちに与えられています。にもかかわらず，未来が私たちを脅かすものとしてではなく，むしろ可能性として経験されるのはなぜか。それは希望があるからです。私たちの現在は，この未来への希望によって支えられています。

過去に対する感謝と未来に対する希望，この二つはワンセットです。過去を感謝とともに振り返る人は，希望をもって明日を志すことができる人です。私たちの現在は，土台として過去と，可能性としての未来によって，両側から支えられています。

附中の教育目標の前半のフレーズで，自立と共生を別々のものではなく統一的に捉えたように，後半のフレーズで，過去に対する感謝と未来に対する希望を統一的にとらえたいと思います。附中を卒業する皆さんには，「自立と共生」「感謝と希望」という附中のスピリッツをいつまでも大切にしてほしい，このように述べて，皆さんへの「はなむけの言葉」とします。

あるステージから次のステージに向かう節目の時，感謝という感情が，自然に湧き起こってくるものである。日本人はそういう節目の時を大事にしてきた。卒業式の校長式辞において，「現在と過去の関係」のおさらいをしつつ「現在と未来の関係」の話をすることができたのは，しかも附属高松中学校の教育目標と絡めてこの話ができたのはよかったと思う。「私の中学生時代」という「思い出」が，卒業生たちの未来への挑戦を「支える土台」になってほしいと願って，この「はなむけの言葉」を述べた。

「現在と未来との関係」は，2012 年３月の卒業式式辞のなかでも，形を変えて話している。

私が校長として皆さんと出会って３年。私は，皆さんが附属高松中学校に入学したときに校長として着任し，皆さんと共に「私の附中時代」を過ごしてきました。皆さんの「附属高松中学校時代」は，私の校長としての「附属高松中学校時代」であります。私は，皆さんと一緒に，「私の附中時代」を過ごせたことを誇りに思います。

・・・・

私は，皆さんが入学以来，全校朝礼・全校集会のたびに，話をしてきました。手帳を繰って調べてみましたら，全部で 83 回，話をしています。今日は，卒業という節目に当たって，皆さんに最後の話をします

先日，ある保護者の方から，「大人エレベーター」の話を教えていただきました。「大人エレベーター」は，あるビール会社の CM です。タレントの妻夫木（つまぶき）聡（さとし）さんが，「魅力ある大人」に出会うために「大人エレベーター」に乗ります。例えば，エレベーターに乗って 64 階という行き先を押すと，そこには，64 歳大人代表の北野武（きたのたけし）さんが待っています。ビールを飲み交わしながら，若い妻夫木（つまぶき）さんが，64 歳大人代表の武（たけし）さんに「大人とは」と質問します。

さて，この CM のことを私に教えてくれた保護者の方は，「校長先生。私は，成熟した大人とは，「存在」ではなく「当為」だと思うんですよ」と仰いました。「存在」と対比して使われた「当為」という言葉は，今はあまり使われなくなった哲学用語です。英語の be に対する shall be，ただ「ある」のではなく，「そうあろうとしてある」ことです。つまり，「大人である」とは，一定の年齢の

自然な状態として「あること」ではなく，未来に向けて，そうありたいと望み，みずから実現していかなければならない課題でもあるのです。
　皆さんはいま，「大人へのエレベーター」ではなく，「大人への階段」を歩いています。一歩一歩，歩いています。もし「大人エレベーター」に乗って，30階に行き，30歳の自分と出会ったら，何を質問したいですか。魅力のある「30歳の大人」になって，質問に答えてくれるでしょうか。そんな大人になりたい。そんな自分でありたいと願って，今日の階段を一歩一歩，力強く歩むこと。それが，「今日に生きつつ，明日を志すこと」であります。

3年間の校長としての任期中に，全部で83回，中学生の前で講話をしている。説教くさい話にならないように気をつけながら，背伸びをしている中学生に向かって，人間のあり方，生き方に関わる，かなり高度な内容の話をしてきた。

2012年卒業式の校長式辞のなかでは，あるテレビCMを材料に「現在と未来の関係」の話をしている。その話は，附属高松中学校の学校目標の後段，「今日に生きつつ，明日を志すことを学ぶ」の一つの解釈になっている。この学校目標については，抽象的で何を言わんとしているのか分かりづらいという見方もあるが，私にとっては多様な解釈を許すようなフレーズであるだけに，中学校生活の様々な出来事に触れて，あるいは折々の節目に当たって，何度でもこれを取り上げることができてよかったと思う。

ところで，今日の中学校教育のあり方を考える上で，生徒一人ひとりの「私の中学校時代」を物語と見なすことは，どういう示唆を与えるのだろうか。実は，私たち日本人にとって「中学校時代」を一つの物語（ドラマ）とみるような見方は，大変なじみやすいものである。そういえば，かつて「中学生日記」という30分ものの NHK 番組が放映されていた。中学生の身の上に起こる様々な出来事，この時期に特有の悩みや葛藤，淡い恋や友情の物語などが描かれていた。テレビドラマにも漫画にも，「学園もの」というジャンルが成立していたように思う。なぜ，学校生活やそのなかで起こる事件が，作品（ドラマ）としての「物語」になりえたのか。それは，日本の学校が単に勉強をする所，知育の場であるだけでなく，生徒たちのトータルな成長の舞台だったからである。その成長の舞台において，多くの先生や仲間などの登場人物との出会いがあり，彼らとの深い交流があり，当然のことながら，葛藤や挫折があった。ものごとは思う通りにならないということを学んだのである。

岡本夏木は，かつて大学生に成熟度を測定するテストを実施すると同時に，自分の過去を回想的に記述させている（最もうれしかったこと，最も悲しかったこと）。成熟度テストで得点が高かった者の作文に特徴的だったのは，「うれしかったこと」と「悲しかったこと」が切り離されず，結びつけられて捉えられていること，苦しかったこと，悲しかったことが克服された時の経験こそが，最も大きい喜びであり感動であったと記述していることであるという。成熟群の大学生には，過去の逆境について，それに耐えたことが「今の自分を形づくった」という「つまづき」経験のとらえ直しが見られたのである[2)]。

「私の中学校時代」の物語にも，たくさんの「つまずき」経験があり，苦しかったことや悲しかったことがある，しかし，これを乗り越えたところに最も大きい喜びや感動がある。逆境に耐えることが，成熟をもたらす。日本の中学校はかつて，そういう成長の舞台がたくさんあった。たとえば，合唱コンクールのような行事。クラス対抗で行われることが多いが，選曲のための話し合いの時からもめて，練習での不協和音，仲間との様々な葛藤を経て，コンクール当日の感動に至るまでには，幾多のドラマがある。教師にとっては，毎年繰り返しているようなドラマに見えるが，クラスの生徒たちにとっては，個性的な一回限りのドラマである。残念ながら，こうしたドラマの共演者になることのリスクが少しずつ高まっているように感じる。だからこそ，生徒の一人ひとりが「私の中学校時代」という物語を生きており，このかけがえのない物語を「成長の物語」にするための視点を，教育者が共有することの意義は大きいと思う。

以上，附属高松中学校で行った校長講話のなかで，物語ないし物語論に直接間接に関連した話をいくつか紹介しながら，生徒の一人ひとりが「私の中学校時代」という物語を生きており，このかけがえのない物語を「成長の物語」にするための視点を，教育者が共有することの意義について考察した。

次に，「物語としての授業」について考えてみたい。香川大学教育学部附属坂出中学校が「ものがたり」をキーワードとする研究主題を掲げており，この研究主題のもとに進められる実践研究に刺激を受けたからである。

私は，学校で行われる授業を一つの物語（ドラマ）として見てみたい。そのとき，どのようなことが明らかになるのだろうか。物語には，始まり（発端）があり，終わり（結末）がある。そして，その「あいだ」が筋立てられている。物語の発端のなかに結末を見て，結末のなかに発端を見る，そういう二重の視点の交錯のなかで，全体をまとめ上げる筋立てが見えてくる。では，その授業という物語の筋立てをはっきりと見通せる者は誰だろうか。それは，授業者としての教師である。彼こそは，授業という物語（ドラマ）の物語作家であり，舞台監督であり，また最も重要な登場人物であるように思う。

授業をしている教室に，参観のために私が入ったとしよう。授業の途中からの見学である。それでも，授業者の技量が高いなら，ものの数分で授業の全体の流れが見えてくる。どんな部分を見せられても，全体が同時に見えてくるのである。だから，あっという間に授業の中に入れる。授業者の発言は，全体の流れを意識したものである。子どもへの指示のなかで作業の目的が語られ，作業全体のどこをやっているのかが分かる。子どもにはある部分しか見えてなくても，授業者にはつねに全体が見えている。部分と全体の間の往復運動，発端と結末の間の往復運動ができているからだ。子どもはただ歩いている。そして周りの風景に目を奪われる。それに対して，授業者は子どもと同じ風景を見ながら，同時に頭の中に地図と旅程が入っているのである。だから，子どもと一緒に「きれいだねえ」と目の前の光景にうっとりしながら，「今，何を見ているのか，」「どこに向かって，どこを歩いているのか」を子どもに語れるのである。

ところが，実習生のような技量の低い授業者の場合は，こうはいかない。同じように授業を途中から参観し始めて，いつごろから全体の流れが見えてくるだろうか。10 分たっても，20 分たっても見えてこない。参観者には学習指導案を見てくれ，そこに授業の流れが書いてある，ということだろう。しかし，まさか子どもたちに授業の流れは学習指導案に書いてあるという言い訳ができるわけではない。私には，技量の低い授業者に決定的に欠けているものがあるように思われる。全体を俯瞰する者だから言える「状況を定義する言葉」が出てこないのだ。部分と全体を往復し，発端と結末を往復し，「教えること」を学ぶ者の立場から見ているから言える大人の言葉が欠けているのである。

また，大勢の子どもたちを引率した旅にたとえてみよう。「今，何を見ているのか，」「どこに向かって，どこを歩いているのか」を知っており，いつでもこれを語れる引率教師だからこそ，余裕をもって，子どもたちと一緒に目の前の光景にうっとりできるのである。こういった光景との出会いに旅のだいご味があるとするなら，それを子どもたちと一緒に味わえない教師は，二通りである。一つは，自分が勝手に考えた目的地に，とにかく早く着くことに気を奪われている教師である。もう一つは，目的地とそこへたどり着く行路を見失ってしまった教師である。たいてい，この二通りの教師は，同一人物である。子どもたちの立場から引率することを経験できない教師が，自分勝手な目的地や旅程を設定し，最初は計画通りにとらわれて，偶然に出会った光景—たいてい子どもたちが先にその光景を発見する—を素通りし，やがてその子ども不在の旅行計画が破綻することで，子どもたちと一緒に初めて見る光景を楽しむ心の余裕まで失っているのである。

授業を物語（ドラマ）という視点ないしメタファーを使って説明するつもりが，いつの間にか子どもたちを引率する旅のメタファーで説明していた。「物語としての授業」に話をもどそう。

ここで視点としたいのが，作品としての物語に，「物語性がある」とか「物語性がない」とかいう場合の，私たちの「物語」理解である。「物語性がある」ということは，一方では，全体をまとめ上げる筋立てがはっきりしていることを意味するが，しかし，あまりに筋立てがはっきりしていると，話の全体が平板になってかえって「物語性がない」ことになる。アリストテレスは，すぐれた物語はペリペテイア（筋の急変）を含むものであることを強調している。思いがけない展開のなかに新鮮な驚きを感じるのでなければ，私たちは話を読み（聴き）続けることはできない。「物語性がある」ということは，単に一貫性がある，筋が通っているということではなく，同時に話に展開性がある，読者（聴き手）の安直な予期を裏切るペリペテイアが含まれていることを意味するのである[3)]。

授業もまた「物語」であり，そこに「物語性がある」ことが求められているとするなら，よい授業には，一方では，一貫性のある筋，骨太の筋が通っていることが必要であり，他方では同時に，思いがけない展開，安直な予期を裏切るペリペテイアが含まれていなければならないということになる。この点においても，技量の高い教師とそうでない教師の差がつくところである。技量の高い教師は，子どものために準備する教材の中に，子どもとのやり取りとともに進行する授業展開の中に，多くのペリペテイアを仕組んでいる。

附属学校の研究大会などで見せていただく授業では，アリストテレスのいうペリペテイアがある種の「見せ場」になっており，しかも子どもが「思いがけない展開のなかに新鮮な驚きを感じる」ことが重視されているように感じる。私も，授業のなかで「新鮮な驚きを感じる」ことを大事にしてほしいと思うが，これは，教師にとっても子どもにとってもそうであってほしいと思う。ただし，どこで，何に対して「新鮮な驚きを感じる」かは，大人である教師と子どもでは，当然のことながらズレているし，教師はこのズレにも「新鮮な驚きを感じる」のである。

物語の「展開力」，ペリペテイアということと絡めて，注意したいのは，大人を作者とする物語と子どもを作者とする物語の違いである。一言でいえば，子どもの作る物語は，大人の作るそれと比べて展開力に欠ける。意識的に読者（聴き手）の期待を裏切ったり，その期待の実現を先延ばしたりして「見せ場」を演出することが難しいのである。物語の筋立てにおいて，他者の視点を取り込めるかどうかという点に，大人の物語と子どもの物語の決定的な違いがある。ここに，「授業という物語」の物語作家は，子ども自身であるとし，そこから授業論を展開することの難しさがある。授業において，教師は部分のなかに全体を見ることができるが，子どもは部分しか見ない。教師は，「教えること」を学ぶ側から経験できるが，子どもは学ぶ側の立場にしか立てない。授業という物語を「豊かな物語」として展開できるのが，発端と結末，部分と全体，「教えること」と「学ぶこと」

の間を往復できる者であるとすれば，それは子どもではなく，授業者である教師であろう。ただし，すべての教師が同じように，発端と結末を往還し，部分のなかに全体を見ることができたわけではなかったように，どれだけ「教えること」を学ぶ側から経験できるか，「教える側」と「学ぶ側」を往還できるかについても，力量の差がつくものである。いわゆる「子ども理解」に関する力量の差である。

最初に私は，授業者としての教師こそは，授業という物語（ドラマ）の物語作家であり，舞台監督であり，また最も重要な登場人物であるように思うと述べた。実は，後でこれを半分だけひっくり返すつもりであった。ただし，子どもこそが授業という物語（ドラマ）の物語作家であるという方向にひっくり返したいわけではない。そうではない。先にも述べたように，授業において，教師は「教えること」を学ぶ側から経験できるが，子どもは「学ぶこと」を教える側から経験できない。教師の「子ども理解」は必須だが，子どもの「教師理解」はなくても授業は成立する。

では，どういう方向で半分だけひっくり返すのか。それは，こういう方向である。授業は，教師が構想した物語と子どもたちがそれぞれに描く物語のぶつかり合いのなかで進行していく。いや，これでもまだ足りない。教材だって物語るからである。授業とは，そういう「物語的交渉」であり，「多声的現実」である。だから，これを最初に構想できる，特権的立場にある教師にとってすら，授業は「思いがけない展開のなかに新鮮な驚きを感じる」，本当に面白い物語（ドラマ）なのである。

授業において，教師はもちろん子どもたちも，いや，教材すらも物語の語り手である。また同時に物語の聴き手である。授業は複数の物語がぶつかり合う「物語的交渉」として成立する。こう述べた後で，舌の根も乾かないうちに，私は最後の最後にもう一度，また半分だけひっくり返したい。授業者として教師は，やはり授業において特権的な立ち位置に立っている。「物語的交渉」を記述できるのは誰か。「授業という物語」自体が語るのを「聴いた者」として語ることができる者は誰か。それはやはり，発端のなかに結末を見，結末のなかに発端を見ることで，授業の全体を貫く筋立てをはっきり見通すことができる教師，「子どもの視点」を取り入れたペリペテイアを授業の随所に仕込むことができる教師，しっかりした筋立てと「子ども理解」をもって授業に臨みつつ，思いがけない展開や子どもの反応に対しても，教師にとってのペリペテイアとして楽しむことのできる教師，例えば，附属坂出中学校の先生方のような，技量の高い教師を措いて他にないように思うのである。

註

1）毛利猛「「物語ること」と人間形成」岡田渥美編『人間形成論－教育学の再構築のために』（玉川大学出版部，1996年），毛利猛「教育のナラトロジー」和田修二編『教育的日常の再構築』（玉川大学出版部，1996年），毛利猛「教師のための物語学－教育へのナラティヴ・アプローチ」矢野智司・鳶野克己編『物語の臨界－「物語ること」の教育学』（世織書房，2003年），毛利猛「いじめの語られ方－いじめ問題への物語論的アプローチ」山﨑高哉編『応答する教育哲学』（ナカニシヤ出版，2003年）。なお，これらの論文は，いずれも毛利猛『臨床教育学の視座』（ナカニシヤ出版，2006年）に再録している。

2）岡本夏木「つまずきとゆらぎ」東洋[ほか]編『岩波講座　教育の方法2　学ぶことと子どもの発達』（岩波書店，1987年）130頁参照。

3）アリストテレス（今道友信訳）『詩学』『アリストテレス全集17』（岩波書店，1972年）41—43頁参照。

（毛利　猛）

第２章　「ナラティヴ・エデュケーション」とは何か？

Ⅰ　なぜ，ナラティヴ　×　エデュケーションなのか？

１　教育における“ナラティヴ”への着目・未来を育てるナラティヴ

臨床心理学やカウンセリングだけではなく，医療，福祉，社会学などなど多様な領域で最近，“ナラティヴ”という言葉が使われている。医療であれば，根拠に基づいた“エビデンス・ベイスド・メディスン”に対して，“ナラティヴ・ベイスド・メディスン”である。

一瞬の患者との出会いの中にこそ治療を促進する関係性があると考えるからである。高齢化社会において，あるいは，多様な病気や疾患を持ちながら生きる方が多くなる中で，患者との対話の質（一期一会の関係性）の重要性が指摘されている。

私たちが正しいと考えているストーリーはひとつの“ナラティヴ（物語り）”であって，またその“ナラティヴ”によって私たちの過去や現在，そして未来さえも規定されている。「私はこのような人間だ」というナラティヴは自己を規定している。したがって，どのようなナラティヴを児童生徒の内に創造するかが，児童生徒の未来を育てる鍵と言える。

２　ものがたり・物語り・語りに着目した教育実践

一人一人の“ナラティヴ”を大切にすることは，教育において，長い歴史の中で当然であるが重視されてきた。坂出附属中学校における「ものがたり」を重視した取り組み（平成28年，「学ぶこと」と「生きること」をつなぐ「ものがたり」　―個が響き合う共同体をめざしてー）は，生徒一人一人の描き出す「ものがたり」を核に据えて，子ども同士のものがたりの交流を促す。「ものがたり」の観点から教育の質を高め，一人一人の子どもたちがもつ「ものがたり」を育てる実践・研究が続けられてきた。「ものがたり」に着目することは，一人一人の児童生徒に内に眠るストレングスを大切にすることになる。また，附属高松小学校においても，平成29年２月２日の初等教育研究発表会のテーマは「分かち合い，共に未来を創造する子どもの育成」であった。ナラティヴや物語りという言葉は明確に示されていないが，その核にも，“ナラティヴ”の概念が読み取れる。エデュケーションに，ナラティヴの概念を取り入れることで，附属坂出中学校，附属高松小学校などの実践にみられる，主体性，創造性，共同性の関係性や発生機序を説明できるのではないか。それが説明できるとしたら，生き生きとした授業において“ナラティヴ”が使える概念として，使えるのではないか。本書は，その可能性への萌芽的取り組みである。

Ⅱ　ナラティヴとは何か？

１　授業に活かせる概念としてのナラティヴ

ナラティヴという言葉は，よく聞くが，少々わかりにくい印象がある。日本語で「物語り」と聞くと，絵本や小説が浮かんでくる。授業との関係で「物語り」と言われても，ピンとこないという話をよく聞く。特に，教育や指導という教育上の概念と，「物語り」という概念には距離感があり，違和感を訴える方も多い。

教師が，児童生徒に対して行う関わりと，生徒自身が持っている自己認識のあり方（ナラティヴ）について，どのような関係にあるのかを明確に意識しないと，ナラティヴは，実際の授業で使えるツールになりにくいと言える。

教育実践において，いまさらナラティヴを取り上げずとも，当然ではあるが，これまでも，一人一人の内的物語りがいきいきと活動すれば，それゆえに，児童生徒のなかから主体的に自発性や創造性が創出されてくること，その原理によって児童生徒を育てようとしてきた。

一方で，現代社会において，私たちは目に見える結果を出すことや，効果や評価を競うことが重視されている。そのようなナラティヴが支配的である。医療におけるエビデンスの重視と同じように，問題を設定して効果や成果をあげることが求められる。一方で，医療において，質的な側面や関係性の深さが何よりも治療を促すことも重視されてきた。高齢化社会という，ひとりひとりが個別性のある物語りを有した社会を迎えようとしている。

そのような社会を生きる子どもたちには，ひとりひとりに違い（異なること）があること，その差異こそが，創造性につながる体験をする必要があるであろう。“違い”があるからこそ，相手の話をよく聴きとり，その差にあるストレングスを知り，自分の力を補完するといった他者存在の尊重の考え方がそこに自然と発生してくる。その関係性の力に着目する。

このあたりに，ナラティヴと，一人一人，個性，創造性，共同性，傾聴などの発生機序が見えてくる。ナラティヴは，出会いや物語りといった関係の質を重視する概念である。様々な結果やデータもまた，それらの点と点をつなぎ，どのように読むのかといった“ナラティヴ”によって見え方や捉え方が異なってくる。ナラティヴは，「面白い」「不思議だ」といった生きた活動を生み出す。

２　心的な機能としてのナラティヴ

“ナラティヴ”とは，人がもっている考え方の枠であり，自らの世界を理解するフィルターに例えられる“心的な機能”であるといえばわかりやすい。その人の経験してきた体験や感じてきた歴史（物語り）の総体である。

その考え方は，新たな考え方に変容（新たな考え方を受容すること）ことで，葛藤も生じるが，新しい気づきやそれを通じての自己変革を生む。そのナラティヴという心的な機能によって，人の未来が作られているともいえる。

従って，これまでの支配的なナラティヴに対して，新たなナラティヴの生成の条件には，人と人の対話と，それを通しての自己理解や自己受容，さらには他者の受容が必要である。対話においては，自己と他者は“上下関係”であるのではなく，対等な関係である必要がある。

そのような＜対話の場＞が求められる。

上下の関係にある場では「対話」は成り立ちにくい。パワー構造の上で力のある人のナラティヴが，中心的なナラティヴとなってしまう。これでは，新たなナラティヴの創造は始まらない。むしろ，ドミナントなナラティヴに支配されてしまう。

本稿でいう「ナラティヴ」とは，人が本来持っているそのような心的な機能のことである。

人が生きていく上で世界を理解し，世界をつくるうえで必要な考え方や枠組みのことである。ナラティヴのストーリーそのものが良い悪いはない（その点で，ナラティヴは評価になじみにくい。）

どのようなナラティヴを構築するのかは，教育のみならず，現在，医療や福祉，心理臨床の場でも問われている。私たち支援者は，児童生徒や患者やクライエントに大きな影響を与えている。その関係性においてパワーをもちがちな私たち支援者の姿勢によって，彼らのナラティヴは，生成も停止をも左右されがちである。従って，私たちはこの心的な機能について，熟知していることが大切である。

Ⅲ　心理臨床にみられる「ナラティヴ・セラピー」の考え方

1　不登校とその症状の意味（ナラティヴ）

心理臨床・カウンセリングを専門とする筆者の領域でも，「ナラティヴ・セラピー」という考え方が重視されてきている。もともと，心理臨床では，心を理解する上で「精神分析」にみられるように物語りを重視してきた。家族の物語りを重視して変化させる家族療法しかり，認知行動療法もまたひとつのナラティヴであるともいえる。日本人と物語りとはたいへん相性がよい。私たちは，物語りを使って，人と人のこころの動きや機微をふかく見事に読み描くことが得意である。

心理臨床・カウンセリングにおいて，症状に至った家族関係やその人の過去の経験の総体から，その症状の意味づけを見出そうとする。例えば，不登校であることが，学校という場から見れば，学校に来ない生徒というナラティヴを生成しがたちであるが，その生徒の話をよく聴くと，ご夫婦の喧嘩が絶えず，夫婦の仲を取り持つ意味で子供が症状を呈しているという“ナラティヴ”がある場合も多い。この場合，積極的に夫婦一緒に相談を受けて夫婦連合を高めていくと，不登校をする必要性もなくなる。ナラティヴ（物語り）に着目すると，問題の見え方（関係の質）が深まる。

人に内在するナラティヴは，他者との対話によって気づき，その気づきを取り入れ・変容していき，それらの矛盾を統合する上での新たな疑問が生まれ，その疑問を解消することによって，あらたな意味づけ（ナラティヴ）が生まれてくる（生成される）。そこには，円環的・発達的・弁証法的なプロセスがある。

2　児童生徒のナラティヴの生成に求められる教師の姿勢とは？

ナラティヴの生成の過程では，ある特定の考え方を強制できるものではなく，想像もしえないような気づきが生まれる。まさに「生成」といってよい。イメージとイメージの組み合わせによって創造性，想像性が促進される。

その人の過去の経験や専門性，立場によって個体差があり，個別性が強い。違い・差異があるゆえに，面白くなってくる。面白さや遊びには，ヴィゴツキーが指摘する「発達の最接近領域」がある。

このようなナラティヴの生成は，「現実」と「遊び」の間で生じてくる。従って，ナラティヴとは，どのような方向性に転じていくのか読み切れないことが前提である。一方で，そこには可能性や創造性がある。また，さらには，自分のわからない点は，対話によってさらに補おうとする。
新たなナラティヴの生成のためには，先が見えない今を「共に生きる」ことが，教師に求められる。

例えば，ナラティヴを引き出す有効な考え方として，「無知の知」がある。児童生徒のナラティヴを，私たちは知らないということである。だから，児童生徒の気持ちを「傾聴」することが必要である。

Ⅳ　「無知の姿勢」という教師の姿勢，そして，仕掛ける

1　無知の姿勢

例えば，教師は自分があるテーマについて「先生には，よくわからないからどう思う？」と問う。これは，児童生徒に主導権をわたすことである。児童生徒は，自分の問題として考え始める。教師と児童生徒の関係が，対等になったといえる。そのとき，教師は，コンサルタント的に児童生徒の集団に関わる。

ナラティヴの生成をねらった授業の＜場＞は，生徒は，指導を受けるという受動的な＜場＞ではなく，自分の気持ちに目を向けるので，生徒にとって主体的な＜場＞へとかわってくる。

２　“仕掛け”と仕掛けること

とはいうものの，「教室」という教える<場>は，“指導を受ける”というナラティヴを強くもっているので，それを超える“主体性”を持てるような，何らかの“仕掛け”を，教師は意図をもって設定する必要がある。

本書において，実践事例を提示された先生方は，それぞれの専門の立場で，児童生徒が力を発揮する「仕掛け（仕組み・文脈・枠）」を設定して，子どもたちに，仕掛けている。

その“仕掛け”によって，児童生徒にとって，教室は“指導を受ける”<場>ではなく，自己と格闘をする<場>として認識し始め（新たなナラティヴの生成のはじまり），その認識が主体性を生み，子どもたち相互の“共同（協働）”へとつながっていく。

Ｖ　「アクティブ・ラーニング」の核としての“ナラティヴ”

１　アクティブであることのリスクを引き受けること

そうしてはじめて，アクティブなラーニングが生じてくる。

グループでの話し合いで，もしナラティヴの活性化が生じない場合，よい意見と悪い意見の対立関係が生じて，その関係のまま膠着してしまう可能性がある。グループ討議によって，逆に，考え方の膠着がうまれるのである。グループでの話し合いのなかで，同時に，自己の内面に目をむけ，そこから自己のナラティヴとの対話が生じてくるような「場づくり」が必要である。アクティヴ・ラーニングのためには，ナラティヴの活性化が必要である。

同時に，そのようなアクティブな<場>には，先が読めないリスクがある。新たなナラティヴが生成されてくるわけであるから，話があっちにいったり，こっちにいったり，収拾が付かないことになりかねない。まとまりがなく，矛盾している反応が生じてくる。しかし，それが悪いわけではない。

２　「傾聴」がなぜ必要なのか？

そのとき，重要なのは「傾聴」であろう。

ある人の意見をきいて，面白い発想が湧く，その人の話をもっと聞きたいという姿勢である。つまり，傾聴の“ほんとうの”重要性についいて，教師自身が良く知ることが大切である。児童生徒が表現している真意を知り，そこに焦点化させる。深い，アクティブなリスニングが必要である。“真意”とは，語られたストーリー（内容）ではなく，その背景のナラティヴに含まれる「感情」である。ともすると，ストーリーにだけ着目しがちであるが，問題は，「なぜ，そのストーリーにいきついたのかの個人の歴史」（背景）であろう。その際，“感情に焦点化”することが重要である。決まり切ったよい子としてのストーリーを述べているのか，その子の本心のストーリーを述べているのか，それはその児童生徒の感情に焦点化しないと読めない。本心のストーリーは矛盾したり，葛藤が含まれている。それゆえに，「ヒア＆ナウ（いま，ここで）」で，何を感じているのかを視る・聴く・問う。

そのような児童生徒の感情の動きは，具体的には，楽しい・嬉しい・悲しい・寂しい・恥ずかしい・絶望的だ・誇らしいなどの複雑な感情によって彩られる。従って，言葉に輝きがある。

３　悲しみ・喜びの感情の源泉・背景に目を向けていく

同じストーリーであっても，感情の活性化があるのかどうかが，生きた言葉であるかどうかの違いとなってくる。さらに，そのような悲しみや喜びの感情は，その児童生徒のどのような家庭環境や友達関係からきているものか。そのように，生活全体の文脈の中に位置付けることによって，教室での関係性を超えて，児童生徒の生活の悩みや困難さの“再演”として理解することもできる。その感情の持ち方には，その児童生徒の経験してきた歴史が表現されているといえる。

4　「語り」を受け止めて（傾聴して）もらったことによる「つながり」

教師にとって，悲しみや喜びの理由が見えてきたときに，「わからないナラティヴ」ではなく，「わかるナラティヴ」として共有される。そのストーリーの内容はどうあれ，その個人がもつ必然で意味のあるナラティヴとして受容されたら，その児童生徒と教師の間には“つながり”が生まれるであろう。受容された児童生徒は，他の児童生徒の語るナラティヴにも目を向けるであろう。また，自らのナラティヴを語ったことで，自分に潜在してきたナラティヴにも気が付くであろう。

もっと，新しいナラティヴ（語り）を表現したい，他の人のナラティヴ（語り）を知りたいという主体性を生み，他の児童生徒の意見にも傾聴するのではないか。さらに，新しい物語り（ナラティヴ）が生成され，その面白さゆえに，あらたな物語り（ナラティヴ）を目指した実際の活動が展開されていく。

Ⅵ　あらためて，『ナラティヴ・エデュケーション』を問う

1　再び，「ナラティヴ」とは何か？

1)　ナラティヴ（物語り）という心的機能

「ナラティヴ（物語り）」とは，人生や体験に意味を与える枠組みであり，そのような心的機能のことである。人生の体験やできごとは，「データ」や「値」によってではなく，それらを線で結びつけることによって意味的に理解され（ナラティヴ），それが認識の基礎となる。自分とはこのようなものである。○○でなければならないという「ドミナントな（支配的な）ナラティヴ」によって感じ方や考え方は硬直化しがちである。「オルタナティヴな（選択的な・潜在的な）ナラティヴ」は，その人に抑圧され，捨て去られ，意識されない状態となっている。オルタナティブなナラティヴは，その人固有の感じ方やイメージであり，現在のドミナント・ナラティヴの影に隠れてしまってはいるが，その人の一部であり，「影」として潜在的に存在するが，捨て去られて意識されてない場合が多い。ナラティヴは，その人の自己認識を規定するので，自己のナラティヴの捉え方がかわることは，その人の未来を変えることになる。従って，ナラティヴに着目することは，未来を生きる力を育てることとなる。

2)　オルタナティヴ・ナラティヴを「語る」：「語る」ためには，「語る場」と「聴き手」が必要

ドミナントなナラティヴではなく，オルタナティヴなナラティヴを見つけることによって，これまでとは異なった側面・意味がみてくる。個性が見えてくる。自分の気持ちを含めた考え方など内面に焦点化することで，「主体性」が生じてくる。さらに，自己のナラティブに納得いかないこと，わからないことがでてきくると，調べたり，尋ねたり，語り直しをする。「自発性」「創造性」の発生がある。さらには，わからないことを知るために，他の人の考え方や発想や考え方への「（他者への）傾聴」が生じてくる。知らないからこそ傾聴する。他者の意見を傾聴して，未知の考え方や感じ方を共有することで「つながり」が発生してくる。他の人の考え方や発想が加わることによって，あらたなナラティヴが生じてくる。新たに見えてきたナラティヴは，曖昧であり，可能性をもってはいるが，矛盾に満ちている。問題意識の萌芽と言える。その自己のナラティブの疑問の解消にむけて，考え・語り合う「共同性」が生じてくる。自分だけでは解消できないゆえに，他者に教えてもらおうと感じる。それらの活動の結果，オルタナティブなナラティヴは，ドミナント・ナラティヴを相対化する。「個性化」と「共同化」を同時に生む。

3) ドミナント・ナラティヴとオルタナティヴ・ナラティヴの関係性

一般的に私たちは，ドミナントなナラティヴが優勢な考え方を占めがちである。例えば，「よい子」であることが良いことだ，自己主張はあまりしない方が良い，周囲の意見に従うべきだなど。これら日本的なドミナントなナラティヴは私たちの言動を支配しがちである。そのような考え方は，ある面，適応的であるが，創造的ではない。また，一般的ではあるが，面白みはない。協調的ではあるが，独創性や主体性には欠けてしまう。事なかれ主義になりがちである。よい子は良いのか？と問われると，良いことだともいえるし，それは面白くないとも言える。従って，この「問い」に対する議論は膠着してしまう。このような「問い」かけは，ドミナントなナラティヴの枠を出ていない。結論が見えているのである。あるドミナントな価値観の場では，その文脈において「良いこと」は「悪いこと」とは言いにくい。

このような場を面白くするのであれば，オルタナティヴな（選択的な，潜在的な）ナラティヴに目を向ける必要がある。それぞれが自己の内に持っている，独特な経験や感じ方である。それを，オルタナティヴなナラティヴとする。さらに，児童生徒の深層には，もっと他の潜在的なオルタナティヴなナラティヴもあると考えられる。

従って，以下のようなモデルが想定できる。

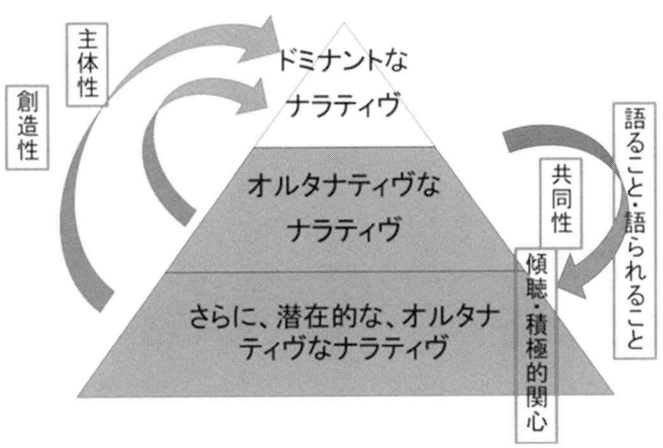

（図１）ドミナントなナラティヴとオルタナティヴなナラティヴの関係と主体性，創造性，共同性の発生機序

その社会や集団においてのドミナントなナラティヴが優勢である以上，新しい考え方や発想は湧きにくいし，その考え方が普通として捉えられている。多くの場合，新たな気づきは生じにくい。自分の感じ方の“語り”を受けてくれる“聴き手”がいない場合，それ以上，“語る”こともない。そのような状態・関係性では，主体性や創造性は発生しにくい。

したがって，ドミナントなナラティヴは，その人の人生や考え方を支配しているといってもよい。その人が見る風景や景色，会話は，常識的ではあるが，面白みや色彩に欠けるであろう。

しかし，その人の奥に眠る，これまでは忘れ去られてきたオルタナティヴなナラティヴに目を向けはじめると，その人の世界の見え方が変わってくるであろう。例えば，よい子であるために，傷つき我慢してきた自分の声が聞こえてきたとしよう。その声は，誰でもないその人自身の一部であり，ドミナントなナラティヴと同様に大切に扱われる必要がある。このような，ドミナントなナラティヴと，オルタナティヴなナラティヴに気づくことで，新たな自己の意味が生成されてくる。このようなナラティヴの質的転換のためには，聴き手が必要である。語ることと，語られることによって，語る人と聴き手の存在によって，オルタナティヴな語りが生成されてくる。

さらに，社会学者の浅野（2001）は「『私』は，自己物語を通して生み出される」「自己物語は語りえないものを前提にし，それを隠蔽する」と説明した。つまり，自己物語とは，「人が自分自身について語る物語」のことであるから，「私が私について語る」という構造をとる。従って，登場人物としての<私>と，語り手の<私>という二重構造を持っている。その二つの<私>の間にある「語り得なさ」が現れてきて，自己物語の書き換えが生じてくる，とした。このように，<私>の生成に関わる自己物語の発生機序を説明している。

心理療法やカウンセリングの“クライエント‐カウンセリング”の間においても，同様の現象が生じている。

4）　ナラティヴにおいて「主体性」，「創造性」はなぜ生じるのか？その発生機序について

オルタナティヴなナラティヴはその人がそれまで自己の喪失した「影」のような内容であり，抑圧されて続けてきたコンプレックスのようなものでもある。しかし，その部分を語れば語るほど，それは紛れもない自己の一部であることが自身に迫ってくる。語ることによって，それらを含めた，自己形成の再統合（発達や成熟）が生じてくる。語れば語るほど，気づきが生じ，それに突き動かされるように，疑問を自らに問う。

オルタナティヴなナラティヴに目を向け始めた際に生じてくる，自発性，そして，ドミナントではないゆえの「独自性」「創造性」を促進することが見えてくる。「独自性」や「創造性」とは，単なるストーリーではなく，その人自身の独自の人生そのものから抽出されてくる。しがたって，その人の人生を大切に取り扱うことによって，気づきや新たな発想が生まれてくる。
つまり，一人一人の差異（オルタナティヴなナラティブ）への主体性こそが，創造性を生み出す。自分自身を受け入れること（自己受容感）や“自己効力感”を高めることにもつながる。

5）　「語り手」と「聴き手」の関係によって，なぜ，「共同性（協働性）」が生じるのか？語り場”の重要性と“傾聴”の発生について

さらに，「語り手」と「聴き手」の内には，何が生じているか？についてである。語り手は，自己の内に眠っている自己の断片をみつめながら語り始めて，自己内対話が生じてくる。聴き手は，自分のドミナントなナラティヴとは異なる新たな発想や考え方を知り，自分の視野が広がるであろう。聴き手の他者理解が深まるであろう。語り手にとっては，自己の語りを尊重されたという経験であり，聴き手にとっては，人間理解の深い気づきを生む。そして，聴き手もまた，語り手となって，自己のオルナタティヴなナラティヴを語り始めるであろう。聴き手が，語り手として動き始める。語り手の語りに多様な影響をうけながら。

聴き手は，語り手の発想（オルタナティヴなナラティヴ）に対して，そのストーリーに関心が高まるので，「もっと知りたい」と積極的な関心がうまれ，さらなる「潜在的なオルタナティヴなナラティヴ」への「積極的傾聴（アクティヴなリスニング）」が生じてくる。「傾聴」は，ナラティヴへの関心から生じてくる。

このように，互いのナラティヴを率直に語り合う場，「語り場」の発生によって，語りながら相互に影響しつつ自己変容していく。「語り場」という構造があることで，語り手と聴き手は相互入れ子状態になりながら，互いを尊重する「共同的な関係性」を生んでくる。その共同性は，“協働”へとつながってくる。

２ 「ナラティヴ」×「エデュケーション」に迫る

1) 「ドミナントなナラティブ」を“超える”ための４段階

ナラティヴの考え方を，教育や授業にどのようにいかすのか？ 多くの児童生徒が「ドミナント・ナラティヴ」に支配されていると考えられる。授業の場の雰囲気や評価されるポイントを読んで，自分の感じ方ではなくて，よい答えを意識している。その状況の中で，班活動での話し合いをさせると，アクティブなラーニングではなくて，ドミナントな考え方のやり取りで終始しかねない。ドミナントなナラティヴがそのグループで優勢である場合，一般的で当たり障りのない意見，内省・深さの不足，傾聴の不足となってしまう。“落としどころ（ドミナント）”を，超えることができない。したがって，子どもたちの内に眠る言葉になっていない，あるいは気づいてもいないオルタナティヴなナラティヴを，引き出す必要がある。

オルタナティブなナラティブを引き出すためには，教師にはどのような姿勢が必要であろうか? 児童・生徒には，ドミナントではなく，予想できない展開のなかで，生きた活動（ヒア&ナウな活動）が生じてくる必要がある。ドミナント・ナラティヴを，どのようにして，アクティヴなナラティヴに転換するのか？ そのためには，教師にはどのような姿勢や覚悟といえるものが必要であろうか?

次の，４段階のモデルが考えられる。

【第１段階】 「引き出す」ための場づくり

・テーマや問題に関する「ドミナントなナラティヴ」を語らせる。
・子どもたちは，その問題をどのように構成しているのか？ 共有する。
・教師の「無知の姿勢」により，さらなる「オルタナティヴなナラティヴ」の発言を可能とする。
・安全で自由な発言と傾聴ができる場づくりに力を入れる。

【第２段階】 「仕掛ける」

・教師の「無知の姿勢」で，子ども達に，授業の主体性を委ねる。
・オルタナティヴなナラティブが活性化
・語り合いによる，オルタナティヴなナラティブへの深まり
・オルタナティヴなナラティヴをとりあげて，さらに活性化する「仕掛け」「問い」を設定する。
・「仕掛け」によって，新たなナラティヴが子どもたちにはっきりと共有されて，新たな認識や学びにむけての自己活動やグループ活動が生まれる。
・それぞれのオルタナティヴなナラティヴが活性化される中で，一人一人の自己物語りの賦活が生じてくる。

【第３段階】 「語り場」の発生

・自己のオルタナティヴなナラティヴの「語り」がはじまる。
・自身が自分について無知であることの気づき
・無知であるからこそ，自己と他者への「傾聴」がはじまる。
・未知のナラティヴを乗り越えるための語りの共同的場（語り場）の発生。
・「語り場」による活動の持続とさらなる展開へ

【第４段階】 「語り直し」による気づき・明確化，自己物語への取り入れ

・オルタナティヴなナラティヴが，仕掛けによる「経験」をスルーする。
・語りなおしによる，「経験」の自己への意味づけ。

・オルタナティヴなナラティヴが，ドミナントなナラティヴを相対化する。
・オルタナティヴな自己への気づき，自己物語（自己のナラティヴ）への取り入れ，個性化・統合化。

2) 「ナラティヴ」を引き出す授業づくりとは？

それでは，教師には，どのような授業づくりの視点が必要であろうか。次のようなポイントがあった。

・安全に自己を表現できる場づくり
・「無知の姿勢」：教師は知らないという姿勢
・児童生徒のナラティヴは，児童生徒自身が持っている。（スチューデント・センタード・アプローチの発想，児童生徒の自己成長の可能性への信頼。）
・オルタナティヴ・ナラティヴが生成されてくる「仕掛け」を「仕掛ける」。
・児童生徒主導への転換：教師はナラティブの「傾聴」や支持を中心に行う。寄り添うことに力点を置く。
・生徒Aのナラティブ　×　生徒Bのナラティブ　＝異なることからの自己への気づき，新たなナラティブの生成，語りあいによる共同性の形成にむける。
・「語り場」の発生（場の構造が，語り合いの持続を可能とする）
・「語り切れない自分」を探し始める。自己の語りと，他者の語りへの傾聴による，「自己内対話」の発生。語ることによる自己形成・自己への気づきのはじまり。
・教師にとっても，初めて聴く生徒のナラティヴが語られたり，教師でさえも予想できないナラティヴ（ドラマ）の展開がある。その言葉の真意に傾聴して，そのイレギュラーを授業にとりいれて，味方に付ける。
・教師に求められる力・人間観：

ア　無知の姿勢：教師は知らないことへの“純粋性”
イ　多様な発言に耳を傾けれる成熟性。多様なナラティヴを認めつつ，それを授業展開に持ち込める柔軟性。
ウ　生徒一人一人のナラティヴをその生徒の内的世界の成り立ちとして，そこにある感情体験（葛藤や苦悩）も含めて認識できる共感性。
エ　生徒のナラティヴの発生と継続，語り合いを維持する「寄り添い」力。
オ　生徒が主人公になれる舞台設定力（舞台監督・黒子として機能する）。
カ　児童生徒中心の自己成長を信頼して，生徒の主体性にゆだねる人間観（スチューデント・センタード・エデュケーションの発想）。

文　献

浅野智彦　2001　自己への物語論的接近　家族療法から社会学へ　勁草書房
早川正祐　2009　ナラティブ・セラピーとケア　－当事者の物語の重視とは何か－　東京大学大学院人文社会系研究科・文学部哲学研究室応用倫理・哲学論集（4）　pp83-97

（竹森　元彦）

第３章　香川大学教育学部附属坂出中学校の実践から学ぶ「ナラティヴ・エデュケーション」への道

１　今，求められる「ナラティヴ・エデュケーション」

1)　日本カーリング女子の成長物語

平昌冬季五輪では，LS 北見が注目された。メンバー間で交わされた「そだね～」が，2018 年の世相を反映した言葉を選ぶ「2018 ユーキャン新語・流行語大賞」の年間大賞に選ばれた。「不寛容な時代といわれ，SNS での反応を過剰に気にして疲弊する昨今，トップアスリートから発せられるのんびりとしたやりとりはほっとするひと時をもたらしてくれた」ことが評価されたということであろうが，ここでは，生島淳の次の言説に着目したい。「カーリングは，2006 年のトリノ・オリンピック以来，４年ごとに必ず話題にのぼるようになった『マイナー競技のなかのメジャー』であるが，なぜ，人気を博すようになるのか秘密がある。チームのストーリー性だ。」と述べる。氏は言う（http://www.msn.com/ja-jp/sports/gorin/%e9%9f%93%e5%9b%bd%e3%81%ab%e6%83%9c%e6%95%97-%e3%82%ab%e3%83%bc%e3%83%aa%e3%83%b3%e3%82%b0%e5%a5%b3%e5%ad%90%e3%80%8c%e9%8a%85%e3%83%a1%e3%83%80%e3%83%ab%e3%80%8d%e7%8d%b2%e5%be%97%e3%81%ae%e3%81%9f%e3%82%81%e3%81%ab%e5%bf%85%e8%a6%81%e3%81%aa%e3%81%93%e3%81%a8/ar-BBJvPo2?ocid=iehp#page=2，2018/02/24 参照）。

> 冬のオリンピックでは夏に比べて団体競技が少なく，チームの成長が見える競技がわずかだ。ところがカーリングでは，１試合２時間半かかるうえに，９試合も戦う「ラウンドロビン」（日本でいうところの「予選リーグ」）の中で，必ずといっていいほどチームのストーリーや，選手のキャラクターが浮かび上がってくる。感情の浮き沈み。体調の変化。選手たちのコミュニケーション。
>
> 今回，日本の女子チームには「そだね～」や「おやつタイム」に代表されるように，SNS 時代に合致したサイドストーリーが話題になっているが，あくまで本筋はチームの「物語」にあり，そこを見逃してはいけない。
>
> 日本はラウンドロビンで，韓国に唯一の土をつけ，スウェーデンには相手のミスを誘発させ，勝利を手にした。決勝に進んだ２チームにも勝ったのである。
>
> 一方で，プレッシャーのかかるラウンドロビン最終戦のスイス戦では，自滅気味。敗れて相手のスイスの選手に慰められ，その後にアメリカが負けて準決勝進出が決まるというジェットコースター状態（下線は引用者）。

LS 北見の活躍の様子は，物語の３幕構造[1)]に見事に当てはまる。故郷北見に戻った本橋が立ち上げたのが LS 北見。その LS 北見に，一度はカーリングをあきらめようした者，他のチームから失意の内に合流してきた者など北見出身者が集まり，国内戦を勝ち抜き，見事平昌オリンピックに出場する。ここまでが，第１幕「日常からの旅立ち」である。LS 北見は，生島が「第 10 エンド，そして延長のエキストラ・エンドともに日本は不利な先攻ながら，スキップ藤澤五月は打てる手はすべて打ち，韓国にプレッシャーをかけた。あとは祈るのみ−という状況に持っていったが，勝利を決めた韓国のドローショットは見事だった。」と述べ，「カーリングの魅力がぎっしり詰まった『傑作』だった」と認める準決勝の日本対韓国戦のような，手に汗握る試合を数々繰り広げる。これが，第２幕「非日常への冒険」である。LS 北見のメンバーは，試合中の様々な試練を克服し，一回りも二回りも成長して，銅メダルをひっさげて故郷北見に帰り，凱旋パレードをする。これが，物語の

３幕構造の第３幕「新たな日常への帰還」である。正しく，主人公が，「日常からの旅立ち」をし，「非日常への冒険」をし，「新たな日常への帰還」する３幕構造の成長物語となっている。

３幕構造の物語構成は，物語を紡ぐ大枠であり，教師と子どもの学習の流れを作る指針ともなる[2)]。物語の３幕構造は，スターウォーズでも使われており，物語の母型である。そして，「マザー（母型）にふれるとなぜかはまってしまう」（松岡 2007，66）ほど，我々への影響力は大きい。

2) 「物語り」に捕らえられたり翻弄されずに，上手く「物語り」を活用する力の育成を

(1) 「物語り」の力

「株式会社物語コーポレーション」という企業がある。同社ホームページに掲載されている経営理念は，次のようである（https://www.monogatari.co.jp/smile_and_sexy.html，2018/04/21 参照）。

> 「Smile & Sexy」― それは「物語コーポレーション」の経営理念。「自らを磨き自立した人間は，自ら意思決定ができる」ことを表した言葉です。「Smile & Sexy」―「Sexy」は，「心身ともに素敵で，自分を率直に表現できる人」を意味します。私はこの言葉に「自立した人間として自ら意思決定する」という想いを込めました。周りに流されず自分の勘や感覚を信じ「意思決定」するということは，自分を率直に表現することや自分らしく生きること，なにより自らの成長へと繋がっていきます。しかし，自分に忠実に個性を発揮するだけでは，自己主張が強過ぎるなどと言われトラブルになる場合もあります。 では，トラブルなく自分を表現するためには何が必要になるのか。経験の中から掴んだその答えが，「Smile」です。「Smile」は，単なる笑顔にとどまらない，人間性やマナー，服装や表現方法，あいさつなどをすべて包みこむ言葉。 個性を支える，「人間としてのベース」にほかなりません。私は，「Sexy」の実践には「Smile」が問われると気づいてから，こう考えるようになりました。「自分を磨き＝ Smile! 自分を表現しよう＝ Be Sexy!」と。「Smile & Sexy」‐この理念はまた，「物語コーポレーション」という社名につながっていきました。私は，社員一人ひとりが自分で意思決定し行動することで，「自分物語」を作ってほしいと思っています。そのような自立した人間集団であれば，どこにもマネのできない「会社物語」を自然に作り上げることができると信じています。理念の先にあるのは，物語の広がりです。「Smile & Sexy」の共有，理解の深まりによる新しい物語づくりへ，私たちは歩み続けていきたいと思います。

読者諸氏は，この会社は何をする会社と思われるだろうか。社員の「自分物語」作りが寄り集まり，自ずと「会社物語」が作りあげられ，その先に物語の広がりとしての「新しい物語」づくりがあると，同社では考えている。同社は，飲食系の会社である。身のまわりを見まわしても，「○○物語」と銘打ったものが数多くある。例えば，ＪＲ四国には，観光列車の「四国まんなか千年ものがたり」がある。この観光列車は，「2017 日経優秀製品・サービス賞」最優秀賞 日経ＭＪ賞を受賞している。同じくＪＲ四国の観光列車「伊予灘ものがたり」は，平均乗車率がなんと 85%にもなるという。読者諸氏も，探してみれば，社会のそこかしこに，「○○物語」と銘打ったものがあることに気づかれよう。では，なぜそんなに，巷に「○○物語」が溢れているのだろうか。

中村（1997，182）は，ムジールの『特性のない男』から〈物語〉の魅力あるいは魔力を指摘している。氏は，ムジールの〈物語〉の捉えを，次の３点でまとめている。

> (1) われわれは自分を取り巻く複雑な現実や世界を，物語の単純な秩序の法則によって整序してとらえようとする強い傾向を持っている。(2) そのようにとらえることによって，われわれは世界のなかに存在することの不安，存在の不安から免れ，心が静められる。(3) この場合に，自然言語による統辞法のなかでもっとも原初的で安定した物語的方法がおのずと用いられ，おおきな力を持っている。

中村は，ムジールの『特性のない男』から，複雑な現実を単純化して秩序立てられれば，我々は不安から免れることができ，複雑な現実を単純化して秩序立ててくれるものこそが，物語的方法だとしている。

物語論的アプローチから宗教を考察した竹沢(1992，273)は，「私たちは物語(ナラティブ)＝語りの中に生きているといってよい。私たちが人を愛するのは語りによってであり，人を憎むのも語りを通じてである。私たちの喜び，私たちの夢想，私たちの希望，私たちの悔恨。すべては語りのうちにあり，語りの消滅とともにそれらの思いも消えていくだろう。」と述べている。竹沢によれば，生きることは「物語り」なのである。千野(2017)は，人間を物語る動物であると規定し，その自覚をすることの大切さを説いている。このように，「物語り」は，人間の根源的なことに係わるものである。それ故に，「物語り」の訴求力は高くなり，社会のそこかしこに，「○○物語」と銘打ったものあるのであろう。なお，先ほどから「物語り」を使用しているが，これは，語る行為と語ったものである物語とを包含したものであることを明確に示すワードとして使用している。

ところで，「物語り」は，科学的な説明とは違った形で大きな力を有することを，竹沢(1992，8)は次のように述べる。

> 物語がおこなうのは，特定の人物が，特定の状況下で，いかなる行為をし，いかなる経験をしたかを記述することであり，しかもそうした出来事の連続を一定の筋立(プロット)てのうちで記述することである。かくして，<u>私たちの人生が出来事の連続からなるとすれば，出来事のあいだに脈絡をつけ，それによって出来事と人生を理解しうるものにするのは物語の働きであって，科学的説明ではないと言うことになる</u>(下線は引用者)。

さらに，竹沢(1992，17-18)は，語りと〈私〉の形成について，次のように述べている。

> (前略)ここでも問題は，先ほどから論じてきた<u>語りと〈私〉の形成のこの関係，〈私〉が語りによってのみ生み出され，維持されるというこの関係</u>である。
> 地域の繋がりを失い，血縁のしがらみを切り捨てて，一個の〈個〉としてさ迷うことを選んだ(余儀なくされた)現代の私たち。それは一切の殻をぬぐい捨てた裸の〈個〉であり，語りによってナルシステックな〈私〉に組織されないならば，こすれあい，軋みあう社会のなかで血を流しかねないものである。しかしその<u>〈個〉を〈私〉に組織するためのことばが，今日どこで与えられているのであろう。教育がそれに関知せず，職場や地域がそれに無関心であるとすれば，それを引きうけているのは新宗教教団だけかもしれない</u>(下線は引用者)。

竹沢の言説から，オウム真理教の痛ましい一連の事件を思い起こした人もいるであろう。あの一連の事件に，理系の高学歴信者が少なからず係わっていた事実を考え合わせれば，「出来事と人生を理解しうるものにするのは物語の働きであって，科学的説明ではない」と言う事が痛感させられる。今後は，学校教育において「物語り」を活用する力を育成することを真剣に考えたいものである。

(2)　学校教育における「物語り」を活用したアイデンティティ形成の支援

中等前期教育のカリキュラム研究を進める安彦(1997)は，中学校では，「自立への基礎」を図ることとともに，「個性をさぐる」機会の準備が重要であると述べる。ここでは，まず，「個性をさぐる」機会の準備に着目したい。安彦(2014，79)は，子どもの興味・要求の中心の移行による発達段階論を提案し，中学校１年生及び２年生が該当する11歳〜14歳の段階４の興味・要求の中心は，「自己や意味・価値の探求」であり，中学校３年生が該当する14歳〜20歳の段階５の興味・要求の中心は，「自己の専門性開発」であるとし，次のように述べている(安彦2014，80)。

> 11歳以降になると興味の対象が主に「自己」ないし「主体」に向き出して，最初は「個性」や「意味・価値」を「探る」時期があり(段階４)，次いで14〜15歳ころから「個性」等を「伸ばす」時期が来て(段階５)，ほぼ20歳頃から最終的な「自己実現」をめざす形で，「個性の統合・確立」が図られる(段階６)，といった段階が考えられるとしました。
> この場合，９歳〜11歳の段階３までは，ほとんど「大人と同じ能力をつけたい」という要求が中心で，それを対象化して吟味する自覚的な主体は育っていませんが，この段階３から後は「自我」に目覚め，「何のためにこの能力を身につけるのか」という「問い」をもつようになり，大人の言動を批判的に相対化し，この種の「自我」の働きによる「主体的な目的意識」を働かせるのが「人格」に当たります。この時期以後は，このような「学ぶ目的」を問う子どもの「人格」的な要求に応えながら，能力の育成を図らなければなりません(下線は引用者)。

安彦(1997，324)によれば，中学校の時期は，「それまでの生来の与えられた個性を吟味し，自分の力で，自分の責任で，『自分の納得のいく自分＝自分らしさ』をつくりあげようとする」自分の個性を「再構成・再構築」する時である。これは，子どものアイデンティティ形成と関わることである。情報消費社会の現在は，学校教育には，アイデンティティ形成の支援が求められている(伊藤2009，伊藤2010 a，伊藤2012)。学校教育におけるアイデンティティ形成の支援では，「物語り」を活用した授業が有効である(伊藤2009，伊藤2010a，伊藤2012)。竹沢(1992，14-15)が，以下に述べるように，語ることが〈私〉の形成を可能とする。アイデンティティ形成では，「物語り」は不可欠なものなのである。

> 物語がさまざまな行為や出来事を継起として成立するためには，それらの行為をおこない，それらの出来事を経験する登場人物を必要とするということである。
> 文芸批評の領域では，物語とは登場人物がなにかをなすことと定義されているが，このことばは自明の真理と思われる。しかしおそらく逆もまた真実である。つまり，物語とは，出来事と行為について語ることによって，行為者を生みだす作業である。(中略)物語とは，そこに主人公を，つまりさまざまな出来事を経験しながら，一つの主観をもってそれらを統合するような〈私〉を生みだす作業である。
> それゆえ問題にしなくてはならないのは，物語というこの形式である。物語は一般に，始まり—中間—終わりという形式をもっており，それゆえ完結性をもっている。そうであれば，物語ることによって形成され，了解される〈私〉というのも，それなりに首尾一貫したそれ，完結的なそれであろう。

竹沢が，どこに行っても与えられないと言う「〈個〉を〈私〉に組織するためのことば」を引きうける場として，筆者は，学校を位置づけたい。それは，学校教育で，「物語り」を活用する力を育成する場を設定することである。そして，学校教育におけるアイデンティティ形成の支援にもなる。さらに，悪用された「物語り」に捕らわれることなく，社会に溢れかえる「物語り」に翻弄されることもなく，社会にある様々な「物語り」を取捨選択して活用していくナラティヴ・リテラシーとも言うべきものを育成することにもなる。

２　香川大学教育学部附属坂出中学校の実践に見るナラティヴ・エデュケーション実現の方途

ここでは，第Ⅱの扉で展開される香川大学教育学部附属坂出中学校の実践からナラティヴ・エデュケーション実現の方略を探っていきたい。

1)　「会話」，「対話」，「議論」，「討論」，「はなし」，「かたり」

「主体的・対話的で深い学び」が言われてから，盛んに「対話」が取り上げられる。しかし，論者により対話の捉えは様々である。香川大学教育学部附属坂出中学校の実践からナラティヴ・エデュケーション実現の方略を探る際にも，「対話」は大切なキーワードとなる。そこで，まずは「会話」，「対話」，「議論」，「討論」について，筆者なりに整理しておきたい。

北川　・平田(2008)は，「会話」は親しい仲間でのおしゃべりであるとする。「対話」について，氏らは，異なる価値観をもつものが妥協点を見つけるためにするものであり，「価値観を意図的に衝突させ，それによってお互いに変わっていく作業」（北川・平田 2008，168）であるとする。だが，「感性や価値観の違う者同士が，徹底的に議論し尽くす。それをいとわない習慣と精神的な体力が，日本人には不足している。」（北川　・平田 2008，165)。それ故，日本では対話が成立しにくい。荒木(2013)は，「和を乱す」ことが嫌いな日本人がどうすれば議論ができるかを考え，「対話に基づいた議論」を提唱する。荒木(2013)は，堀(2009)の会話と対話，議論の役割を捉えた下記の図を踏まえ，次のようにまとめている[3)]。筆者もこの捉えに依拠して考えたい。

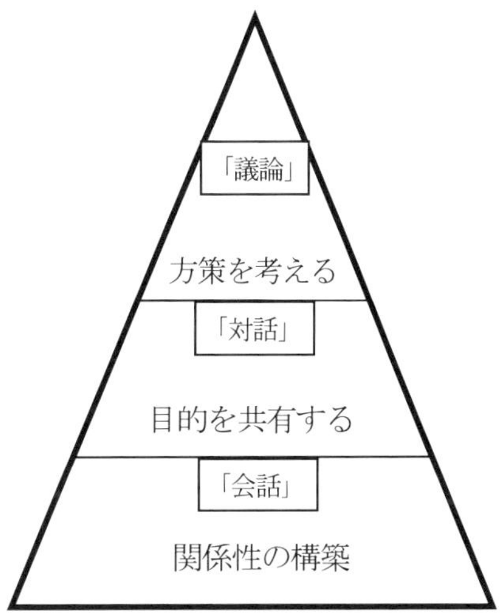

関係性のないところに「会話」そのものは成立せず，「会話」の主目的は，関係生の構築である。関係性の構築こそ，図から分かるように全ての基盤である。双方の関係性に基づいた上で，共有できた話題に一歩踏み込んだ見解を示すこと，共にビジョンを探求することに，「対話」の意義がある。「対話」の主目的は，目的やビジョンの共有である。「対話」で重要なことが，その言葉が発せられた背景を知ろうとする「聴く」ことである。「議論」の主目的は，共有されたビジョンを達成するために，今後の方策，どのようなアクションを立てるかを考え抜くことである。「議論」において初めて，積極的な意味で「批判的に物事を捉える」ことが重要になる。

荒木の捉えに，幾つかの付言をしたい。まず，「議論」は相手を言い負かすことではないことである。共有されたビジョンを達成する方策の構築を，周知を尽くして考え抜くことである。荒木の「対話」における一歩踏み込んで見解を示すことは，北川・平田の「価値観を意図的に衝突させ，それによってお互いに変わっていく作業」でもあろう。次に，「自己内対話」にふれないわけにはいかない。梶田(2006)は，「自己内対話」について，次のように述べている(https://www.hyogo-u.ac.jp/about/president/oldmessage/6.php,2018/05/09 参照)。やや長い引用だが，2)でもふれる大切なことなのでご寛恕願いたい。なお，下線は引用者が付した。

> 「対話」は他者との間でのものだけではない。「自己内対話」こそ「考える」ということにほかならないのである。したがって，教育場面で教師と学習者が「対話」し，学習者同士が「対話」することが，学習者個々人の内面における「自己内対話」へと深化し，発展していくことを考えておかなくてはならない。

この「自己内対話」が真に実りあるものとなるためには，当然のことながら，その前提となる他者との「対話」のあり方が大事な意味を持つ。他者に対して自分の視点や価値観だけを押しつけ，相手の言い分に耳を貸さないような「対話」しか出来ないならば，自分自身の内面で「対話」する場合にも，自分に都合の良い一面的な論理のみを紡ぎ出していくような独善的思考しか出来ないことになるであろう。

ソクラテスの強調した「対話的教授法（産婆術）」は，学習者との「対話」の中で，適切な「問い」を出し，それへの回答に即してまた新たな「問い」を出すという形で，真実の認識へと導くというものであった。そこでは，「問い」によって学習者を自己矛盾に陥らせ，自分が知っていると思っていたことを結局は本当には知っていなかったのだ，という自覚（＝無知の知）に導くことが目指されている。優れた指導者との「対話」によって自己欺瞞と独善から抜け出させるわけである。こうした質の高い「対話」を経験するならば，自分自身との「対話」の場合にも，同様の効果が期待されるのではないだろうか。

現代は，子どもの世界に至るまで独善と自己満足が横行し，狭い自分の世界に閉じこもって安逸を愛しがち，という状況があるだけに，「対話」を通じた「自己内対話」の基本的あり方の変革は重要な意義を持つ。この意味で，教室で「対話」を行う場合でも，ソクラテスの「産婆術」は示唆的であろう。

「対話」は，単に相手の言うことを無条件に認め，同意し，追従するというものになってはならない。特に教師は，学習者の意欲をそぐことのないように留意しつつも，相手の考え方の中に潜む矛盾や無根拠の思いこみ，自分に都合の良い理屈の付け方等に対して，「問い」の形で切り込んでいかなければならない。子ども同士の「対話」の場合も，相手の感情に配慮した表現をするよう工夫しながらも，互いに相手の考え方に潜む問題点を指摘し合う，ということを繰り返し練習させたいものである。

そうした「対話」においては，当然のことながら感情的要素を克服していくということが大事な課題となる。自分の矛盾や独善が指摘されたとしても冷静に受け止め，感情的にならないよう努めつつ自分の考え方を整理し直してそれに答えていく，ということの練習が不可欠なのである。こうした冷静さは，また「自己内対話」を慎重に進めていく上においても，きわめて重要になる点であろう。

まず，「『対話』は他者との間でのものだけではない。『自己内対話』こそ『考える』ということにほかならない」が故に，「教育場面で教師と学習者が「『対話』し，学習者同士が『対話』することが，学習者個々人の内面における『自己内対話』へと深化し，発展していくことを考えておかなくてはならない。」という梶田の指摘に注目したい。子どもたちが，**「対話」した後に，やがては必ず「自己内対話」にまで至ることをめざす，これを，授業づくりの方針**としたい。ただし，「自分の視点や価値観だけを押しつけ，相手の言い分に耳を貸さないような『対話』」は，先の荒木の捉えでは「対話」と捉えられない。「自分の視点や価値観だけを押しつけ，相手の言い分に耳を貸さない」ようでは，関係性の構築さえ難しいであろう。荒木の捉えから言えば，「会話」でもない可能性もある。論者により「対話」の捉え方は様々であり，「対話」の捉えが違うことは当然あって然るべきである。だから，「対話」の捉えの違いを問題視するわけではない。梶田の指摘のように，「自分の視点や価値観だけを押しつけ，相手の言い分に耳を貸さない」ことを問題視したいのである。もっとも，梶田の「対話」の捉えは，「『対話』は，単に相手の言うことを無条件に認め，同意し，追従するというものになってはならない」，「相手の考え方の中に潜む矛盾や無根拠の思いこみ，自分に都合の良い理屈の付け方等に対して，『問い』の形で切り込んでいかなければならない」と述べるように，先の荒木の「対話」の捉えと，さほど離れてはいない。恐らく，梶田が言う「自己欺瞞と独善から抜け出させる」「質の高い「『対話』」が，荒木の「対話」の捉えに当たると思われる。

筆者は，「自分の視点や価値観だけを押しつけ，相手の言い分に耳を貸さない」ことは，「対話」ではなく，「はなし」と言うより「はなしっぱなし」の状態であると捉えたい。そこで，「物語り」とも関わるので，「はなし」と「かたり」について少し考えてみたい。坂部(2008)は，「はなしにならない」〈はなし〉はあるが，「かたりにならない」〈はなし〉は元来ありえないこと，「はなしのすじ」は日常使うが，「かたりのすじ」という表現はないこと，「いわれたままにはなす」という表現に日常しばしば出会うが，「いわれたままにかたる」は，実際の場面で使うことはまずないことを指摘する。これは，起承転結のまとまりを欠いては「かたり」として成立しない。つまり，すじのない「かたり」はなく，起承転結のまとまりを欠く，すじのない「はなし」はあり得るのである。

次に注目したい梶田の指摘「自分の視点や価値観だけを押しつけ，相手の言い分に耳を貸さない『対話』しか出来ないならば，自分自身の内面で『対話』する場合にも，自分に都合の良い一面的な論理のみを紡ぎ出していくような独善的思考しか出来ない」ことも，先の荒木の捉えでは「自己内対話」とは捉えられない。先に見たように，「対話」は，双方の関係性に基づいた上で，ともに共有できた話題について一歩踏み込んで見解を示すことであった。したがって，筆者は，「自己内対話」とは，もう一人の自己と関係性を構築した上で，共有できた話題について一歩踏み込んで見解を示すことと捉えたい。それは，自己をメタ的に捉え，「価値観を意図的に衝突させ，それによってお互いに変わっていく作業」でもある。ここで，押さえたいことは，まずは「対話」が成立していなければ，自分自身の内面で「対話」しようとしても，自分に都合の良い一面的な論理のみを紡ぎ出していくような独善的思考しか出来ず，「自己内対話」が成立しないということである。

さらに，「現代は，子どもの世界に至るまで独善と自己満足が横行し，狭い自分の世界に閉じこもって安逸を愛しがち，という状況があるだけに，『対話』を通じた『自己内対話』の基本的あり方の変革は重要な意義を持つ」という梶田の指摘に，注目したい。「『自己内対話』の基本的あり方の変革」がなされた暁には，先の示した「自己内対話」の捉えと限りなく近い状態となる。そして，梶田の指摘の「現代は，子どもの世界に至るまで独善と自己満足が横行し，狭い自分の世界に閉じこもって安逸を愛しがち，という状況があるだけに」から，「自己内対話」の成立が，個の確立の点にまで関心が及んでいることに注目したい。ところで，見逃してはいけないことは，「『対話』においては，当然のことながら感情的要素を克服していくということが大事な課題となる」だけに，日頃の「会話」も大切となってくることである。

残されこととして，「討論」がある。一般には，「討論」は，第三者が，意見を持つ者同士が意見を戦わす様子を観察し，どちらの意見に賛同するかを判断することとされる。ディベートが代表的である。意見を戦わす様子は，紙上やネット上でも観察可能であり，紙上討論等もある。それに加え，必ずしも合意を得たり，結論を導き出すものではなく（この点が「議論」と異なる），意見を持つ者同士が意見を戦わすことも討論としたい。この場合は，特に「対話的討論」と呼ぶことにする。

2)　香川大学教育学部附属坂出中学校の実践からナラティヴ・エデュケーションの方略を探る

(1)　「対話」を基軸とした国語科の授業（第Ⅱの扉第１章～第３章）

①　附属学校の「物語り」研究を公立学校に実践するための手立て

第１章の小林実践と第２章の川田実践は，附属坂出中学校での「物語り」を活用した教育研究成果を公立学校に適用している。「附属だからできる研究」という揶揄があるだけに，これらの実践は貴重である。

小林は，以下の４点に心がけ，附属学校の研究を公立学校に適用しようとしている。

第１に，「道具としての言語」を鍛える国語では，日常の授業のレポート化を「道具を使うための活動」とし，無理のない反復した学習に努めている。第2に，授業で扱う内容を「客観的内容（一斉，問答)」と「主観的内容（対話→討論)」に2分している。これには，二つの意味がある。一つ目は，時間を有効に活用できることである。「客観的内容（一斉，問答)」は，極力効率的に授業を進め，「主観的内容（対話→討論)」では，できうる限り時間をとって授業を進めるという構えができる。二つ目は，ブルーナーの言う「論理実証モード」に「客観的内容」が，「物語モード」に「主観的内容」が対応することである[4)]。「論理実証モード」である「客観的内容」に一斉・問答形式の授業を，「物語モード」である「主観的内容」に対話の授業を当てるという，生徒の思考を十分に活性化させ，生徒を鍛える授業形態が成立している。2分した授業内容の扱いに支えられた，日常の授業のレポート化による「道具を使うための活動」に関わる無理のない反復した学習により，公立学校における附属学校での研究の知見を活用した授業の展望が開けている。第3に，「『4分間で5行以上は合格』などと，具体的な数字をあげながら生徒を追い込」む等の，向山流に言えば片々の技術(細やかな授業技術と言うべきもの)を駆使している。第4に，「対話（討論）授業の基本パターン」に「5　全体に自分の解釈を述べる」ことを位置づけ，学級全体での討論への布石としたり，評論文作成においてプロット用紙を与えて練習するところからスタートするように，事前に様々な布石を打っている。その上で，「物語り」を活用した教育になるべく，様々な手立てがとられる。

一方，川田実践も，小林実践同様，様々な布石を打ち，1年間というタイムスパンで授業展開を構想している。「国語の基礎・基本はまず『教科書をすらすらと読めること』―これは不易の原理」とし，毎授業の冒頭における数分の音読から，「国語の授業の最初は音読」という構えがつくられる。さらに，授業内容や生徒の状態による変化をつけた音読から，無理なく音読の反復がなされ，「年間を通しての音読，暗唱の土台」づくりを行なう。その上で，本実践を行なっている。

②　「対話」を基軸とした授業

第1章の小林実践は，「対話的討論」に基づく評論文づくりをしている。まずは，小林実践のキーワードである対話と討論を確認する。

「『8　自分の解釈を述べる（討論)』では，相手の論（解釈）に意見を絡ませていくことが必要になる。話題になっているのが何で，相手はどのように考えているかが分かり，自分との相違点も明確になっていなければ発言できない。」とある。ここから，目的やビジョンの共有が主目的の「対話」に基づき，討論が展開することが分かるとともに，小林実践の対話が「対話」であることも分かる。また，「自らの『物語』を語り，相手の『物語』を聞くのである。その過程で自らの『物語』は相対化・対象化され深化し更新されていく」ことからも，「対話」であることが分かる。さらに，図1の「個の中の学び」で示したことは，「自己内対話」で生起することである。小林実践の「対話」は，梶田の「考える」ということにほかならない「自己内対話」まで射程に入れている。「対話の授業は最終的には討論になることを目指す」ことから，「対話」→討論という流れが明確である。

では，討論はどうか。「討論で十分に意見がかみ合い，考えが深まった」後の最終的な自分の解釈を書かせる際に，「最初の解釈より深まった『新たな解釈』が生成されるはずである。当然，この内容は個々の生徒独自の解釈であり，一つの意見に統一する必要はない。」としている。このことから，討論が必ずしも合意を得たり，結論を導き出すことを求めないことが分かる。小林実践の討論は，「対話的討論」である。以後，小林実践での討論を「対話的討論」と置き換え，考察する。

小林実践のナラティヴ・エデュケーションに関わる方略として，「対話」から「対話的討論」へ，そして評論文づくりによる「自己内対話」へという学習の流れをあげたい。

まず，課題設定では，「生徒の解釈が分かれ，容易に正解を決めることができず，多くの意見が出される，『あれども見えず』の状態が生徒に自覚されるような発問」がされる。これは，「『問い』によって学習者を自己矛盾に陥らせ，自分が知っていると思っていたことを結局は本当には知っていなかったのだ，という自覚（＝無知の知）に導」き，「相手の考え方の中に潜む矛盾や無根拠の思いこみ，自分に都合の良い理屈の付け方等に対して，『問い』の形で切り込んでい」く「対話的教授法」そのものである。このような発問により，「対話的討論」が成立していく。

課題設定後は，「書く」ことと「語る」ことを入れ子状に配した学習が段階を踏んで展開する。語りの成果を書き，書いたことに依拠して語る。「書く」ことでは，課題を受けて「自分の解釈をノートに書く」→「立場を明確にし，反論を書く」→「最終的な自分の解釈を書く」と深化する。「自分の解釈をノートに書く」ことでは，他者の解釈を理解する（これはとりもなおさず他者理解である）ためにも，自分独自の解釈を書くようにさせ，「対話」の足場づくりをする。「立場を明確にし，反論を書く」も，自分の解釈を強固にすることで，「対話」の足場固めをする。「対話的討論」で十分に意見がかみ合い，考えが深まった後の「最終的な自分の解釈を書く」ことでは，最初の解釈より深まった「新たな解釈」を書かせる。このように，「対話」するための足場づくりや足場固めとしての「書く」ことから，各生徒なりの深まった解釈を「書く」ことに進展していく。一方，「語る」ことでは，隣同士での対話→「席を自由にして話し合う」「『公的な』私語」→「全体に自分の解釈を述べる」→同じ考えの仲間と「席を自由にして話し合う」→学級全体での「対話的討論」と深化する。「席を自由にして話し合う」という関係性の構築を図る「会話」的要素も取り入れた「対話」をしながら，「発言はとりあえず言いっぱなしでよい」という「はなし」に近い「全体に自分の解釈を述べる」ことで，学級全体での「対話的討論」へ向けての布石を打ち，段階的に「対話」から「対話的討論」へという学習が展開する。また，このような段階を踏んだ「対話」場面の設定により，梶田が指摘した「対話」及び「自己内対話」における感情的要素の克服という課題に対処している。

往還する「書く」ことと「語る」ことが，最終的に邂逅するのが評論文づくりである。言葉遊びのように聞こえるかもしれないが，評論文づくりによる自己の学びの「振り返り」であると同時に，自己の学びの「振り返り」による評論文づくりである。評論文づくりによって，「自己内対話」が行なわれているのである。

そして，「記録を手がかりに，学習そのものを振り返り，改めて『一連の物語』として語り直すのである。それは初期の段階では，学習した過程を時間軸によってまとめ直す『学習記録文』として語られる。それがさらに深化すれば，まとめ直す過程で自らの学習全体を内省する『評論文』としての語りになる。」。これは，「生徒のノートには多くの内容が記録されている。自分の物語，他者の物語，そして自分の物語が変容してきた過程である。基本的にはそれを授業の時間軸に沿って『語り直していく』ことになる。」。このようにして，「物語り」の深化が見られる。

小林実践では，「書く」ことと「語る」ことの往還により，それぞれの学習が高まり，筋を組み立て直す批評文づくりで，紡がれる物語も深化していく。

第２章の川田実践では，群読でなく群読劇であることに注目したい。川田実践は，群読劇づくりによる身体を通した語りの授業である。平家物語「扇の的」を語り直す再構成がなされている。群読劇づくりは，声に出すという身体を用いた物語づくりである。

第１時で，群読劇という活動内容とゴールが示される。第２・３時では，班での劇練習中に「状況がいまいち理解できない」との声が多く出たことから，ビデオ映像視聴へと展開する。その結果，「よく分かった」との声が多く出た反面，「原文と映像は違うのではないか」という声も多数あがる。そこで，ビデオ映像と原文との違いを検討する学習へと進展する。これは，「自分がなんとなく感覚的にひっかかった所を丁寧に言葉を探しながら解きほぐしていくことによって，腑に落ちる瞬間が訪れる」ことを目指した学習である。生徒の感想にあるように，「ビデオの『扇の的』を超えようと，班の中であれやこれやと相談し，考え合」う気風も生まれ，群読劇づくりに勢いを与えた。第４時では，群読劇練習中にあがった，「与一はなぜ黒革をどしの鎧を着た男を射たのか」という疑問から，全体での話し合いに発展する。第５時では，群読劇の中間発表会と相互評価。第６時で，群読発表会を行なう。実践は，無理のない自然な展開である。教師は，学習を引っ張らず，学習の流れを見越してビデオ映像を用意するなど，生徒たちの学びに寄り添う，学びの旅の同行者となっている。

教材の「平家物語『扇の的』は，確かに「身体にしみ込む韻律やリズムを整えており，音読，暗誦により，身体と一致する言葉となりやすい」ものである。これは，「たくさん読みこんでいくうちに頭に言葉が刻まれていきました」とか，「毎時間何度も何度も繰り返し読むことで，スラスラ読めるようになり，古文独特のリズムも味わうことができる」という生徒の感想からうかがえる。さらに，身体に染み込むような教材に基づき群読劇づくりまでしたことで，「何よりもその一つ一つの情景が頭に入ってきた。これが一番の利点だと僕は思う。練習をしている時に意味を確認したり，その時の全体の状況を整理したりしたので，読む時に頭の中で自分なりの映像ができていた。動作や人，ものの配置，天候までもくっきりと。」とか，「そしてさらに読み込んでいくうちにその言葉が流れとなって動きへと徐々に変わっていきました。そうすることで，脳の中に各々のイメージである那須与一の物語が構成されていっているのだと思います。その各々のイメージを共有していくことで，班としての『那須与一』が生まれ，それを表現できたと思います」という生徒の感想が生まれたのであろう。これらの感想は，「個々の子どもたちがいかにアクティブに言葉を学ぶか，そして自分のものにしていくのか。その過程こそが『物語り』である。」を，良く現している。そして，「教師や級友と悩んだり葛藤したりしながら言葉と格闘する」「私の（私たちの）『平家物語』群読劇創作」という「物語り」の中で，生徒たちは，「平家物語」の世界に触れ，その世界の魅力を感じ，言葉のもつ価値を認識し，古典の世界を，言葉を，自己の中に位置づけているのである。」。

かつて筆者は，次のように，教育のプリミティブな形としての「ナラティヴ・エデュケーション」について述べたことがある（伊藤 2017）。

> 一貫して掲げられたテーマ「『学ぶこと』と『生きること』」は，「ナラティヴ・エデュケーション」の基本的な立場を表す。学校も寺子屋もない時代，物事を熟知している地域の年寄り，長老を囲み，彼の語りから若者は様々なこと，人生の智恵を学んだ。この時代には，「学ぶこと」は「生きる術」を獲得することであり，「学ぶこと」は即「生きること」であった。ところが，社会が発展し，学校制度も整備されるにつれ，学校は社会から隔離されていき，学校で学んだことは社会に出てから役に立たないとまで言われるようになってしまった。「学ぶこと」と「生きること」が分離したのである。
>
> 「学ぶこと」と「生きること」が一体となっていた時代は，「物語り」によって教育が行われていた。教育のプリミティブな形として，「物語り」による教育，すなわち「ナラティヴ・エデュケーション」があったと言える。

群読では「黙読よりも原初的で根源的な感動が得られる」（高橋 1990）ことと，教育のプリミティブな形としての「ナラティヴ・エデュケーション」が，どこか似ていると感じた。さらに，高橋（1990）が述べている，群読により「人の言にじっと耳を傾ける，聞く姿勢ができる」ことは，前述したように，「対話」にとって不可欠な「聴く」ことと関わっている。群読を拡張した群読劇は，「ナラティヴ・エデュケーション」に適した手法ではないかと考えている。

第３章の大西実践は，思考ツール（シンキングツール，グラフィックオーガナイザー，ビジュアル・ツールとも言われる）を活用し，「全員が対話に参加できる問い」を解く中で，対話を促す授業である。

附属坂出中学校（2018）では，「主体的・対話的で深い学び」において最も大切なのは，「主体的な学び」であるとしている。そして，「主体的な学び」の実現には，「生徒に任せる学習活動」が必須であるとし，１時間，１単位を貫く問いとそれに基づく単元構成を重視している。具体的には，１時間，１単位を貫く問いを，「全員が対話に参加できる問い」として設定する。そのような問いとして，次の三つを挙げる。①容易に答えが出ない（時間をかける価値のある）問いである。②全員が何らかの立場をとれる（選択できる）問いである。③教科の本質に即している問いである。大西実践の発問を見てみると，「全員が対話に参加できる問い」となっている。

思考ツールは，思考の流れや枠組みを視覚化して示すように工夫されたものであり，生徒が自分の知っていることや考えたことを，視覚化し，整理するのに役立つとされる。大西は，「言葉は，人と人との関係の中で生きるものであり，他者との語り合いの中でこそ，深く，豊かになる。（中略）言葉は習得されるものではなく，語り合う経験を通して『獲得』されるものなのである。」と述べている。この考えに基づき，思考ツールを活用し，語り合う経験を通して読みの交流が行なうとともに，個々の読みが成立することをめざしている。「読みの交流とは他人の意見が何度も飛び交う，より複雑で重層的な場面に自分自身の認識がさらされることであり，そこで自身の認識が検証され変化していく場である」（峯本 2012）。大西は，個の読みは個々の既有知識や既有体験等によって異なるために多様なものとなり，他者との交流もかみ合わないものになりがちであるという問題意識から，思考ツールを活用することにより，個々の考えを整理させながら見える化し，「全員が対話に参加できる問い」を解くことで，読みの交流を図っている。

文学理論における「対話」をめぐる問題は，読みの「方略」の問題と密接に関わるとする山元（1994，38－39）は，次のように述べている。

> 読むことに限っていえば，「方略」という概念は，読者の自意識を離れてはありえない。自らの意識を見つめるもう一つの意識の存在と「方略」概念とは，切っても切れない関係にあるとさえ言えるだろう。子ども読者における「方略」概念の成立は，子どもの内部における二つの自己の成立と密接に関わるものなのである。のみならず，読むという営みにおいて諸々の「方略」に対する自覚を促すということは，子どもに他者を認識していくまなざしを育て，そのための方法なり手続きなりを獲得させることにつながっていく。

読みの「方略」の使用を意識させるためには，読みの交流をすることが必要であると言われる。大西実践は，思考ツールを活用して読みの交流を図り，読みの「方略」の使用を意識させようとしているのではないか。これは，「子どもの内部における二つの自己の成立と密接に関わるものなのであ」り，「子どもに他者を認識していくまなざしを育て」ることへと繋がっていくと考えられる。

(2)　「社会的自己物語り」を更新していく社会科の授業（第Ⅱの扉第４章及び第５章）

①　「社会的自己物語り」とは

附属坂出中学校の社会科授業は，「社会的自己物語り」の更新を目指していると言える。なぜなら，山城先生や大和田先生から，附属坂出中学校の社会科授業のあり方を相談される度に，筆者は，「社会的自己物語り」の紡ぎ出しとその更新の大切さを述べてきた。そのことが基盤にあると思われるからである。
さて,「社会的自己物語り」を更新する社会科の授業は,「人間・社会は根源的に物語る存在である」という人間観と,「社会的自己物語りの批判的構築を図る」という社会科授業観に依拠する(伊藤・川田 2016)。この人間観には,「人間を物語る動物である」という自覚と,「物語り」が人間の根源的なことに係わっているという認識がある。そして,有為な民主主義社会の形成者の育成を図ることを目指す社会科は,単なる「自己物語」で終わってしまうわけにはいかない。「社会的自己物語り」は,小西(1992)が提唱する「社会のなかにある自己をわかる」という「社会的自己認識」に示唆を得ている。しかしながら,「社会的自己物語り」の立場は,「社会的自己」を物語として捉える立場である。と言うより「社会的自己」は物語としてしかあり得ないという立場である。人間は物語る動物であるとする千野(2017, 24)は,次のように述べている。

> 「僕」「私」が一貫した存在であるというのも,ちょっとした嘘というか,誤魔化しの結果そう考えているだけなのかもしれません。そして,物語はそういう「主人公の一貫性」が大好きなフォーマットです。
> 「自己」概念は,物語的に構成されている。そう気づいたのは,神経科学者(アントニオ・ダマシオやマイケル・S・ガザニカ)だけではありません。
> 「自分である」ということ(=アイデンティティ)は,時系列のなかで一貫性を持つものとして構成されているひとつの「仮定」である。この考え方は,ドイツの哲学者トーマス・メッツィンガーとフランスの哲学者ポール・リクールとが,それぞれ全く違ったアプローチで指摘しています。リクールはそれをはっきり〈物語的アイデンティティ〉と呼んでいるのです。

「社会的自己」は物語としてしかあり得ないという立場に立つと,さらに「社会的自己認識」論とは違った新たな構えが出来てくる。それは,ある「社会的自己物語」が紡ぎ出されたら,それを吟味検討し,絶えずそれを更新していこうとする構えである。「複雑な現実を単純化して秩序立ててくれるものこそが,物語的方法」であるだけに,分かりやすい「社会的自己物語」を紡いで納得して終わってしまいかねない。それでは,強力な物語の力に搦め取られてしまいかねないことになる。それ故に,絶えざる「社会的自己物語」の更新のために,「社会的自己物語」の批判的構築を図ることを授業観として,語られない物語を語ることを試みるのである。新たな社会科授業の地平が拓こうとするのである。この点からも,社会科では,物事を多面的多角的に吟味していくことは,大切なことである。

② ストーリー仕立での授業展開に,2項対立を組み込んだ授業

第4章山城実践は,当事者性を持たせる場面設定に基づく「物語り作文」を活用した授業展開の中に,2項対立を組み込んだ授業である。以下,山城実践のポイントを見ていこう。

まず,第1のポイントとして,実践時の平成20年版学習指導要領で示された中核的事象を「地域を捉える七つの視点」として提示していることが挙げられる。このことで,学習指導要領の内容をおさえることが可能となる。第2のポイントは,次に示した「台湾の先生から四国地方の特色を体感できる巡検コースの作成を依頼される」という場面設定である。

> 6月某日,チャイナエアラインで台湾から高松空港に到着した,台湾の中学校の先生のグループに声をかけられた。
> 先生:「私たちは今まで,何度も日本に旅行にやってきています。東京,大阪,名古屋…。今回の来日

した目的は，観光旅行ではありません。いま世界からも注目されている四国地方の巡検にきました。」

私　:「巡検？」

先生 :「フィールドワーク，現地調査のことです。ぜひ『これぞ四国!!』というところを，できるだけ多く紹介してほしい。よろしくお願いします。」

私　:「少し時間がほしいのですけれど，少し待ってくれますか？」

この場面設定は，単なる観光旅行を考える学習でなく，四国の特徴が分かる地域調査学習へと誘う仕掛けである[5)]。また，このことでストーリー仕立の授業展開を可能としている。さらに，この場面設定により，単元を貫くテーマ「台湾の先生に四国らしさを語る」が設定された。

ところで，授業づくりにおいて，しばしば当事者の立場に立たせて考えさせること言われるが，このことは本当に可能なのであろうか。この問題を考えるに際して，他者を表象しないことによる暴力性を述べた安達（2000，137）の次の言説が示唆を与えてくれる。

反論を許さない言葉（「障害者でなければ障害のことは分からない」という類の言葉，引用者）が発せられるとき体験の特権化が生じて，そのかかわりはぎこちないもの遠慮したものとなり，最後には人はそれにかかわっていこうとする意欲を失うだろう。そしてその問題が普遍化される道は閉ざされてしまう。おそらく「他者の表象」のもつ根元的な暴力性に留意しながらも，「あえてシーザーとして理解する」（「シーザーを理解するために，シーザーである必要はない」というヴェーバーの歴史叙述の可能性の言説を受けたもの，引用者）という，いわば戦略的に他者を代表し表象することも必要なのであろう。あえて「として語る」という戦略的な他者表象により，そのことによらなければ解決できない問題に取り組むこと。体験の特権化と体験の普遍化の両極のあいだのどこかに着地点を求めていかなくてはならない。

当事者の問題は，ともすれば，当事者でなければ分からないという体験の特権化に行き着いてしまう。全ての人が当事者にはなれないが，当事者性[6)]ならばもつことが出来る。社会科学習では，擬似的参加しか出来ない問題も扱うことから，様々な立場に立つことを，様々な立場の当事者性をもつことと捉えるべきである。「『体験』は物語られることによって初めて『経験』へと成熟を遂げ」（野家 2005，115），「『語り』は『加担』に通じることによって，経験や知識の共同化を含意しうる」（野家 2005，110）。「『として語る』という戦略的な他者表象」が，「体験の特権化」を突き抜け，「体験の普遍化」を進める。当事者性の育成を図ると見定め「として語る」ことが，「体験の特権化と体験の普遍化の両極のあいだのどこかに着地点を求め」ることになる。山城実践では，生徒が，台湾の先生から四国地方の特色を体感できる巡検コースの作成を依頼される「として語る」場面設定により，当事者性を持たせる学びを実現しようとしている。これが，第３のポイントである。

第４のポイントは，動的単元構想を試みていることである。動的単元構想は，伊藤（1992，1997）で提案されたものである。これは，あらかじめ立案していた単元を，子どもたちの実態にそって随時修正していくものである。山城実践では，女子生徒の会話から，新たな展開「明石海峡大橋により，徳島の人々は大都市に吸い寄せられているのか？」が生まれた。このことで，「生徒に任せる学習活動」が可能となる。2016 年の山城実践であるが，既に「主体的・対話的で深い学び」で最も大切であるとした「主体的な学び」の実現において必須である，「生徒に任せる学習活動」（附属坂出中学校 2018)を行なう単元構成がなされている。

第５のポイントは,「明石海峡大橋により，徳島の人々は大都市に吸い寄せられているのか？」と言う発問から，ストロー現象の有無を作業させながら判断させていることである。まず，ストロー現象の有無を確認するために必然的に行なうことになる主題図づくりは，地理学習の醍醐味である，子どもが主人公になれる学びである。さらに，ストロー現象があるかないかという問いは，２項対立の問いである。２項対立は，やがて「物語り」が生まれる問いへと繋がるものである。このことは，大和田実践において詳述する。

第６のポイントは,「書くことにより学ぶ」手法である「物語り作文」を活用していことである。「物語り作文」とは，伊藤・大木(1996)，伊藤・金野(1998，1999，2000)において開発した「見たこと作文」[6)]を活用した日記書きの手法を「物語り作文」としたものである。山城・大和田(2018, 62)は,「物語り作文」を，①「見たこと作文」の手法を用いる作文，②具体的な場面設定と人物に基づく，③他者の物語(語られたもの，ストーリー)に触れさせ，再編成する作文と捉えている。実践では，当事者性を持たせる場面設定を行なった上で，単元を通して「物語り作文」が活用されている。

第５章大和田実践は，生徒が「歴史を学ぶ意味」が分かることに焦点化する中で２項対立を活かした授業である。大和田自身が示した四つの手立てが，大和田実践のポイントになっている。まず，生徒が「歴史を学ぶ意味」を分かることと係わるポイントをみてみよう。

生徒が「歴史を学ぶ意味」を分かることと係わっては,「研究の柱(1)　確かな歴史認識を自ら主体的に構成し獲得すること」と「研究の柱(３)　単元を通して獲得した歴史認識から,「社会的自己」が捉え直されること」がある。この二つの研究の柱に対して,【手立て１】,【手立て３】,【手立て４】がとられている。

「研究の柱(1)　確かな歴史認識を自ら主体的に構成し獲得すること」は,「歴史を学ぶ意味や価値を生徒に実感させるためには，歴史認識を生徒自らが主体的に構成し獲得するようにする必要がある」という考えに基づいている。そのために,【手立て１】の「歴史的事象に対する自分の考えを構成し他者と語り合う場を設定する」がとられている。これは,「主体的な学び」である上に,「対話的な学び」を実現させ，自分と歴史との意味づけを生徒自らがする「深い学び」まで展開していこうというものである。このことによって，歴史好きな子どもには歴史を学ぶ意味や価値を実感させられるであろうが，それ以外の子どもには，必ずしも「歴史を学ぶ意味や価値を生徒に実感させる」ことはできないであろう。なぜなら，歴史嫌いの子どもが心の中に抱いていても，なかなか言葉には出さない,「そんな昔のこと，今の私たちと何の関係があるの？なぜ，そんなこと学ばなくてはいけないの？」という疑問に答えることができないからである。そこで,【手立て３】の「時代や地域が変わっても通用する普遍的なテーマを設定した単元構成」や,【手立て４】の「歴史的事象と今をつなぐ現代的文脈を組み込んだ単元構成」が考えられている。生徒が「歴史を学ぶ意味」を分かることに対して，用意周到に手立てが取られているのが，大和田実践である。

正確に言えば，社会科の歴史学習は，歴史的見方・考え方だけを習得することではないと言った方が良いが，それでは，インパクトもなく，印象に残らないので，あえて,「社会科の歴史学習は，歴史的見方・考え方を習得することではない」と言っておきたい。社会科の歴史学習は，習得した歴史的見方・考え方を活用することが大切である。問題となるのは，どのような視角から活用するかである。民主主義社会の形成者の育成という視角から，歴史的面から見た政治的教養を啓培するのが，歴史学習なのである。大和田実践は，歴史学習を通して,「社会的自己」を捉え直しをさせることで，民主主義社会の形成者を育成しようとしている。

「研究の柱（２）　立場の異なる他者と協働して，こたえを模索する学びの場を設定すること」は，「対話的な学び」を実現して，「深い学び」に誘おうというものである。研究の柱（２）に対してとられた【手立て２】の「２段階の問いと対話の土俵の限定によって，問い合い，語り合える場を設定する」ことにより，２項対立が生まれている。「もし自分が綱吉の立場だったら，四十七士を助命にするか？厳罰にするか？」という問いは，厳罰にするか否かの２項対立である。この２項対立の問いは，さらに，２項対立の「武家諸法度第１条と第５条，どちらを優先すべきか？」という問いに繋がり，最後は「戦乱につながらないために，どう裁くか？」という問いに逢着する。ここでの２項対立の問いは，ＡかＢかと意志決定を迫り，どちらかにしてしまうという単純な問いではない。物事はそんなに簡単に決まらないということを，子どもに痛感させ，さらに新たな問いへと導いていく新たな問いの導火線なのである。これらの一連の問いを解いていく中で，子どもたちは，今の視点から過去を断罪することには陥らず，「歴史的事象（赤穂浪士たちをどう裁くか）に対して，当時の価値観や制度，社会の様相など資料から読み取った事実を主体的に構成し，自分なりの結論を出そうとする」。そして，そのことで，歴史認識が構築されていることが分かるとともに，子どもなりの「物語り」が生まれていることが分かる。

(3)　数学を学ぶ「意味」を実感し，社会に開かれた学びとなる数学科の授業（第Ⅱの扉第６章）

第６章の大西実践は，統計データーの分析から社会に開かれた学びに繋げて，子どもに学ぶ「意味」を実感させている授業である。

大西実践では，「なぜ，数学を学ぶのか」という問いに正対したものになっている。生徒に，数学を学ぶ「意味」を感じさせるために，リアルな文脈のある社会の開かれた学びが成立することに心がけている。そのポイントは，教材としての新聞記事である。新聞記事が報じた，香川県の自転車事故が全国ワースト１位であるという社会事象を，統計を活用しながら読解させている。どんな時に，どんな所で自転車事故が多いのかについて，統計データーの分析・処理させながら考察させ，その語り合いをさせている。このことで，「ヒストグラムや相対度数を用いてデーターの傾向を捉え，説明することを通してデーターの傾向を読み取り，批判的に考察し判断することができることが新たに目標に示された」今回の学習指導要領の先取り実践にもなっている。なお，大西実践では，MI（Multiple Intelligences）も活用されている。附属坂出中学校は，2011 年度より関西大学松村暢隆教授の科学研究費のための研究協力校として認知的個性の視点から MI を活用した授業研究も行なっている[7)]。MI とは，認知的個性の一つで，テストでは計ることが出来ない潜在能力や知能であり，附属坂出中学校では，独自に「自分の才能」と位置づけている（香川大学教育学部附属坂出中学校 2014，17）。

(4)　物語って科学する理科の授業（第Ⅱの扉第７章及び第８章）

第７章の若林実践は，「素朴概念から科学的な概念への渡り」をさせ，知性と感性を育むことをめざした授業である。

筆者が校長をしていた時，附属坂出中学校の研究集会で，学問の歴史に着目して授業づくりをすれば，「物語り」の授業になる契機が生まれると述べたことがある。人類が試行錯誤しながら永年かけて科学的な概念（これは理科だけでなく全ての教科と係わっている）を獲得してきた過程を，子どもが辿り直すことも教科教育の一つの在り方ではないかと思った。エルンスト・ヘッケルの言葉「個体発生は系統発生を繰り返す」ではないが，人々の努力による科学の進歩によって，人々がもっていた科学に係わる素朴な概念がより科学的な概念へと発展していく過程は，子どもがもつ素朴概念が科学的な概念へと高まっていく過程と捉えられるのでないだろうか。この素朴概念から科学的な概念への渡りをさせる際，人類が科学的な概念を獲得してきた途上の様々な事件を教材化すれば，自ずから「物語り」が生まれると考えたのである。

若林実践では，「光のおかげでものの姿が見えたり，ものが色づいて見えたりする自然の神秘さと不思議さを中学校で最初の物理分野となる本単元の導入からじっくりと実感させたい。」という思いから，まず素朴概念を把握することに努めている。これが，若林実践の一つ目のポイントと思える。

そして，ニュートンが行った実験を再現した装置を自作して白色光の秘密を探っている。子どもは，「身の回りのある１つのことを知ると，それについて疑問の輪が広がり，なぜそうなるのかということを追究する楽しさ，面白さが味わえる。ニュートンは本当にすごいと思った。僕も生活していて疑問に思ったことを調べるということをしていきたい。」と感想を寄せている。第２のポイントとして，学問の歴史に着目して，素朴概念から科学的な概念へと渡りをする授業づくりを挙げたい。

その渡りの際，若林実践では，「生徒の素朴概念と科学的な概念を徹底的に吟味し対立させる場面」を設定している。そのために，「４　科学的な概念を形成するための教材の工夫」に見られるように，様々な教材開発が行なわれている。若林実践の第３のポイントとして，子どもが関心を持たずにはおられない豊富な教材・教具の開発が挙げられる。以上のような手立てを取って，若林実践では，子どもの知性と感性に裏打ちされた科学的な概念を形成していくことが目指されている。

第８章の鷲辺実践は，科学的な見方や考え方を高め，理科を学ぶ意味や価値を実感できる生徒の育成をめざした授業である。

単元最後にまとめた生徒のレポート「雲っていったい何なんだ〜あなたの雲の物語〜」に，「もし地球上に雲がなかったら，どうなるのか思いうかべてみた。少しぞっとした。」という一文がある。鷲辺氏は，「雲は日常生活の中で頻繁に目にしているにも関わらず，科学的な理解ができておらず，誤概念の多い題材である。この雲を探究的に明らかにしていく過程で，生徒は雲に対する捉え直しが行われ，世界を新たな見方や考え方で見直すようになる。」ことを目指した。鷲辺実践では，生徒が，雲に対する捉え直しから世界を新たな見方や考え方で見直すようになるために，幾つかの手立てが取られている。

まず，鷲辺実践の発問を並べてみよう。「霧はどのような条件で発生するのか」→「霧の発生に気温と湿度が関係している事を明らかにするために最低何種類の実験を行えばよいのか」→「気温が下がると水滴が発生するのはなぜか」→「この教室には何ｇの水蒸気が含まれているのか」→「雲はどのようにしてできるのか」→「コーラのふたを開けたとき，白いもやはなぜできるのか」→「学校の上には，どのぐらいの水が浮いているのか」→「大気中の水はどのように循環しているのか」という，発問の流れになる。霧，水，雲は，身近な事象なるが故に，かえって子どもは気にせず，問題にしない。そのような身近な事象を発問の素材の基軸にし，生徒の学びの文脈やそこから生まれる新たな疑問を生徒の学習記録から把握し，生徒の文脈に沿った問いとなるよう課題や発問を設定していることが分かる。これが，鷲辺実践の一つ目のポイントである。

鷲辺実践では，対話や観察・実験において個性が活かされ，活動が活性化するよう，それぞれが異なるMI（この場合は論理・博物，対人，空間，身体の４つのMI）を上位に持った生徒どうしを組み合わせて班編制を行っている。その上で，学習課題に対する考え方が同じ集団や異なる集団による対話の設定やパネルディスカッション形式での対話の導入している。さらに，全体の対話における生徒のつぶやきを教師が拾ったり，対話が停滞する時は小グループに戻して教師が個別に関わったりしている。このような身近な事象と係わって探究的な「対話」が生じるように，様々な学習環境の構成や教師の適切な介入が行なわれているのが，鷲辺実践の二つ目のポイントである。このことにより，生徒のレポート「雲っていったい何なんだ～あなたの雲の物語～」にみられるように，「自己内対話」が起きている。

(5)　学びを社会に拓き，教科の壁を越えていくNIESDの授業(第Ⅱの扉第９章)

附属坂出中学校は，平成24年度に「『学ぶこと』と『生きること』の統合－かかわり合う中で，自己の学びをつむぐ－」をテーマとし，研究の柱をアクションラーニングとナラティブにすえた研究を公開した。大会終了後，研究部長の川田英之から次期大会に向けた研究テーマの相談を受けた。筆者は，ナラティブをさらに進め「物語り」を基軸とした授業の推進を進言した。そこで，教職員全員で次期大会に向けた研究テーマを討議し，研究テーマを「『学ぶこと』と『生きること』の統合－語り合う中で自己の『ものがたり』をつむぐ－」として，平成26年度研究大会を開催した。さらに，「『語り合う』中で自己の『ものがたり』をつむぐNIE」をNIE研究のテーマとし，平成25年度から２年間の香川県NIE推進協議会研究指定を受けた。第９章の「語り合う」中で自己の物語をつむぐNIESD(国語・社会科)は，その成果である。

一見「物語り」とは関係のなさそうな新聞であるが，新聞が「物語り」であることは，実践を読んでいただければ分かっていただけると思う。確かに，新聞は客観性が求められる。だが，それは，あくまでも客観性である。絶対的な客観なるものがあれば，どの社の新聞も同じような書きぶりとなって，金太郎飴的で差異化されない。新聞は，客観性を担保しつつ新聞社の立場や記者の一定の視覚からまとめられたものであり，それ自体が，「物語り」でもある。さらに，持続可能な開発のための教育であるESDとも接合する事を考え，新聞を活用した学びであるNIEの新たな学習形態として，NIESDを提案したものである。

ところで，正に今，社会で展開されている事が掲載されているのが新聞であることから，新聞を活用した学びであるNIEは，学びを社会に拓いていくことが出来る。NIESDは，この学びを社会に拓いていくことを，さらに推し進めるものである。なぜなら，NIESDには，新聞では物語られないことなどを語ろうとする構えがあり，時に物語の書き換えが行なわれる。NIESDは，NIEよりも社会をより多面的･多角的に見ていこうとする学びになりやすい。さらに，NIESDは，傍観者的な学びが許されないESDと係わる新聞記事などを活用することにより，学びをより社会に拓いていくことになる。

諸般の都合により掲載はしていないが，若林と鷲辺により，環境問題やエネルギー問題を報道した新聞記事を教材とした理科でのNIESD実践が試みられた。これらの実践は，理科と社会科との合科的な学びとなっている。第９章のNIESD授業を見ても，国語と社会科の効果的な合科的な展開となっている。NIESDは，教科の壁を越え，学びを拡張していく機能があると言える。

(6)　学校を挙げてのナラティヴ・エデュケーション

最後に，学校を挙げて行なうナラティヴ・エデュケーション(ホールスクール・アプローチによるナラティヴ・エデュケーション)を進める際のヒントを，附属坂出中学校の教科外の活動から探ってみたい。

附属坂出中学校の校訓は，「自由と規律」である。それ故に，通常の中学校よりも生徒に任せる活動が格段に多く，そのことは生徒も感じている。そして，「自由と規律」と言う言葉は生徒たちも誇りにしており，学校文化になっているといって良い。このような，子どもたちに責任をもたせて任せる教育活動の最たるものがCANである。

附属坂出中学校では，総合的な学習の時間に相当する学習活動をCANと読んでいる。CANの「C

は異学年合同の小集団であるクラスター(Cluster)，Aは自分のクラスター内だけでなく，他のクラスターとも交流しながら多様な学びを行う『協同的な学び』の方法であるアクションラーニング(Action Learning)，Nはここでの学習における自らの考え方や自らの実感を『語ること』を意味するナラティヴ(Narrative)の頭文字をとっている」(香川大学教育学部附属坂出中学校 2010，7)。後に，CANのNは，NarrativeからNarrative Approachとなり，「振り返りを語りの視点からとらえなおす自己理解法」（香川大学教育学部附属坂出中学校 2012，12)へと深化している。CANは，「正統的周辺参加論」を踏まえて，「各教科での学びを生かしながら，自らの課題を発見し，探究し，その成果を発表し，評価を受ける活動である。「正統的周辺参加論」とは，学習を知識の伝搬と見なさずに，学習者(新参者)が共同体の社会文化的実践に十全的に参加して行くことで知識や技能を習得すると考えるものである。周辺参加とは，最初は周辺的な役割を担った新参者も，学習が進むとともに徐々に中核的な役割を担っていくことを意味している。まさに現実の社会での活動を模した学習であり，『学ぶこと』と『生きること』の結びつきを実感できる学習」（香川大学教育学部附属坂出中学校 2010，7)である。また，CANは，「『可能性』と言う意味を持ち，生徒自身が可能性を見出していく学習としての位置づけも持たせている。」(香川大学教育学部附属坂出中学校 2010, 7)。

CANを具に見ると，前述した物語の三部構造に見事に当てはまることが分かる。先にたってCANを進めてきた３年生が去った後，残された２年生は，自分の興味・関心，問題意識に基づき新たに自らの課題を立ち上げ，そこに興味・関心，問題意識に共鳴した１年生が合流し，課題を探究し始める。ここまでが，第１幕「日常からの旅立ち」である。年度がかわり，新入生がそこに合流し，試行錯誤しながら課題の探究を進め，その成果を全校に公開し，評価を受ける。これが，第２幕「非日常への冒険」である。CANを進める中で，様々な課題を克服し，一回りも二回りも成長する。その「研究を振り返り，研究への取りかかりから研究終了までをナラティヴ・アプローチの手法を用いて『CAN物語』としてまとめる」（香川大学教育学部附属坂出中学校 2012，12）「CANLOG」を行なう。これは，CANという学びの旅の物語である。これが，物語の３幕構造の第３幕「新たな日常への帰還」である。CANは学びの成長物語となっている。

ところで，附属坂出中学校では，前述したように，「主体的・対話的で深い学び」において最も大切な「主体的な学び」の実現には「生徒に任せる学習活動」が必須であるとして，子どもたちに責任をもたせて任せる教育活動をCANだけでなく，子どもたちの学校生活の大半を占める授業においても行なっている。つまり，学校を挙げて「生徒に任せる学習活動」を志向しており，これが学校文化にまでなっていると言えるのではないかと思われるのである。このことで，「『学ぶ目的』を問う子どもの「人格」的な要求に応えながら，能力の育成を図」(安彦 2014，80)っていると言える。そして，「それまでの生来の与えられた個性を吟味し，自分の力で，自分の責任で，『自分の納得のいく自分＝自分らしさ』をつくりあげようとする」自分の個性を「再構成・再構築」する中学校の時期(安彦 1997，324)に適った教育が展開しているのである。

註

1)　物語の３幕構造とは，神話学者のジョゼフ・キャンベルが世界の英雄伝説が基本的にすべて同じ構造を持っていることを見出したものであり，第１幕「非日常への旅立ち」，第２幕「イニシエーション：試練と成長」，第３幕「日常への帰還：再生と統合」からなる。後述の３幕構造の成長物語において，主人公が「日常からの旅立ち」をするのは，第１幕「非日常への旅立ち」に相当する。「非日常への冒険」は，第２幕「イニシエーション：試練と成長」に相当する。「新たな日常への帰還」は，第３幕「日常への帰還：再生と統合」に相当する。ハリウッドの映画作りに，ジョゼフ・キャンベルの物語の３幕構造が大きく影響しているのは，周知の事実である。ジョゼフ・キャンベルの物語の３幕構造については，ジョゼフ・キャンベル(1984)を参照。

2)　伊藤(2010 b)では，物語の３幕構造を踏まえた物語構成学習を提案している。

3)　筆者が，荒木(2013，206-207)よりまとめた。

4)　ブルーナーの言う「論理実証モード」と「物語モード」については，ブルーナー(1998)を参照。

5)　この場面設定は，筆者が，1997 年度の日本教育技術学会第 11 回大会(茨城大学教育学部附属茨城小学校)にて公開した小学校社会科第４学年提案授業「これが茨城県ですよーイートン先生に茨城県を紹介しようー」に示唆を得ている。

6)　当事者性については，伊藤(2010b)を参照。

7)　**MI**（**Multiple Intelligences**）を活用した授業研究の詳細は，松村暢隆監修，川田英之編集，香川大学教育学部附属坂出中学校著(2014)を参照。

文献

安達一紀（2000)『人が歴史とかかわる力』教育資料出版会

荒木寿友(2013)『学校における対話とコミュニティの形成　コールバーグのジャスト・コミュニティ実践』三省堂

安彦忠彦(1997)『中学校カリキュラムの独自性と構成原理―前期中等教育課程の比較研究―』明治図書

安彦忠彦(2014)『「コンピテンシー・ベース」を超える授業づくり　人格形成を見据えた能力育成を目指して』図書文化

伊藤裕康(1992)「社会科授業づくりと教師の力量について２－単元別地理教育実践史研究序説－」，地理学報告 75 号，1-18

伊藤裕康(1997)『「提案する社会科」の授業５　出力型授業づくりへの挑戦』明治図書

伊藤裕康(2009)「情報消費社会と有用性のある地理学習」地理学報告 108 号, 1―14

伊藤裕康(2010a)「情報消費社会における社会科地理学習のあり方―持続可能な社会を目指す子ども参加の地理学習を例として―」地理教育研究６号，15―24

伊藤裕康(2010b)「当事者性を育む社会科学習－物語構成学習による地理授業の開発－」社会系教科教育学研究第 22 号，11-20

伊藤裕康(2012)「地理教育における伝統とアイデンティティの扱い方」地理教育研究 11 号，36―43

伊藤裕康(2017)「香川大学教育学部附属坂出中学校の教育実践研究から『ナラティヴ・エデュケーション』を学ぶ」，竹森元彦編，伊藤裕康・若林教裕・河田祥司・川田英之『ナラティヴ・エデュケーション入門』美巧社

伊藤裕康・大木馨(1996)「『出力型授業観』に基づく社会科教育の研究－『シンガポール引っ越し物語』の実践より－」，地理学報告 83 号，18-36

伊藤裕康・金野誠志(1998)「『出力型授業観』に基づく社会科教育の研究２－続『シンガポール引っ越し物語』（準備編・食事編）の実践より－」，地理学報告 87 号，19－33

伊藤裕康・金野誠志(1999)「『「旅行」を鍵概念にした小学校地理的学習の展開:続「シンガポール引っ越し物語」（観光編)の実践より」，社会認識教育学研究 14，21－30

伊藤裕康・金野誠志(2000)「『国際性』を育てる小学校地理的学習の創造と展開―続『シンガポール

引っ越し物語』(産業・貿易編) の実践より－」, 地理学報告 90 号, 33－48
伊藤裕康・川田英之(2016)「『物語り』を活用した NIESD の構想」, 探究第 27 号, 60－67
香川大学教育学部附属坂出中学校(2018)『平成 28・29 年度文部科学省研究委託　「教科等の本質的な学びを踏まえたアクティブ・ラーニングの視点から学習・指導方法の改善に関する実践研究』
香川大学教育学部附属坂出中学校(2010)『研究紀要』
香川大学教育学部附属坂出中学校(2014)『研究紀要』
香川大学教育学部附属坂出中学校(2018)『「学ぶこと」と「生きること」をつなぐ「ものがたり」－主体×主体の関係が生み出す深い学びをめざして—』
北川達夫・平田オリザ(2008)『ニッポンには対話がない—学びとコミュニケーションの再生』三省堂
小西正雄(1992)『提案する社会科』明治図書
坂部恵(2008)『かたり—物語の文法』ちくま学芸文庫
ジョセフ・キャンベル著, 平田武靖／浅輪幸夫監訳(1984)『千の顔を持つ英雄　上及び下』人文書院
高橋俊三 (1990)『群読の授業』明治図書
竹沢尚一郎(1992)『宗教という技法—物語論的アプローチ』勁草書房
千野帽子(2017)『人はなぜ物語を求めるのか』ちくまプリマー新書
中村雄二郎(1997)『術語集Ⅱ』岩波新書
野家啓一 (2005)『物語の哲学』岩波現代文庫, 岩波書店
中野民夫・堀公俊(2009)『対話する力—ファシリテーター23 の問い』日本経済新聞社
ブルーナー(1998)『可能世界の心理』みすず書房
松岡正剛(2006)『17 歳のための世界と日本の見方』春秋社
松村暢隆監修, 川田英之編集, 香川大学教育学部附属坂出中学校著(2014)『認知的個性を活かす総合学習・教科学習の実践—総合学習 CAN・シャトル, 共通学習Ⅰ・Ⅱから—　2011－13 年度科学研究費補助金基盤研究(C)研究成果報告書別冊』
山城貴彦・大和田俊(2018)「社会科　これからの社会のあり方を自ら考える民主社会の形成者の育成をめざした社会科学習のあり方—『今・ここ』を相対化し, 再構成される『社会的自己』の『ものがたり』を通して—」香川大学教育学部附属坂出中学校(2018)『「学ぶこと」と「生きること」をつなぐ「ものがたり」－主体×主体の関係が生み出す深い学びをめざして—』美巧社, 59—80
山元隆春(1994)「読みの「方略」に関する基礎論の検討」広島大学学校教育学部紀要第Ⅰ部第 16 巻, 29－40
峯本義明(2012)「読みの方略の習得における読みの交流の効果－『山月記』における読みの交流を基に－」現代社会文化研究 53, 109－126

(伊藤　裕康)

第Ⅱの扉　「ナラティヴ・エデュケーション」の実際とその展開

第１章　物語って「道具としての言語」を鍛える日常の国語科授業

第２章　「物語り」をキーワードとして言葉の価値を認識する国語科授業―「平家物語」群読劇の実践より―

第３章　他者と語る中で，豊かな読みを創造する国語科授業

第４章　物語って，新しい地域像を発見する社会科授業

第５章　物語って，歴史を学ぶ意味や価値を実感させ，民主社会の形成者の育成につなげる社会科授業

第６章　データ分析の語りによる，社会に開かれた数学科授業―「自転車事故ワーストからの脱却」の実践より―

第７章　ものの姿や色の見えを主体的に吟味する理科授業

第８章　科学する共同体でつむがれる新たな雲の「ものがたり」

第９章　「語り合う」中で自己の物語をつむぐ NIESD

第1章　物語って「道具としての言語」を鍛える日常の国語科授業

1　はじめに

「思考力・判断力・表現力の育成」は現行(平成20年度)学習指導要領改訂の重要なポイントである。現行学習指導要領解説では，そのための具体的手段として，「観察・実験，レポートの作成，論述」などの「知識・技能の活用を図る学習活動」が例示されている。しかし，このような「知識・技能の活用を図る学習活動」は，現実の授業でどれだけ行われているだろうか。例えば「レポートの作成」の授業を行おうとすると，レポートの元になる活動から計画しなければならない。国語は「道具としての言語」を鍛えるためにあるのだが,「その道具を使うための活動」をまず作らねばならないのである。結果として「知識・技能の活用を図る学習活動」は特別なものとなり，せいぜい学期に1回行うのが精一杯となる。

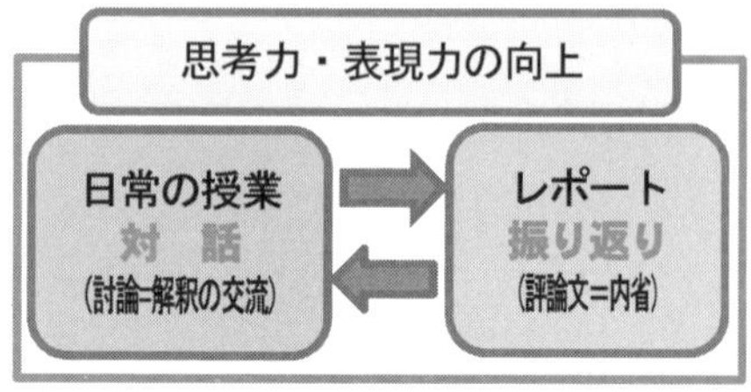

【研究の構想】

本章では,「道具を使うための活動」にあたるものを,「日常の国語の授業」，それも「文学作品の授業」とすることを提案する。つまり，日常の授業をレポートにする。これなら無理なく反復して活動を行うことができる（なぜ「文学作品」なのかは後述する)。

ただし，「日常の国語の授業」が，学習内容の注入を目的とする，一斉画一的な授業であるなら，レポートを作成しても「知識・技能の活用」にはならない。そのため文学作品の授業で行ったのが，**「対話」**を中心とする討論の授業である。また，レポートを「どのように作成するのか」も重要である。単なる「学習の記録」に終わったのでは「活用」にならず,「思考力・判断力・表現力の育成」はできない。そのために，自己の学びを内省する**「振り返り」**による評論文の作成を行った。

本章では，この**「対話」**と**「振り返り」**（具体的には**討論**と**評論文**）の相乗効果が，生徒の思考力と表現力の向上にどのような効果を現すかを検証する。

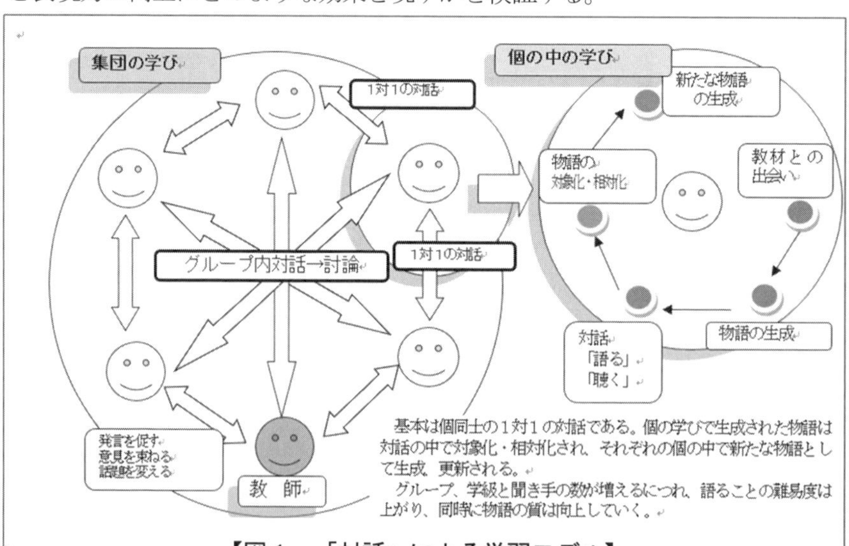

【図1　「対話」による学習モデル】

2　対話と振り返り

1)　対話…自らの物語を語る・他者の物語を聞く

文学作品との出会いで，個々の生徒はそれぞれの「物語」を生成する。同じ文学作品を読んでも,「物語は個々の生徒によってそれぞれ異なる。それは，その生徒がしてきた体験や文章を読み取る能力が異なるからである。このことが文学作品で「**対話**」を行う意味である。

自らの「物語」を語るためには，必ず「聞き手」が必要となる。これは初期には１対１の対話の形をとる。自らの「物語」を語り，相手の「物語」を聞くのである。その過程で自らの「物語」は相対化・対象化され深化し更新されていく。

この１対１の対話が発展して，小グループ内での対話となり，最終的には学級全体での討論となる。「聞き手」の人数が増えるほど，語ることの難易度は上がっていく。しかしそれは対話の質が向上していくことでもある。対話の授業は最終的には討論になることを目指す。

2）　振り返り…「学習記録文」から「評論文」へ

一方,「対話」によって更新された「物語」は，そのままではすぐに消えてしまう。常時（毎時間）それを記録して残さなければならない。それは日々のノートに記録される。ノートは教師の板書をそのまま記録するものではない。自らの思考の過程を記録していくものである

１　課題に対する自らの「物語」を，本文を引用しながらできるだけたくさん書くこと。
２　自分と異なる他者の「物語」があれば，それを必ず記録しておくこと。
３　対話の過程で，新たな気づきが生まれれば，それも分かるように記録すること。

上記のような点に留意して記録させる。そして，この記録を手がかりに，学習そのものを振り返り，改めて「一連の物語」として語り直すのである。それは初期の段階では，学習した過程を時間軸によってまとめ直す「学習記録文」として語られる。それがさらに深化すれば，まとめ直す過程で自らの学習全体を内省する「評論文」としての語りになる。

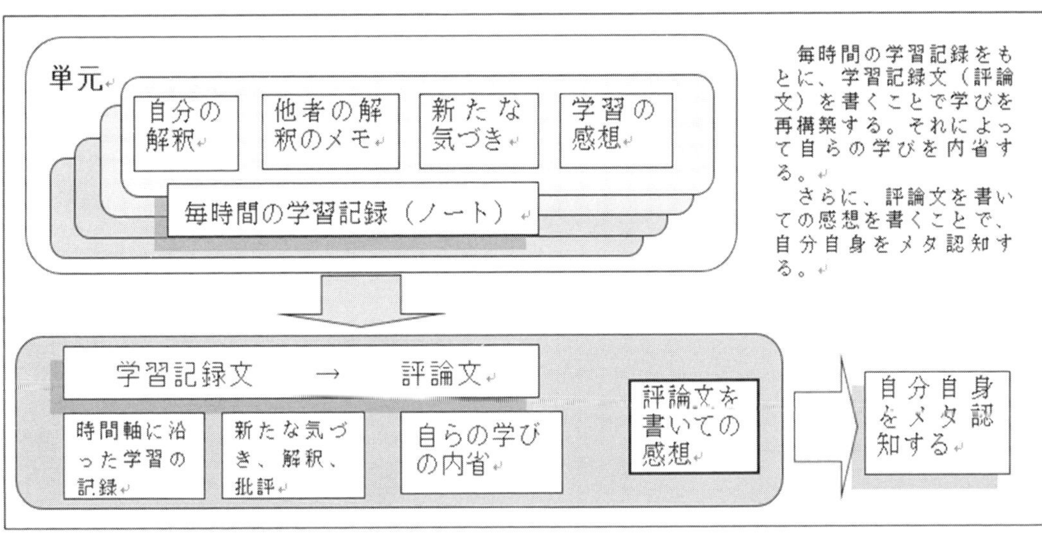

【図２　「学習記録」「評論文」による振り返り】

３　実践の概要

1）　文学作品の授業内容と授業形態

文学作品の授業を行うにあたり，授業で扱う内容を大きく次の二つに分けた。

客観的内容（一斉，問答）	主観的内容（対話→討論）
○読解の基本的部分 ・設定（時，場，人） ・構造（起承転結ほか） ※事件は何か？最大の事件は？結末は？ ・人物形象（ずばりどんな人物か）	○主題に関する部分 ・主役がこだわっていたことは？ ・主役がこだわり始めたことは？ ・なぜ変わった？いつ変わった？ ・物語を通して作者は何を伝えたい？

どちらの内容も重要である。違うのは授業の形態である。ただ，一斉・問答形式の授業だけでは，生徒の思考は十分に活性化しない。鍛えられることも少ない。

2) 対話（討論）授業の基本パターン

対話（討論）授業の基本パターン
1　課題設定
2　自分の解釈をノートに書く
（作品理解の「物語」を作る）
3　隣同士で意見交換する（対話）
4　席を自由にして話し合う（対話）
5　全体に自分の解釈を述べる
6　立場を明確にし，反論を書く
7　席を自由にして話し合う（対話）
8　自分の解釈を述べる（討論）
9　最終的な自分の解釈を書く

対話の授業の基本的流れを以下に示す。

「**1　課題設定**」は教師の発問である。ある意味では，この発問が全てを決める。

生徒の解釈が分かれ，容易に正解を決めることができず，多くの意見が出される，「あれども見えず」の状態が生徒に自覚されるような発問でなければ，中身の濃い討論は成立しない。

生徒にとっては「**2　自分の解釈をノートに書く**」ことが，最も重要である。自分独自の解釈がなければ，他者の解釈を理解しようがない。ここは十分時間をとって，本文中の言葉を引用させながら，できるだけ多く書かせることを心がける。「４分間で５行以上は合格」などと，具体的な数字をあげながら生徒を追い込み，知恵を絞って自分自身の解釈を作らせていく。

【自分の解釈をノートに書く】

続いて，最も基本的な対話である「**3　隣同士で意見交換する**」に入る。これによって，全員少なくとも１回は自分の解釈を語ることになる。「**4　席を自由にして話し合う**」は学習に自由で柔らかい雰囲気を持ち込むためである。「公的な私語」と表現することもできる。学習をスムーズに進めるためには特に有効で，欠かせない活動であると考える。

【隣同士で意見交換をする】

「**5　全体に自分の解釈を述べる**」は，学級全体での討論への布石である。この場面での発言はとりあえず言いっぱなしでよい。これ以降，教師による指名はなく，言いたい者が自由に起立して発言していく。自分の意見を遮られることなく発言できる場である。通常は立場を明確にして，それぞれの立場ごとに発言していく。異なる立場の者は，メモをとりながら相手の解釈を聞くことになる。

「**6　立場を明確にし，反論を書く**」も討論のためである。「書く」ことによって自分の解釈を強固にするとともに，記録としても残すのである。そして「**7　席を自由にして話し合う**」で，今度は同じ考えの仲間と対話を行う。これも自分の解釈を強固なものにする。

【席を自由にして話し合う】

「**8　自分の解釈を述べる（討論）**」では，相手の論（解釈）に意見を絡ませていくことが必要になる。話題になっているのが何で，相手はどのように考えているかが分かり，自分との相違点も明確になっていなければ発言できない。または，発言しても話がかみ合わない。非常に高度な内容である。しかし，挑戦しない限りできるようにはならない。

討論で十分に意見がかみ合い，考えが深まったなら，「**9　最終的な自分の解釈を書く**」では，最初の解釈より深まった「新たな解釈」が生成されるはずである。当然，この内容は個々の生徒独自の解釈であり，一つの意見に統一する必要はない。ただ，教師は自分のベストと考える解を生徒に提示することはあり得る。生徒より高い次元の解釈を示し，刺激を与えるためである。もちろんこの解釈も強制はしない。

3)　振り返りの授業

「対話」の授業が終わった後で，「振り返り」の授業に進む。この段階で，生徒のノートには多くの内容が記録されている。自分の物語，他者の物語，そして自分の物語が変容してきた過程である。基本的にはそれを授業の時間軸に沿って「語り直していく」ことになる。

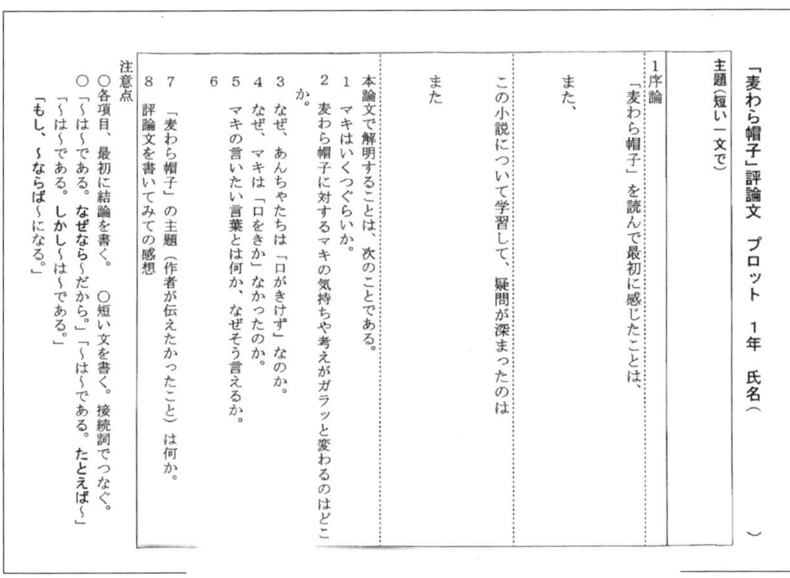
「麦わら帽子」評論文　プロット　１年　氏名（　　　）
主題（短い一文で）
1序論
「麦わら帽子」を読んで最初に感じたことは、
また、
この小説について学習して、疑問が深まったのは
また
本論文で解明することは、次のことである。
1　マキはいくつぐらいか。
2　麦わら帽子に対するマキの気持ちや考えがガラッと変わるのはどこか。
3　なぜ、あんちゃたちは「口がきけず」なのか。
4　なぜ、マキは「口をきか」なかったのか。
5　マキの言いたい言葉とは何か、なぜそう言えるか。
6
7　「麦わら帽子」の主題（作者が伝えたかったこと）は何か。
8　評論文を書いてみての感想
注意点
○各項目、最初に結論を書く。　○短い文を書く。接続詞でつなぐ。
○「～は～である。**なぜなら**～だから。」「～は～である。**たとえば**～」「～は～である。**しかし**～は～である。」「**もし、～ならば**～になる。」

【「麦わら帽子」評論文のプロット】

ただ，「ノートの記録を原稿用紙にまとめなおしなさい」と言うだけでは，全ての生徒は書けない。「評論文」を書くことは，実は「論文」を書くことであり，訓練されていない生徒にとっては，「材料はあるけれどもどう書けばよいか分からない」状態にある。

そのために，まずプロット用紙を渡す。プロット用紙とは，「何をどのように書いていくか」の設計図である。最終的にはこのプロットまで，すべて生徒が自分の力で作れるようになることを目指したい。しかし，最初はまず「型」を与えて練習するところからスタートする。

プロット用紙は「序論」のみについて，そのまま原稿用紙に書き写していけばいいように作成している。序論で定めた「本論文で解明すべきこと」については，各自が授業の記録を元にして，本論と結論でまとめ直していくことになる。なお，前頁の評論文のプロット中の6が空白なのは，各自のオリジナルな疑問を記入するためである。

4　具体的な授業実践

平成23年度の1年生，3学級120人に対して行った授業の記録を以下に示す。題材は小説「麦わら帽子」(今江祥智作，光村図書)である。

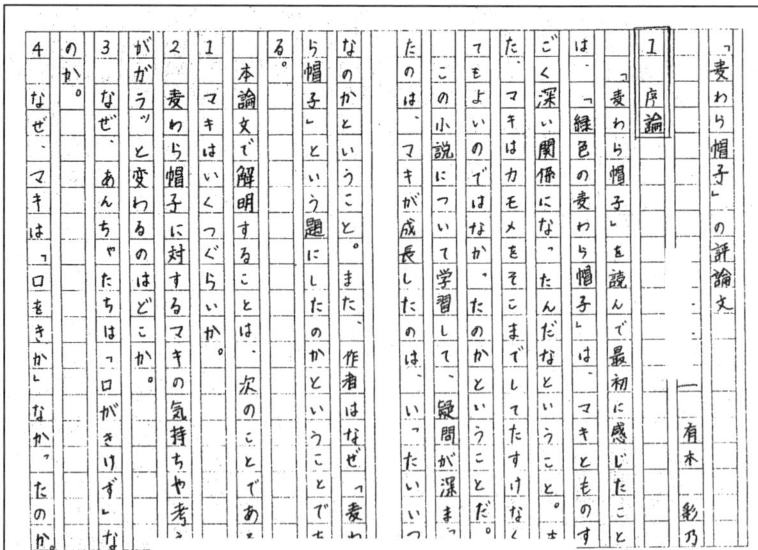
「麦わら帽子」の評論文
有木　彩乃
1 序論
「麦わら帽子」を読んで最初に感じたこと
は、「緑色の麦わら帽子」は、マキとものす
ごく深い関係になったんだなということ。
た、マキはカモメをそこまでしてたすけなく
てもよいのではなかったのかということだ。
この小説について学習して、疑問が深まっ
たのは、マキが成長したのは、いったいいつ
なのかということ。また、作者はなぜ「麦わ
ら帽子」という題にしたのかということで
る。
本論文で解明することは、次のことであ
1 マキはいくつぐらいか。
2 麦わら帽子に対するマキの気持ちや考
がガラッと変わるのはどこか。
3 なぜ、あんちゃたちは「口がきけず」な
のか。
4 なぜ、マキは「口をきかず」なかったのか。

【プロットを元にした評論文の書き出し】

1)　対話（討論）の授業

以下のような内容で授業を行った。

時	主な学習内容
第1時	1　全文を音読する。(1回目：各自，2回目：教師と一文交代，3回目：隣同士) 2　基本設定を確認する。〔(1)時　(2)場　(3)人〕
第2時	1　全文を音読する。(4回目) 2　全体の構造を確認する（起承転結に分ける） (起：海に出る　承：カモメに出会う　転：あんちゃがマキを忘れる　結：後日談) 3　**課題1　マキはいくつぐらいか。** 選択肢（①小学校低学年　②小学校高学年　③中学生　）→**討論1**
第3時	1　全文を音読する（5回目） 2　起承転結ごとに要約し，筋を確認する。 3　**課題2　マキの帽子に対する考えがガラッと変わるのはどこか。** 生徒の意見　①カモメを麦わら帽子に入れたところ ②べそをかいていたところ ③やっと助け上げられたところ
第4時	1全文を通読する（6回目） 2**課題2　マキの帽子に対する考えがガラッと変わるのはどこか。**　続き→**討論2** 【生徒が検討した表現】 「大事な大事な麦わら帽子なのに」「だめになってしまうことはかまわなかった」 「ぐっしょり濡れた麦わら帽子を抱きしめる，か細い腕が」など
第5時	1　全文を音読する。(7回目) 2　「口がきけず」と「口をきかず」の違いを意識する。 (1) **課題3　あんちゃたちはなぜ「口がきけず」なのか。** (2) **課題4　マキはなぜ「口をきかず」なのか**　→**討論3** 【生徒の答え】・あんちゃに怒っていた。　⟷　・反省していた。 学級によっては「**マキは反省しているか**」で**討論4**
第6時	1　全文を音読する（8回目） 2　**課題5　マキの言いたい言葉とは何か，なぜそう言えるのか。** ・言いたいことをセリフの形で書き，その理由を本文中の言葉を使って書く。 **・他者の発表を聞いてメモする，さらに自分の考えを書く。** 【生徒の解のパターン】 A「どうして早く助けに来てくれなかったの」 B「わがまま言って残ってごめん。助けに来てくれてありがとう」

	C「この麦わら帽子でカモメを守りきったんだよ」及びA～Cの複合型
第７時	1　全文を音読する（９回目） 2　課題６　学習してきて，新たに疑問に思ったこと，分からなくなったこと 【生徒の疑問点の例】 **・なぜ麦わら帽子は「緑色」なのか。** **・ぶかぶかの麦わら帽子をかぶるのは，恥ずかしくなかったのか。など** 3　課題７　主題（作者の伝えたいこと）は何か，なぜか。 ・「人間は」という書き出しで一文で書く。その後，できるだけ多く根拠を書く。 ・席を自由にして，意見を交流する。 **・全体の場で理由を発表する。参考になる意見をメモする。** 4　教師の解釈を聞く（３分）

2)　振り返り（評論文作成）の授業

【前年度１年生の「評論文集」】

７時間分の学習を振り返り，まとめ直すには，ある程度の量を書くことが必要である。そのために，ノートに授業内容を詳細に記録させており，前述したプロット用紙も使用する。ただ，それでも初めての評論文作成であり，生徒にとっては難易度の高い学習となる。

そこで，前年度の１年生が書いた評論文を参考として用いることにした。

平成 23 年度は，科学研究費補助金をいただいており（「ナラティブアプローチが学習の価値付けに及ぼす効果の検証」課題番号 23902002），それによって，前年度の１年生が書いた評論文のうち特徴的なものを選び，「評論文集」を作成した。12 名分，原稿用紙にして約 120 枚を一冊にまとめ，１年生 120 名全員に配布して，参考にさせた。

授業は以下のように進めた。

時	主な学習内容
第８時	1　全文を音読する。（10 回目：最終） 2　評論文について説明を聞く。 （1）概要…何を書くか，どう書くか。 （ノートの記録をもとに，授業を文章表現する） （2）評価…枚数（原稿用紙 10 枚が標準），表現（引用等）と内容も評価する 3　プロット用紙に評論文の骨子を記入し，点検を受ける。 ・全体の構造は全員共通。基本的には学習した内容を順番に書いていく。 （1）主題…仮の主題，最終的には変わっても良い。評論文を書く出発点となる。 （2）①初発の感想，②学習して疑問が生じたこと，それぞれ２項目 （3）実際に解明していく疑問点 4　昨年度の評論文集を読む。 ・一人１冊ずつ貸し出し，学習終了まで個人で保管し参考にする。

第9時 ～ 第11時	2　評論文を書く ・原稿用紙10枚を受け取る。 ・1項目終わるごとに教師の点検を受ける。 【全体に取り立てて指導した内容】 **（1）適切に段落分けを行う。1項目について，最低でも2段落に分ける。** **（2）自分の考えの根拠を本文中から引用する。引用は「　」を使い，本文に書いてあるとおりに。** **（3）「思う」という文末を使わない。「～だ」と断定するか，「考える」にする。** ※（2）が最もできないので毎時間指導した。根拠がなかったり，本文中の言葉をそのままではなく，自分の言葉に直したりしている生徒が跡を絶たない。
授業としては第11時が最終となる。それ以後は家庭での個人の作業となる。ただし3組のみ，時間割の関係で第9時が最終（つまり「振り返りの授業」は1時間のみ）となった。	

5　評論文の分析

提出された評論文について，以下のような観点から評価を行った。

1)　提出率および量（枚数）

1年生120名中，提出者112名で**提出率93.3%**であった。

未提出の8名については，インフルエンザの流行期と重なったため，ほとんど授業で書くことができなかった生徒が4名含まれている。また，それ以外の生徒は，授業中の点検では，進度が遅いが少しずつは持ってきていた。指導の糸口は十分にあると思われる。

提出者112名の平均枚数は**9.4枚**，最高13枚であった。

ただし，この枚数の結果には，前述の「3組のみ授業中に評論文を書く時間が2時間少なかった」ことの影響が顕著に出ている。

学年末の成績物として扱うので，未完成でも必ず提出するように伝えていた。未完成での提出者数は1組が0，2組が2名なのに対し，3組は9名に達している。初めての評論文でもあり，「授業で書く」ことの重要性が明らかになったと考えられる。

2)　ルーブリックによるパフォーマンス評価

評論文の作成をパフォーマンス課題ととらえ，ルーブリック（評価指標）によるパフォーマンス評価を行った。パフォーマンス課題とは，「現実に即し，様々な知識やスキルを応用・統合しつつ何らかの実践を行うことを求める課題」であり，評論文はまさにそれに当たると考える。ルーブリック（評価指標）は下に示す3項目の，合計30点とした。

【「麦わら帽子」評論文　ルーブリック】

項目	評価と得点	評価基準
量	1枚　　1点 最大　10点	授業の最初に生徒に伝達済み。 標準10枚。10枚を超えても得点は10点まで。
表現	AA　10点 A　8点 B　5点 C　3点	①各項目で適切に段落分けができる。（最低でも2段落） ②的確に引用ができる。 （各項目につき最低一つ） ③一文が短く，適切に接続詞が使える。

		④ナンバリングが使える。 ３項目以上ＡＡ，２項目Ａ １項目Ｂ　　　０項目Ｃ
内容	ＡＡ　10点 Ａ　８点 Ｂ　５点 Ｃ　３点	①授業ではなかった新しい内容を付け加えている。 ②他者の意見を参考にするか，反論を書いている。（相対化） ③書いている途中で意見が変化している（対象化）。 ④書いたことによる効果を自覚している。（メタ認知） ３項目以上ＡＡ，２項目Ａ １項目Ｂ　　　０項目Ｃ

評価した結果を以下に示す（グラフ内の数値は人数）。

表現，内容ともにＡＡが40%を超えている。ただし，それぞれ評価する４項目中，３項目が到達していたらＡＡとなるので，「ゆるい基準」と言えるかもしれない。しかし，最初の評論文としては，生徒はかなり意識してがんばったのではないかと感じる。

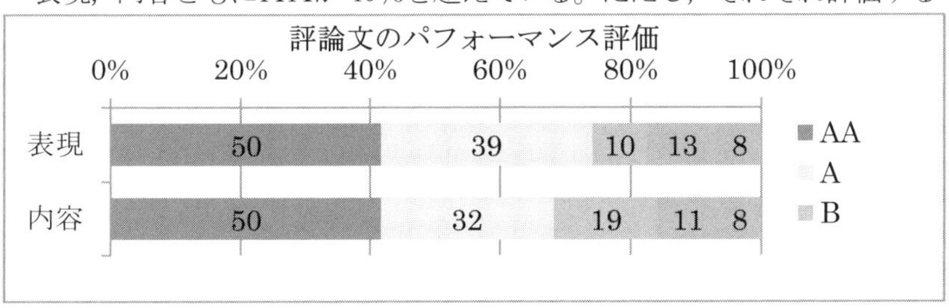

○表現に関して

表現の観点①段落分け，②引用は，毎時間指導した内容である。それだけ生徒にとっては「意識しないとできない」難しい表現技術であると考えられる。生徒によっては持ってくる度に，やはり直っていないということもあった。しかし，指導を繰り返すにつれて，次第にできるようになっていった。表現については，**授業中の指導が直接反映される**と考えられる。

○内容に関して

内容については，授業中の点検ではほとんど触れていない。「もう少し書いてみたら」や「別の意見についての反論も付け加えたら」というアドバイスは行った。しかし，書き直しをさせたり，細かい指導はしていない。内容については，**評論文を書くという作業そのものによって深まっている**と考える。

3)　表出された内省（文章表現そのもの）からの分析

(1)　表現に関して

> 本文（引用）の大切さである。この評論文を書くにあたって私は，できるだけ本文からの引用をしようと考えていた。しかし，ノートの内容に引用があまりなかったため，ノートの内容に引用をつけ足してみた。すると，とても分かりやすくなっとくのいく文章となり，本文（引用）の大切さがよく分かった。　【生徒Ａ】
>
> 一つ目は書くことの難しさだ。ノートに書いていることは，メモなどもある。そういうのを文として，これに書くのは難しかった。また，引用についてだ。ノートでは，あまり引用を使っていない。そのため，新たに加えるのが難しかった。
>
> 二つ目は，楽しさについてだ。自分の意見を原稿用紙に書くのは楽しい。難しいが，それを乗りこえ，まとまり，量も申し分ないときは，とても楽しくなる。　【生徒Ｂ】

難しいけれども，それを乗りこえたところに楽しさを感じている生徒もいる。

(2)　**内容に関して**

ループリックの①～④の観点について，評論文中から具体的表現を拾ってみる。

①　授業ではなかった新しい内容を付け加えている

私は，この物語を読んだときになぜ緑色の帽子なのだろうか，神戸のおじさんが送ってくれたしゃれた帽子なら，緑色じゃなくてピンクや赤でもいいんじゃないかと感じた。（中略）きっとそれは，街中では目立っても自然の中では目立たないようにしたかったのだろう。

そう考えたのは，この話の舞台というのは漁師町の海辺や海といった自然であるからだ。そして，マキはカモメが翼を大きく差し上げ，それが小さな白い旗に見えたからあんちゃたちはマキの居場所が分かり，おぼれる前に助けることができたのだから，緑色のように海では目立たない色にしたのではないか。もしも，麦わら帽子の色をピンク色にしていたら，カモメがいなくたって麦わら帽子の色が目について，一発で舟をまっすぐに飛ばしてくることができて，カモメの大切さがなくなってしまう。そのように考えると，麦わら帽子の色を緑色にしたわけが分かった。（後略）【生徒C】

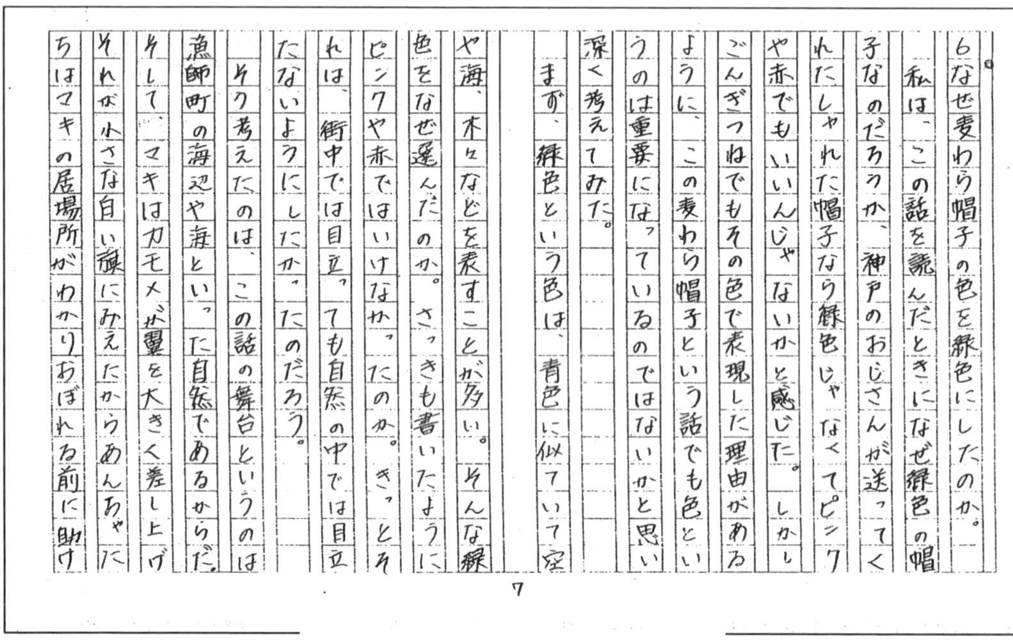
6なぜ麦わら帽子の色を緑色にしたのか。
私は、この話を読んだときになぜ緑色の帽子なのだろうか、神戸のおじさんが送ってくれたしゃれた帽子なら緑色じゃなくてピンクや赤でもいいんじゃないかと感じた。しかしごんぎつねでもその色で表現した理由があるように、この麦わら帽子という話でも色というのは重要になっているのではないかと思い深く考えてみた。
まず、緑色という色は、青色に似ていて空や海、木々などを表すことが多い。そんな緑色をなぜ選んだのか。さっきも書いたようにピンクや赤ではいけなかったのか。きっとそれは、街中では目立っても自然の中では目立たないようにしたかったのだろう。
そう考えたのは、この話の舞台というのは漁師町の海辺や海といった自然であるからだ。そして、マキはカモメが翼を大きく差し上げそれが小さな白い旗にみえたからあんちゃたちはマキの居場所がわかりおぼれる前に助け
7

【生徒Cの「評論文」の一部】

「麦わら帽子」の主題は何か。

人間は経験をすることで成長するということである。（中略）「おかしなぷかぷかの麦わら帽子」になったのに，かぶり続けている。それは，この帽子は自分の誇りや自信のしるしであるからだ。自分のみが危険にさらされたが，それでも最後まで，カモメを守りきったということは，一生に一度するかしないかのすごい経験である。マキは，だれも感じたことのない満足感と自信を感じている。これは，この経験をした者以外は味わうことのできないものである。（中略）会話することは不可能だが，マキとカモメの心はつながっている。マキとカモメは心の中で会話しているのである。【生徒D】

②　他者の意見を参考にするか，反論を書いている（相対化）

マキはウニに夢中で自分のことを忘れていたあんちゃたちに怒って「口をきか」なかったという意見に反対だ。自分の身が危なくなっているときですらマキは，カモメを入れた麦わら帽子をおろさなかった。そんなマキが一方的にあんちゃたちだけ責めて口をきかなかったというのは少しおかしいと思う。【生徒Ｅ】

それから，話し合いでは，「一人では無人島に残さないんじゃないか」という意見も出たが，僕は，それが間違っていると思う。それは，マキが頑固だからあんちゃも面倒くさくなって，そんな行動を起こしたのだと思う。【生徒Ｆ】

③　書いている途中で意見が変化している（対象化）

この評論文を書いたことによって，考えを深めたり，新たな発見をすることができた。例えば，この物語の主題は「人間は身体で体験することで分かるものだ」だと考えていたが，この評論文を書いていて，「人間は助け合いながら生きていかなければならない」なのではないかというように，考えが変わった。こうして，深く考えていくことができたのもこの評論文のおかげだと思う。【生徒Ｇ】

「麦わら帽子」は最初と最後が別の考え方になっているので，最初はマキはわがままな人だ，と思っていても，だんだん強い心を持った優しい人だったんだと思えるようになる。【生徒Ｈ】

私この評論文を書くときに気づいたことがある。まずは，授業中とその後の自分の考えが変化していることである。私はノートを振り返っていると，たびたび自分の今の考えとノートに書かれている考えが違っていておどろいた。【生徒Ａ】

④　書いたことによる効果を自覚している。（メタ認知）

評論文を書いていくと，物語の内容がまとめられていき，頭の中を整理することができた。そして「麦わら帽子」に対する考えがとても深まった。それは，評論文を書くことによって，ノートや教科書の文章を何回も読んだからである。評論文を書くことによって，文章の中に疑問に思うことの答えは必ずあるということが分かった。【生徒Ｉ】

これを書くにあたって授業での友達との意見交換というのがいかに大切であったか，助けてくれる情報であるかが本当によく分かった。今まで自分の意見を考えて終わりになっていたのが，どれだけたくさんのことを無駄にしてきていたのかというのを感じることができた。【生徒Ｄ】

文章を書いていくうちに自分の言いたいことがはっきり分かってきたり，新たな発見があったりした。疑問を解明するというのは，その文章に込められた思いや真相を自分なりに考え，まとめるということである。でももし，それが間違っていたとしても，自分の中でちゃんとした理由を立てられているのであれば，私は別にいいと考える。なぜなら，「そのテーマに対してはっきりとした考えを持っているのなら自分の中で別の物語ができあがる」からだ。解明の答えは時に答えがないものもある。それも作者の意図である。だから本当の答えを知って一つの物語になるのもいいが，「一人一人が自分の物語として奥を追求するのもいい。」むしろそれが「作者のねらい」だったりもするのではないかと私は考える。

【生徒Ｊ】

６　アンケート調査からの分析

評論文の中の直接的な表現とは別に，提出後にアンケート調査を行った。

原稿用紙10枚の評論文を書くことは，生徒にとってかなりの負担である。それをやり遂げた後，どのように考えているのかを，学年全体を対象に検証した。

1）　評論文に関するアンケート

「評論文を書いてみて」アンケート質問項目
1　原稿用紙を10枚書くのは予想より簡単だった。
2　評論文を書いているうちに新たな考えが浮かんだ。
3　評論文を書くことで「麦わら帽子」がよく分かるようになった。
4　評論文を書くことで筋道立てて考えられるようになった。
5　評論文を書くことで文章を書く力が向上した。
6　評論文を書くことが，国語の力を高めるのに役立つと感じた。

評論文提出後，「評論文を書いてみて」というアンケートを行った（グラフ内の数字は人数)。

1の「原稿用紙を10枚書くのは，予想していたより簡単だった」は「はい」と「かなり」を合わせた肯定的な意見が，約50%になった。記述させた感想を見ると，「感想文では3枚が精一杯なのに，10枚書けて自分でも驚いた」という記述が多数見られた。「書く内容がある」ということが非常に大きいことが分かる。

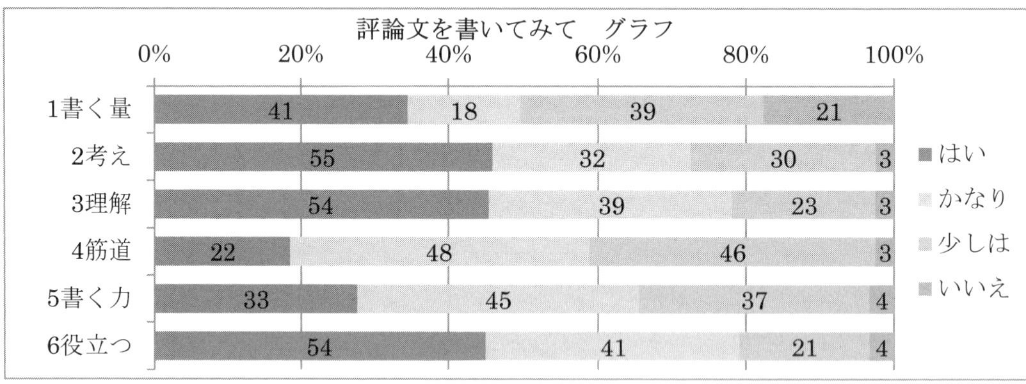

2の「評論文を書いているうちに新たな考えが浮かんだ」と，3の「評論文を書くことで『麦わら帽子』がよく分かるようになった」はともに「はい」が45%，「かなり」まで含めた肯定的な意見は70%を超えた。評論文を書くことの効果が検証されたと考える。**生徒は評論文を書くことで，授業で考えた以上の思考を行い，それによって「麦わら帽子」がよく分かるようになったと実感している**。評論文を書くことで，なぜ思考が活性化したり，理解が進んだりするのかについては後で検証したい。

2，3が良い成果を上げているのに対して，4の「評論文を書くことで筋道立てて考えられるようになった」と，5の「評論文を書くことで文章を書く力が向上した」については，「はい」がそれぞれ約18%と28%で，「かなり」を合わせても約58%と65%にとどまっている。4は，実は「筋道立てて書ける」ということであり，結局どちらも「書く能力」である。「書く能力」は一朝一夕には身につかない。生徒はかなり苦心しながら評論文を書いている。だからこそ思考が深まるのであるが，その分，「うまく書けるようになった」という実感はすぐには表れないのだと考える。ただし，評論文を書くことを繰り返していけば，この質問に対しても，向上してくるものと思われる。

6の「**評論文を書くことが，国語の力を高めるのに役立つと感じた」は「はい」が45%，「かなり」を含めると79%に達している**。それだけ生徒が評論文を書いたことによる様々な効果を実感したのだと考えられる。

2)　前年度の評論文集についてのアンケート（グラフ内の数値は人数）。

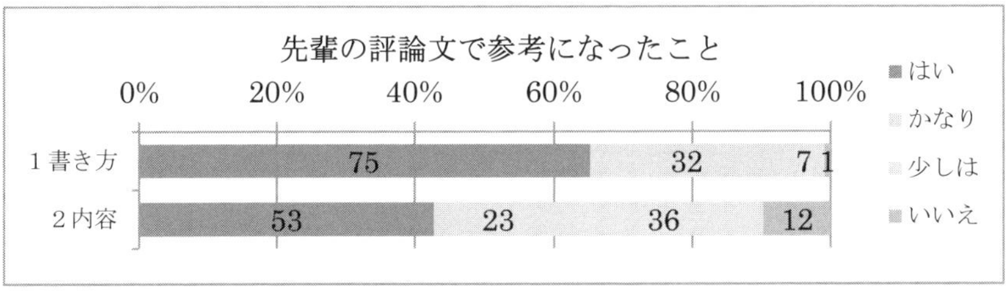

１の「先輩の評論文を見て書き方が参考になった」では，「はい」が63%，「かなり」まで含めると，89%に達している。それに対して，２の「意見が参考になった」はかなり低く，44%と 63%であった。これによれば，**「書き方」を学ぶために他者の評論文を読むことは非常に大きな効果がある**と考えられる。逆に言えば，**他の作品に対する評論文でも「書き方」を学ぶ上では非常に役に立つ**ということである。文章での記述を以下に載せる。

- 一つの内容を終わらせる時のまとめ方。段落を変える場所。意見をどのようにすればはっきり伝えられるかが分かった。
- 構成や段落の分け方，証拠をどこからどのように抜き出すのかが分かった。内容はあまりよく読めていないが，文章構成がよく分かった。
- 表現の仕方やまとめ方がたくさんあって，評論文を書くとき以外にも生かせると思った。また，どのようなところ（表現）に注目しているのかがよく分かった。
- どういう所で段落を変えているのか，どのタイミングで自分の意見を入れるのか，など，小さいところが先輩の文章を見ることで分かりやすかった。

「書き方」について，非常に参考になっているのが，具体的な表現からよく分かる。

7　思考力・表現力に及ぼす効果の検証

1)　評論文を書くことの効果

「６　アンケート調査からの分析」で，**生徒は評論文を書くことで，授業で考えた以上の思考を行い，それによって「麦わら帽子」がよく分かるようになったと実感している**　と結論づけた。アンケート調査の結果はそれを証明している。ここでは，なぜそうなるのかをもう少し深く考えてみたい。

アンケートの「評論文を書いて，考えたり感じたりしたことを自由に書く」という問いに対する答えを以下に載せる。直接評論文に書かれている内容と重複する部分もあるが，書き終えてから振り返っているので，ある程度，客観視（または自己をメタ認知）できているとも言えるであろう。

- 初めてだったのでとてもおもしろかったです。理由をたくさん書けるようになってうれしいです。評論文を書くことで，深く考えることができたと思います。
- 始めに書いた考えと，評論文を書くときの考えがかなり違うものがあったので，「麦わら帽子」について深く考えられるようになったのだなあと思いました。
- 今までバラバラに散らばっていた考えが，きちんとまとまった。ノートに書いてある内容以外にも，たくさんの考えが出てきた。それをまとめるのは大変だったが，文章を書く力が，国語の力が高まるのに役立った。
- 今までノートに書いてきた内容を，評論文を書くことで頭と文で整理できた。また，書き進めて行くにつれ，この物語の見どころやおもしろさを発見することができた。

- 特によく感じられたのが，文章を書くことが苦にならなかったことである。そして，「麦わら帽子」について，深く理解することが，書いている途中に不思議とできた。
- 「思う」を使わないのは難しかったが，自分の意見に自信を持つよいきっかけになった。
- いつもは意見を言うだけで，あまり形として残らないが，思ったことを頭の中だけにとどめず，書いて形にすることで，おかしな所や，つながりがよく分かった。書いて外に出すということは大切だと思った。

（下線　小林）

これらの感想は，二つの要素からなっていると考える。

一つは知性的なものである。「深く考えられるようになった」「バラバラに散らばっていた考えが，きちんとまとまった」「たくさんの考えが出てきた。」「見所やおもしろさを発見することができた」といった答えである。「分からなかったものが分かった」「できなかったことができるようになった」ということである。

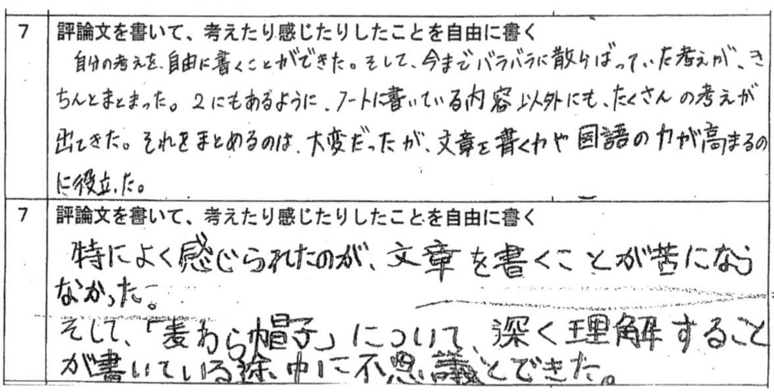
7　評論文を書いて、考えたり感じたりしたことを自由に書く
自分の考えを、自由に書くことができた。そして、今までバラバラに散らばっていた考えが、きちんとまとまった。2にもあるように、ノートに書いている内容以外にも、たくさんの考えが出てきた。それをまとめるのは、大変だったが、文章を書く力や国語の力が高まるのに役立った。
7　評論文を書いて、考えたり感じたりしたことを自由に書く
特によく感じられたのが、文章を書くことが苦にならなかった。
そして、「麦わら帽子」について、深く理解することが書いている途中に不思議とできた。

【評論文アンケートの記述例】

もう一つは感性的なものである。「たくさん書けるようになってうれしい」「文章を書くことが苦にならなかった」「楽しいと感じ始めた」などである。「分からなかったものが分かった」という知性的な感想の結果，「うれしい」「楽しい」という感性的な感想につながったと言える。ただし，「不思議とできた」のような，知性では処理できていない感想もある。

ただ，このことは「学習の記録をまとめさえすればよい」ということを意味しない。なぜなら，次のような記述があるからである。

- 授業でみんなで意見を出し合っていたので書くとき，何を書いたらいいのか分からないということはなかった。（下線　小林）

やはり対話（討論）は絶対に必要である。例え討論が不十分な内容でも，それがあるからこそ思考が活発に働き，学習が深まっていくのである。

2)　対話（討論）と振り返り（評論文作成）による思考力の変容

以下，討論を行っているときの，生徒の認識の変化を考えてみる。

ある課題に対して，この生徒は表現Aと表現Bに着目している。そしてそれぞれに自分の解釈を持っている。

まず，表現Ａについて自分の解釈を意見Ａの形で表出した。それに対して，他者から同じ表現Ａに対する，別の解釈を聞いた。そのことで思考が刺激され，表現Ａの新解釈が生まれた。それを新たに意見Ａ２として表出した。

これが理想の形である。全生徒が，すべての意見に対してこれができれば，討論は深まる。

ところが，そうならないときの方が多い。例えば表現Ｂについて考えてみる。この生徒は，表現Ｂについても自分の解釈を持っている。そこに他者から別の解釈を聞いた。それによってそれまでの自分の解釈は揺らいだ。これは討論の効果である。ところが，その解釈は揺らいだ段階なので，新解釈までには至らない。当然，表出することもできない。したがって討論の効果はこの生徒の内部にとどまり，討論自体には影響しない。

表現Ｃについて考える。この生徒は，表現Ｃには着目していなかった。そこに他者から表現Ｃの解釈を聞いた。それを自分の中に取り込むことはできたが，着目していなかったため，発言の意味が十分には理解できなかった。このようなことも多いはずである。

仮に上記のようなことが均等に生徒の中で起こった場合，生徒はどう感じるのか。「**話し合ったことでよく分かったこともあったが，結局，ぐちゃぐちゃになって，よく分からなかった**」と感じるだろう。それどころか，討論の初期段階では，表現Ｂ，表現Ｃに対する反応の方が多いはずである。この場合，表面上，討論は沈滞する。見ていて「話がかみ合わない」「意見が深まらない」と感じる。そして，話し合いだけで終わるのならその通りである。個々の生徒の内部に蓄えられた解釈は，時とともに消え去ってしまうからである。

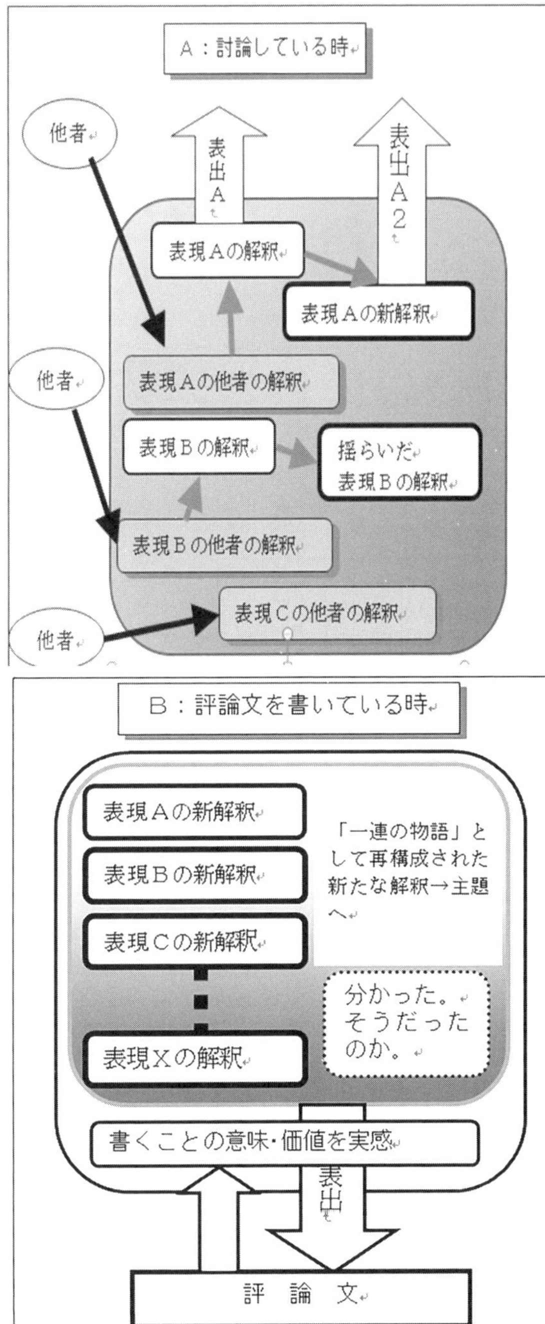

【生徒の認識のモデル（上 討論時、下 評論文記述時）】

続いて，評論文を書いているときの生徒の認識の変化を考えてみる。

学習は一度終了している。それを，再び時間の系列にしたがってまとめ直すのが評論文の基本である。

その過程で，揺らいだだけで中途半端であった表現Bの解釈が，時間をおいて考え直したことで新解釈として認識されることがある。

また，自分の中へ取り込みはしたが，良く咀嚼できていなかった表現Cについての解釈が，表現A，表現Bの新解釈をつないでいくことによって理解され，新たな解釈として認識されることもある。そして，それは表現D，E……Xと続いていく。

それらの解釈を積み上げていく過程で，「一連の物語」として再構成された新たな解釈が成立し，主題の理解へつながることもある。そのとき，**「分かった，そうだったのか」という実感**が得られる。実はこれは，私自身が作品を理解する過程でもある。私自身が作品を理解できたと感じる時は，作品を読んでいるときではない。作品の分析や解釈を文章表現している過程で，「そうだったのか」と感じるのである。前掲の生徒の「**バラバラに散らばっていた考えが，きちんとまとまった**」というのがこれにあたると考えられる。

そしてその感覚（感動）が「**書いて外に出すということは大切だと思った**」や「**評論文を書いていて，途中から楽しいと感じ始めた**」という実感につながっていく。

また、これを書くにあたって授業での友達との意見交換というのがいかに大切であったか、助けてくれる情報であるかが本当によくわかった。今まで自分の意見を考えておわりになっていたのが、どれだけたくさんのことを無駄にしてきていたのかというのを感じることができた。これからは、友達との交流での情報と自分の考えとを比べていって、もっと自分の意見を深くしていけるようにしたい。

【生徒Cの評論文（まとめ）】

このことは，**評論文を書くことによって，「思考力・表現力」が向上したこと，さらにそれを生徒自身が自覚できていること**の証拠であると考える。

重要なのは，**「討論」と「評論文」は，どちらかが主で，どちらかが従という関係ではないことである。この二つは相互に助け合って高まっていくものである**。

左に示すような記述が生徒の評論文の中にある。

この生徒は，評論文を書く過程で，討論(友達との意見交換)の重要性を認識している。

この生徒が次に討論に臨むときには，より相手の意見を聞き，かつ自分の意見を発言することを意識するだろうし，学習記録も綿密に残すはずである。それは当然，討論の質の向上につながり，さらに評論文の質の向上にもつながっていく。何よりも，「友達との交流」が「自分の意見を深く」するというはっきりした自覚を持っているのである。

8　平成２４年度　公立中学校での実践

1)　公立中学校の状況

上記の実践を行った翌年，平成24年度に公立中学校へ転出した。そこで授業を受け持ったのは，３学級85名の３年生である。

公立学校の置かれている状況は，附属中学校とは大きく異なる。非常に多くの困難を抱えている。赴任した中学校も例外ではない。４月当初の段階で，以下のような状況があった。

1　生徒指導上の問題に起因する授業の困難さ。授業を妨害する生徒が各学級２～４名。妨害はしないが全く授業に参加せず，反応しない生徒が３～５名。全体的に意欲が低調。 2　上記のことが原因で，話す・聞く，書く，読む等，あらゆる面で基礎学力が定着していない。結果として意欲が低下し，さらに授業が困難になる負のスパイラルに陥っている。

それでも，国語の授業に意欲的に取り組もうとする生徒はどの学級にも存在する。また，授業には積極的ではなくても，学力を向上させたいと考える生徒は過半数を占めている。

2)　実践の方針

入試を控えた３年生であり，受験学力向上のための，基礎・基本の「習得」を目指した授業が中心となる。しかし，それは必ずしも「一斉画一型の授業」を意味しない。毎時間の授業のうち 15 分間を，漢字や語句等の言語事項の習得に費やす。そして，残りの 35 分間で「対話」と「振り返り」のある授業の成立を目指すことにした。

「対話（討論）」と「振り返り」を意識して行った教材と主な学習課題は以下の通りである。

月	題材	主な学習課題
4	「朝焼けの中で」（随筆）	○対比されている言葉は何か。他
5	「握手」（小説）	○ルロイ神父は死を自覚していたのか。 ○「わたし」は最後に後悔しているのか。他
6	「俳句の可能性」（鑑賞文） 「俳句十六句」（俳句）	○各俳句ごとの鑑賞（例えば「どこから見ているか」） ○俳句鑑賞文の作成，自作の俳句の作成。
10	「故郷」（小説）	○「私」の気持ちがガラッと変わるところはどこか。 ○「私」は「希望」はあると思っているか。 ○ルントウが「だんなさま」と言おうと決めたのはどこか。
12	「わたしを束ねないで」（詩）	○各連で対比されている言葉の共通点は何か。

3)　実際の授業

４月当初は，授業規律の維持すら困難な状態からスタートした。しかし「対話」と「振り返り」を行う授業を継続し，自分の考えを「書く」「話す」「聞く」活動を繰り返し行った。最初は反発する生徒もいたが，徐々に授業のやり方に慣れるにつれ，「対話」することのおもしろさや「振り返る」ことの効果に気づく生徒も出てきた。また，「書く」能力も，個別評定を繰り返すうちに向上してきた。９月～10 月に行った「故郷」のノートを次に載せる。

課題の枠囲みの下に書いてある「10 行」「14 行」は５分間で書いた行数である。10 行を超えた生徒については「検印」を３つ押している。個別評定することで，書く量を増やそうとしたのである。最初は「自分の考えを書く」ことに慣れていないため，作業が進まない生徒がほとんどだったが，半年でかなり書けるようになった。経験上，ここまで書けるようになると，原稿用紙 10 枚程度の評論文を書くことは可能である。受験対策のため，評論文を書く時間がとれなかったのは残念である。しかし，多くの課題を抱える公立中学校であっても，**「対話」と「振り返り」の授業は可能である**こと，また，**「思考力・表現力」を育てることができること**を確信した。

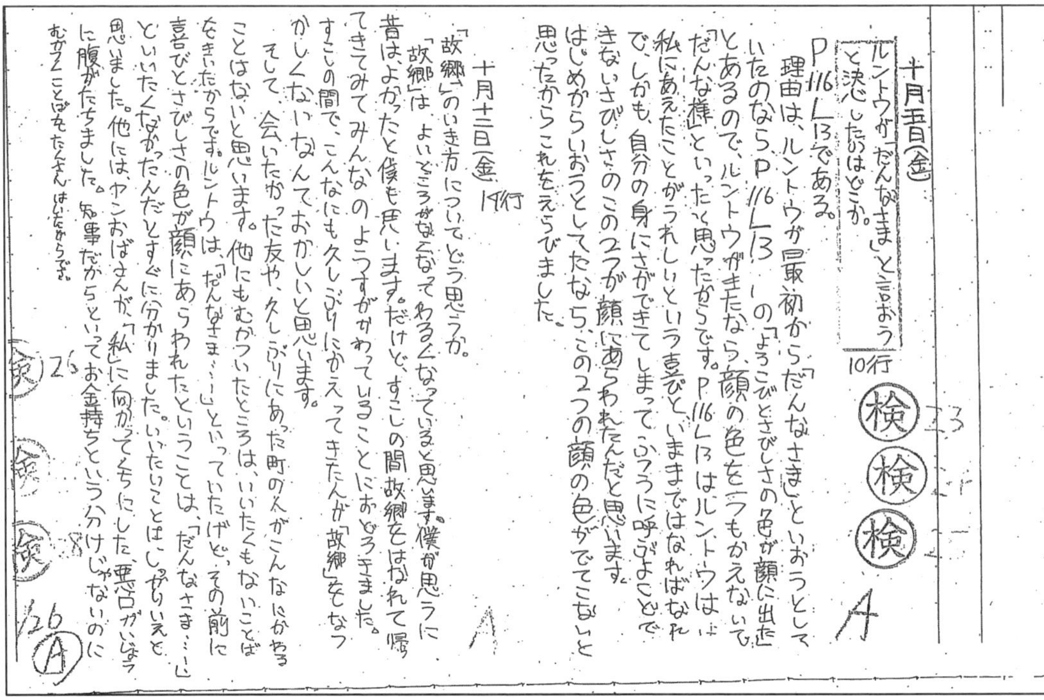

十月五日(金)
ルントウが「だんなさま」と言おうと決心したのはどこか。 10行
P116 L13である。
理由は、ルントウが最初から「だんなさま」といおうとしていたのなら、P116 L13 の「よろこびとさびしさの色が顔に出た」とあるので、ルントウがきたなら、顔の色を一つもかえないで「だんな様」といったと思ったからです。P116 L13 はルントウは私にあえたことがうれしいという喜びと、いままではなればなれで、しかも、自分の身にさができてしまってふつうに呼ぶことができないさびしさのこの2つが顔にあらわれたんだと思います。はじめからいおうとしてたなら、この2つの顔の色がでてこないと思ったからこれをえらびました。

十月十二日(金) 14行
「故郷」のいき方についてどう思うか。
「故郷」は よいところがなくなってわるくなっていると思います。僕が思うに昔はよかったと僕も思います。だけど、すこしの間故郷をはなれて帰ってきてみてみんなのようすがかわっていることにおどろきました。すこしの間で、こんなにも久しぶりにかえってきたんだが「故郷」をなつかしくないなんておかしいと思います。
そして、会いたかった友や、久しぶりにあった町の人がこんなにかわることはないと思います。他にもむかついたところは、いいたくもないことばをきいたからです。ルントウは、「だんなさま……!」といっていたけど、その前に喜びとさびしさの色が顔にあらわれたということは、「だんなさま……」といいたくなかったんだとすぐに分かりました。いいたいことはしっかりいえと思いました。他には、ヤンおばさんが、「私」に向かってきちにした悪口がいまうに腹がたちました。知事だからといってお金持ちという分けじゃないのにむかつくことばをたくさんはいたからです。

4) 生徒の反応

１年間の実践で,「対話」と「振り返り」の授業に対し，生徒はどのような感想を持ったのか。24年度の勤務校では，現職教育として全教職員に，その年授業を担当した全学級に以下のアンケートを行うことを義務づけた。３月末の最終授業で行った，国語の授業に対する３年生のアンケート結果を以下に示す（グラフ内の数字は人数)。

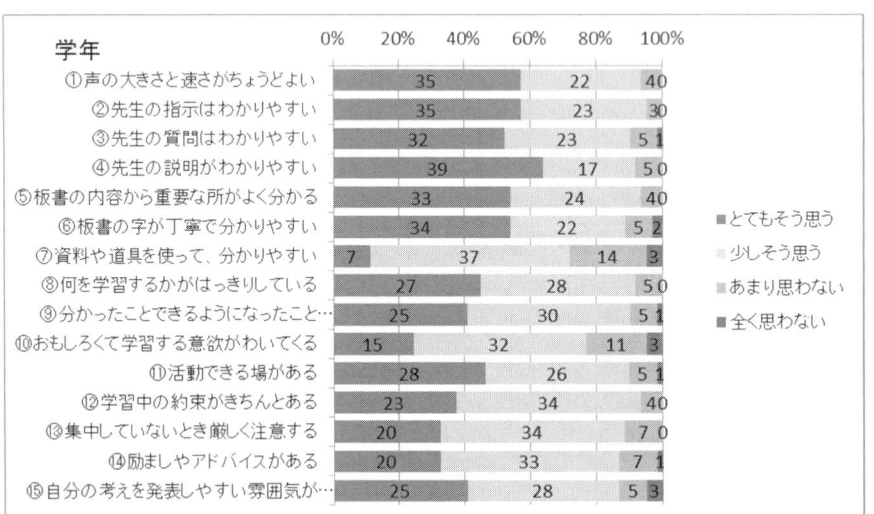

現職教育のアンケートのため，教師の授業技量に関わる内容が多い。

ただ,「⑨分かったこと，できるようになったことがある」「⑪活動できる場所がある」「⑮自分の考えを発表しやすい雰囲気がある」などの項目については,「対話」と「振り返り」の授業に対する生徒の反応ととらえてもよいのではないか。いずれの項目でも「とてもそう思う」と「少しそう思う」を足した，肯定的な評価をしている生徒の割合が８割を超えている。比較するほかのデータはないが，少なくとも生徒はかなりの負荷のかかる「対話」と「振り返り」の授業を，決して嫌がってはいないと言えるのではないか。そして，それは「**対話」と「振り返り」の授業が，自己の「思考力・表現力」を高めることを自覚できるからではないか**と考える。

9　結論

上記の内容から，以下のことを結論とする。

1　「対話（討論）」と「振り返り（評論文）」は**対等の関係にあり，相互に補い合いながら**思考を深め，より深い解釈を生成する。それによって生徒の**思考力・表現力が向上する**。
2　生徒は評論文を書くことで，**授業での思考をさらに深め**，その結果，**作品がよく分かるようになったと実感している**。それが評論文を書くことや，ひいては国語学習の**価値を実感する**ことにつながっている。
3　他者の書いた評論文（集）を与えることは，書き方や具体的達成水準を理解させるために非常に有効である。この場合，生徒は**内容よりも書き方に着目している**ので，他の作品の評論文でも効果があると考えられる。（書く内容はすでに自分の中にある。）
4　生徒は**「対話」と「振り返り」の授業が好きである**。「書く」「話す」「聞く」という負荷がかかるが，**考えが深まる，分かるという実感があり**，何より楽しいからである。

10　終わりに

１年間の公立中学校での勤務の後，思いもかけない人事異動によって，平成25年度は再び附属坂出中学校に勤務することになった。しかし副校長という立場のため，もう授業実践を重ねることはできない。

ただ，貴重な１年間の公立中学校での勤務で痛感したのは，「対話」と「振り返り」の授業は，様々な問題を抱える公立中学校でこそ必要だということである。

生徒指導上の問題の多い学校では，どうしても「黙って話を聞く」形の授業になりやすい。生徒に自由を与えると，収拾がつかなくなる可能性が大きいと教師が感じているからである。しかしそのような授業は，ほとんどの生徒にとって「おもしろくなく苦しい」授業である。そしてそれに耐えられなくなった者はドロップアウトしていく。負のスパイラルにはまり込んでいるのである。

しかし，どのような状況の学校であっても，生徒は書かせれば書くし，言わせれば言うのである。これは実感である。また，決して収拾がつかなくなることもない。それは，書くことや語ることによって自分の力が伸びていくことが実感できるからである。生徒が書けない，言えない原因は教師の授業の進め方にある。まさに授業は教師の責任行為なのだと実感する。

文献

井関義久（1972）『批評の文法』明治図書
大森　修（1988）『子どもの評論文』明治図書
大森　修（2005）『国語教育著作集 第５巻』明治図書
野口裕二（2002）『物語としてのケア』医学書院

（小林　理昭）

第２章　「物語り」をキーワードとして言葉の価値を認識する国語科授業―「平家物語」群読劇の実践より―

１　はじめに

国語は言葉を学ぶ教科である。しかし，国語教室で学んでいる言葉や交わされている言葉が，どれだけ子どもたちにとっての「本物の言葉」になっているだろうか。

「危険だ」「美味しい」「まずい」「かっこいい」「上手」「かわいい」「きれい」といった感情を，「ヤバい」一語で済ます子どもたちにとっては，国語教室で学んでいる言葉が，単なる表層上の知識としてのもので，「自分の言葉」として位置づいていないのであろう。言葉を学ぶ国語教室の存在そのものが危機に瀕していると言っても過言ではない。

くしくも，平成29年３月告示の「中学校学習指導要領」では，「言葉がもつ価値を認識する」が新たに目標として示された。今日の国語教室において課題とされる「言葉の価値の認識」を「物語り」をキーワードに考えてみたい。

２　言葉がもつ価値を認識するとは

ヘレン・ケラーは，冷たい井戸の水を手にし，「ウォーター」と実感して以降，驚くほどの速さで言葉を学び続けたという。

> 冷たい水が片方の手の上をほとばしり流れている間，先生はもう片方の手に“water”という単語を，始めはゆっくりと，次には速く，綴りました。私はじっと立って，先生の指の動きに全神経を集中させました。突然私は，なにか忘れていたものについての微かな意識，わくわくするような思考のよみがえりを感じました。そして，どういうわけか，言語のもつ秘密がわたしに啓示されたのです。私はその時，w-a-t-e-r という綴りが，私の手の上を流れている，この素晴らしい，冷たいものを意味していることを知ったのです。この生き生きとした単語が，私の魂を目覚めさせ，光と希望と喜びを与え，（暗黒の世界から）解き放ったのです。
>
> （ヘレン・ケラー2004，下線―引用者）

この場面で，ヘレンは，単に「水」という「言葉」を理解できたというだけではなく，感性を揺り動かされる感動があり，それにより，言葉を獲得することによる自己の世界の広がりを実感している。このエピソードは，言葉をどう認識し，自分のものにしていくかということを示している。つまり，言葉を獲得するとは，言葉の価値を認識し，その「言葉」が自己の中に位置づき，自らの生を意味づけ，生き方を方向づけるものなのである。

佐藤（1997）は，学びとは「『モノ』や『こと』や『人』との関わりを，学び手の身体を投与して紡ぎあげる営み」であり，その営みを支えるものが「学び手の＜言葉＞であり＜身体＞」であるとする。言葉の学びは，身体的な経験として自身の中に織り込まれなければ，本当の意味を成さない。

教室で学ぶ言葉が，自分の「身体」を通った自分のものとして獲得されることなく，単なる知識として教師に「与えられている」現状こそ，憂慮すべきであろう。教室でいくら多くの，高度な言葉が飛び交おうと，自分自身と結びつかない経験では「分かった」ことにはならないし，認識の深まりも知的好奇心も意欲も生まれない。単なる言葉のやりとりでは，座談会にはなっても学びにはならないのである。「自分がなんとなく感覚的にひっかかった所を丁寧に言葉を探しながら解きほぐしていくことによって，腑に落ちる瞬間が訪れる」（齋藤 1997）ことで，「本物の言葉」は生まれてくる。

３　言葉の価値を認識するための継続した取り組み

1)　音読と暗誦の価値

言葉の価値を実感する有効な方法は，言葉を声に出すことである。音読，朗読，暗誦は，国語教室の活性化に最も簡単に直結する活動である。と同時に，言葉を発することで，心と体を解き放ち，言葉が内在化される。たとえ意味の分からない言葉であっても，「読書百編意自から通ず」である。教室という場で発する自分の声は，自分自身に向けて響いていく。そして言葉が内在化される。特に，古典や名文はそれ自体が文化的価値を内包しており，身体にしみ込む韻律やリズムを整えており，音読，暗誦により，身体と一致する言葉となりやすい。

2)　音読，暗誦の構えづくり

音読・暗誦は，基本反復である。子どもたちに繰り返し，読み返させることが重要である。国語の基礎・基本はまず「教科書をすらすらと読めること」―これは不易の原理である。

筆者は，毎時間授業開始と同時に必ず音読に取り組む。時間にして数分であるが，これにより，生徒には「国語の授業の最初は音読」という構えが生まれる。覚えた生徒は，授業後，休み時間に暗誦にやって来る。「暗誦は強制されて苦痛だ」と言う生徒は，ほとんどいない。むしろ数分間の音読の中で「いつの間にか覚えていた」と嬉々として取り組む生徒がほとんどである。

3)　音読の反復

「読み」の授業においても，音読が重要である。子どもたちに繰り返し，飽きさせずにいかに読み返させるか，そのための工夫や配慮が求められる。教師の範読の後の追い読み，全員での精読，教室を二つに分けての左右読み，ペア読み，一人読み，早口言葉のように一気に読む弾丸読みなど，教材，その時間の授業内容，生徒の状態により，変化のある音読の繰り返しを行っている。

【授業開始時における音読・暗唱】

４　平家物語「扇の的」（中２）の実践

「３」で示した年間を通しての音読，暗唱の土台の上で行ったのが，平家物語「扇の的」の群読劇の実践である。（「群読劇」とは，群読（高橋 1990）に動作化，劇化を加えた筆者の造語である。）

『中学校学習指導要領解説　国語編』（平成 20 年）「伝統的な言語文化」（第二学年）に関する項目は次のとおりである。

> 古典の世界を楽しむためには，生徒が古典の世界に積極的にかかわれるように工夫することが大切であり，作品の特徴を生かして朗読することは効果的な学習である。朗読するに当たっては，現代語訳や語注などを手掛かりにして作品の内容を理解するとともに，そこに描かれている情景や登場人物の心情などを想像しながら読むように留意する。（中略）朗読の仕方を工夫したり他の人の朗読を聞いたりすることで，作品について新たな発見をしたり興味・関心を深めたりすることがある。このような発見や興味・関心を適切に取り上げ，生徒が古典を一層楽しいものと思えるようにすることが重要である。
>
> （下線―引用者）

下線部が本単元の目標である。平家物語は本来，琵琶法師によって平曲として語られた作品であり，聞きやすい音律（リズム）を備えている。戦いや愛，生と死といった現代にも通じる普遍的なテーマで貫かれている。また，和漢混交文であり，漢文の力強さや古文の柔らかさが共鳴した，じっくり音読するのに大変すばらしい教材である。原文にこだわりながらそうした世界観に触れ，受け継がれてきた平家物語の言葉の価値を認識し，学び手である生徒にとっての「本物の言葉」となることをねらいとしている。

1)　授業方法

まず音読を繰り返させる。音読や暗誦については，中学校の古典授業では多く取り入れられている。しかし，その多くは，現代語訳や内容理解，情景や登場人物の心情の想像等に授業時間の大半が充てられ，音読や暗誦は補助的なものとして扱われている現状がある。

本単元では，言葉の価値を実感する学びとするため，以下のねらいで単元（全6時間）を展開した。

・小集団の群読劇による発表を単元の学びの中核とする。
・群読劇に必要な内容理解や心情理解，話し合いを適宜行う。
・教室，座学という固定概念を排除し，生徒に学びの空間を開放する。
・単元全体をとおして，自己の言葉の学びを振り返る。

高橋（1990）は群読について，①容易に作品世界に浸ることができる，②黙読よりも原初的で根源的な感動が得られる，③内容理解だけでなく，叙述表現に対する目も開かれる，④日本語のもつ美しい響きを感じ取ることができる，⑤人の言にじっと耳を傾ける，聞く姿勢ができる，⑥教師と子どもが一体化し，一つの世界を共有することができる，⑦感動のある授業，楽しい授業をつくることができる，とその意義を述べている。それをさらに発展させたのが，本単元の群読劇である。

2)　授業の実際

〔第１時〕

平家物語の概要説明の後，まず全員で全文を３回音読した。（口語訳は，教科書の原文の下にあるので，あえて触れないでおいた。）次に，群読劇という活動内容とゴールを示した。まず，各班（１班６～７人のグループ）に分かれて，音読し合いながら，群読分担の話し合いを行っていった。

〔第２・３時〕

班で群読劇の練習を続けたが，生徒からは「状況がいまいち理解できない」という声が多く出た。そこで，ビデオ映像（NHK 大河ドラマ「義経」の同場面）を全員で見た。映像により，動的に情景やストーリー展開を把握できた。特に「鏑をとって」「箙をたたいて」といった状況把握には有効であった。また，「与一がねらった 70 メートル先の的ってそんなに遠いのか」「『ひやうど』とかぶら矢が飛ぶ音はこんな音なのか」といった驚きの声もあがった。

しかし，「よく分かった」という声が多く出た反面，「原文と映像は違うのではないか」という声も多数あがった。そこで，「原文と映像との違いを見つける」という課題で，何度も映像を見返したり原文を読み返したりしながら違いを見つけていった。「二月十八日の酉の刻はもっと暗い。与一が的を射る困難さがよく分かるのは原文のほう」「映像では風も波も穏やかすぎる。原文の『磯打つ波も高かりけり』『舟は揺り上げ揺りすゑ漂えば』の迫力が表現できていない」「映像は平家の舟の数も源氏の数も少ない。『舟を一面に並べて見物す』『くつばみを並べてこれを見る』状況があるからこそ，与一の緊張感の高まりが表現できる」「映像では与一が一言しか祈っていない。原文のほうが長い祈りの部分があり，与一の心情が伝わってくる」といった比較思考による話し合いが，原文への理解を深めていった。

【原文と映像とを比較する】

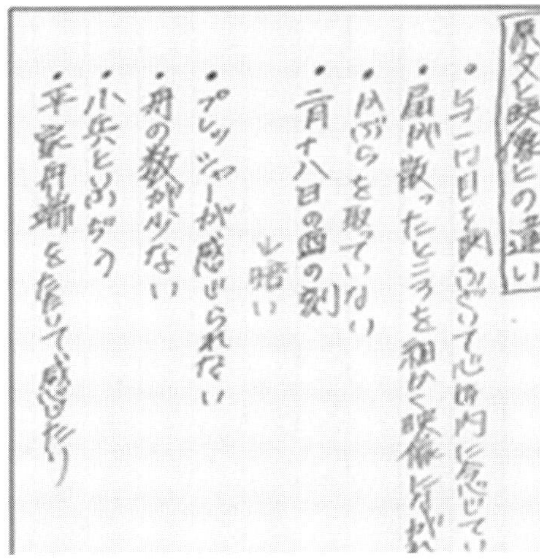

【原文と映像との比較ノート】

【生徒の振り返り例】

○　最初にビデオを見た時，相違点を見つけるのは少し難しかった。なぜなら文章の意味がはっきり分かるところが少なかったからである。相違点を見つけると，少しずつ言葉の意味が分かるようになり，読みやすくなった。また，表現にも大いに役立った。扇を射る前のあの緊張感はすごかった。だから，効果音に心臓の音を加えてみるなど，忠実に再現するように努めた。

○　初め平家物語を読んだだけではぜんぜん頭に入らなかった。例えば，平家や源氏は与一が射抜いた後どのようだったかや，えびらをたたいてどよめくとはどういうことかなど。でも，ビデオを見ると，すべての意見がわかり，ぐん読のときにどよめいている人とかえびらをたたいている人など，ビデオのようにリアルにさいげんできた。ビデオとくらべて，波が高かったことを強調したらよいや，与一が目をつぶったらいいなど，どんどんくふうした。

○　（ビデオは）文献を再現しきれなくて，大きく異なっている。北風が激しいわけでもないし，磯に打ちつける波も高くはない。しかし，ビデオを見たことは，後の群読劇に大きな影響を与えた。壮絶さを出すために，ナレーションは緊張を高めるために低い声でやるなど，工夫できた。また，実際の情景をイメージするのに役立った。

○　よりリアルな平家物語になったかどうかは分からないけれど，ビデオの「扇の的」を超えようと，班の中であれやこれやと相談し，考え合ったことが楽しかった。

その後の群読劇練習の際には，「分からないのでもう一度見せてほしい」と要望し，映像を見返したり，映像の音声表現を参考にしたりする者も出てきた。

小集団での群読劇の練習は，原文をシートにしたものに読みの工夫を話し合って書き込み，それをもとに音読を繰り返していく。分かち読みだけでなく，重ね読み，繰り返し，効果音，動作化など，生徒た

【群読劇練習の様子】

ちは時間を忘れて群読劇の練習に没頭していった。

〔第４・５時〕

群読劇の練習の中で，生徒たちから「与一はなぜ黒革をどしの鎧を着た男を射たのか」といった疑問の声があがり，全体での話し合いへと発展した。次は，「与一が『射よ』と命じられた時，嫌々引き受けたのか，そうではなかったのか」という課題での話し合いの内容の一部である。

＜嫌々引き受けた＞
○　扇を射る時も嫌々引き受けたから。
○　扇を射る時もプレッシャーを感じていたから。
○　自分が扇を射たことを「感に堪へざるにやとおぼしくて」舞い始めた。自分を称えているのに射貫くはずがない。
＜嫌々ではなかった＞
○　義経の命令に逆らうことは出来ないはずだから。
○　「御定ぞ。つかまつれ。」と命令されて，とまどったりためらったり抵抗したりする様子が描かれていない。
○　「しや首の骨をひやうふつと射て」いる。もし嫌々なら，与一ほどの腕前なら別の場所を狙えたはずだ。
○　「船底へ逆さまに射倒す」ほどの勢いで射ているから。
○　扇の時のように「南無八幡大菩薩…」と神に祈っていない。
○　ここは戦の場だから。敵を射ない方が不自然。
○　扇の時と違い「中差しとってうちくわせ」とある。殺傷能力のない「かぶら矢」ではなく，「中差し」を選んでいるから。嫌々ならせめて中差しでは射ないはず。

最終的に，「中差しを使用したこと」が根拠となり，「嫌々ではなかった」解釈が妥当であろうとの結論となった。

また「戦いの最中に踊り出す平家と，戦いに徹する源氏との違いが，その後の運命を象徴している」「扇を射抜いた時の『鏑は海へ入りければ扇は空へぞ上がりける』はそれぞれ平家と源氏の運命を象徴しているのではないか」といった意見も出た。

こうした話し合いを経ることで，さらに群読劇の表現が書き換えられ，練習にも熱が入っていった。また，第５時には群読劇の中間発表会を行い，相互評価し合って，さらに自分の班の群読劇に修正を加えていった。

〔第６時〕

群読発表会を行った。各班それぞれの「扇の的」の読みと解釈の工夫が見られ，笑いと拍手あふれる発表会が行われた。台本を見ずに劇を行う班や生徒も多くいた。

〔ある班の群読劇の様子〕

女１：頃は二月十八日の酉の刻ばかりのことなるに，折節北風激しくて，磯打つ波も高かりけり。（男全：波を体で表現。効果音「ピュー」「ザバーン」）

女２：舟は揺り上げ揺りすゑ漂へば，扇も串に定まらずひらめいたり。

男全：沖には平家，舟を一面に並べて見物す。

女全：陸には源氏，くつばみを並べてこれを見る。

全　：いづれもいづれも，晴れならずといふことぞなき。

女３：与一目をふさいで
男１２：(目を閉じ，胸に手を当てながら）南無八幡大菩薩，我が国の神明，日光の権現，宇都宮，那須の湯泉大明神，願はくはあの扇の真ん中射させてたばせたまへ。…（中略）…
女２：与一，鏑を取つてつがひ，よつ引いて
男３：ひやう
女２：ど放つ。
女３：小兵といふぢやう，十二束三伏
女全：弓は強し，
男１：浦響くほど
男３：長鳴りして，
男１：あやまたず扇の要際一寸ばかりおいて，
男２：ひい―――（男3:弓を持って移動しながら）
男３：ふつ（男3:扇を射切る）
男１：とぞ射切つたる。
女全：鏑は海へ入りければ，
男全：扇は空へぞ上がりける。
女３：しばしは虚空にひらめきけるが，春風に，一もみ二もみもまれて，海へ
男２：さつ
女３：とぞ散つたりける。
男３：夕日の輝いたるに，皆紅の扇の日出だしたるが，白波の上に漂ひ，
女２：浮きぬ
女３：沈みぬ
男３：揺られければ，
女全：沖には平家，舟端をたたいて感じたり。
(女全員で机を叩く）
男全：陸には源氏，箙をたたいてどよめきけり。(男全員で胸を叩きながら歓声を上げる）
女１：あまりのおもしろさに，感に堪へざるにやとおぼしくて，舟の内より年五十ばかりなる男の，黒革緘の鎧着て白柄の長刀持つたるが，扇立てたりける所に立つて舞ひしめたり。(男１：箒を持って舞い始める）
女２：伊勢三郎義盛与一が後ろへ歩ませ寄つて，
男２：(男３の耳元で)「御定ぞ，つかまつれ」
女２：と言ひければ，今度は中差取つてうちくはせ，
よつ引いてしや首の骨を
男２：ひやう――
男１：ふつ（踊っている態勢から，首を押さえて後ろに倒れる）
女２：と射て，舟底へ逆さまに射倒す。

【群読劇発表会～読みの正確さ，表現力の２項目で相互評価しながら聴き合う】

女全：平家の方には音もせず。
男全：源氏の方には，また箙をたたいてどよめきけり。(男全員で胸を叩きながら歓声を上げる）
女２：「あ，射たり。」
男１：と言ふ人もあり，また，
女３：「情けなし。」
男２：と言ふ者もあり。

5　実践の成果と課題

群読劇の成果としてまず，音読を行った回数が挙げられる。全５時間の授業の中で，どの班も40回以上の音読練習を行えていた。事後の定期テストの結果を見ても，歴史的仮名遣いや内容理解の問題の正答率は，高い数値であった。

次に実践を通して，生徒たちが言葉の価値を認識できたどうかである。これについて実証するのは難しい面もあるが，言葉が自分の中に入り込み，自分に何らかの変化をもたらし，自分に影響を与える学びであったかどうかを，単元終了後の生徒の振り返りから推察する。

【生徒の振り返り例】

○　最初全て覚えるといわれてできないと思いました。半信半疑でやっていました。するといつも覚えようとして覚えていたけれど，みんなで読んでいくとだんだん頭に入ってきていつのまにか覚えてしまいました。群読劇をすることで自分が言う所は他の所よりも覚えているし，相手がいってから私みたいなのとかだと，前の人の文を聞いてから言うので，前の文もさっと頭に入ってきました。そして先生と授業の時に読むのをあわせ，いつもの二倍くらい覚えることができました。

○　何度かやっていると，少し違うんじゃないか等改良点がみつかるようになり，より良くなっていきました。そして視線や表情もつけることでもっと良くなりました。また，全員で読む所はだんだんタイミングが合うようになりました。そして何度も読むことで，頭の中でどんな感じだったのか，脳内でムービーが出来上がっていきました。一つ一つの言葉の奥深い意味や表現の表し方を読み解くことができるようになりました。

○　初め群読劇をするとなったときはこの話もよく分かっていなかったし，正直ただ分担して読めば良いんじゃないかと思っていました。何度か読んでいるとはじめの「ころは二月～いふことぞなき」というところを二人で読んでいたけれども，平家と源氏のところは分けた方がいいんじゃないかと班でまとまり対句らしい表現になりました。また与一のセリフの所はどんなふうに読めばよいか沢山の案を考え出しました。セリフではないところも何を表しているのか，その言葉からどんなことを考えられるのかなど人の組み合わせなどもたくさん工夫しました。気がつけば初め何となくやればいいと思っていた自分が何度も読み，繰り返すことによって様々な発見があり，深く考えられることができたと思います。だからこれからも何度も繰り返すことによって気づきを増やし，自分の考えを深めていければいいなと思います。

○　群読劇をするということもあって，クラス全員，又は班のメンバーで何十回も読んだ。そうしていて一つ気がついたのは，読んでいくうちにどんどん頭に入ってきたということだ。どういうことかというと，まず，紙を見なくても言えるようになっていた。まあこれは当然といえば当然なのだが，何よりもその一つ一つの情景が頭に入ってきた。これが一番の利点だと僕は思う。練習をしている時に意味を確認したり，その時の全体の状況を整理したりしたので，読む時に頭の中で自分なりの映像ができていた。動作や人，ものの配置，天候までもくっきりと。

○　たくさん読みこんでいくうちに頭に言葉が刻まれていきました。そしてさらに読み込んでいくうちにその言葉が流れとなって動きへと徐々に変わっていきました。そうすることで，脳の中に各々のイメージである那須与一の物語が構成されていっているのだと思います。その各々のイメージを共有していくことで，班としての「那須与一」が生まれ，それを表現できたと思います。

○ 毎時間何度も何度も繰り返し読むことで，スラスラ読めるようになり，古文独特のリズムも味わうことができる。リズムがわかったら，最後の方は全文教科書を見ずに言えるようになった。平家物語はリズムがとても響きがいいなーと思う。これは，最初は全く感じられなかった。繰り返し読むことで，古文に慣れてきて，意味も理解できるようになったと感じることができた。こういうのも古文の楽しみだと思う。（下線―筆者）

生徒全員が肯定的な振り返りをしており，下線部からは，言葉の字義の理解だけに留まらない学びであったと考えてよいと思われる。生徒たちは，古文の言葉に出会って自分自身を見つめ，言葉を学ぶ過程において，自分自身の変容を自覚しているのである。

６ おわりに

新しい学習指導要領の方向性が示されて以来，アクティブ・ラーニング（以下ＡＬ）の実践が多く行われるようになった。ＡＬとは課題の発見と解決に向けた主体的・対話的で深い学びを意味する。しかし，話し合い活動やグループ活動を行えばＡＬが成立しているといった，活動それ自体を目的化している実践も目立つ。

アクティブとは，本来，子どもの学びにおける精神活動を指す。子どもが悩んだり葛藤したりしながら，教師や級友とかかわり，豊かに学びを展開することが本質である。

そして国語の本質は言葉を学ぶことにある。個々の子どもたちがいかにアクティブに言葉を学ぶか，そして自分のものにしていくのか。その過程こそが「物語り」である。

本実践であれば，群読劇の発表会の表現のすばらしさといった外的活動に意味があるのではない。教師や級友と悩んだり葛藤したりしながら言葉と格闘する。みんなで，言葉を繰り返し音読する中で，言葉の奥深さに惹かれたり，意味はよくわからなくても，文章の魅力的で複雑な意味世界を感じたり，社会，文化，歴史とのつながりを感じたり，自分の過去や未来との結びつきを感じたりする。そうしたそこに至るまでの過程である，「私の（私たちの）『平家物語』群読劇創作」という「物語り」の中で，生徒たちは，「平家物語」の世界に触れ、その世界の魅力を感じ、言葉のもつ価値を認識し，古典の世界を，言葉を，自己の中に位置づけているのである。

そもそも「平家物語」は琵琶法師によって語られ，民衆が聞き，語り継がれてきた作品である。作品に埋め込まれている音律や言葉の響きを，現代の生徒たちの切り口から生徒たち自身の言葉で語り，語り合うことで，国民的叙事詩とも言われる作品世界が自己のものとなり，豊かな言葉の学びが生まれてくる。

すぐ剥落する知識としての言葉の指導ではなく，本物の自分の言葉として獲得する学習，言葉を学び続ける生徒の育成を視野に入れた学びの創造を「物語り」の授業の中に見る。

文献

齋藤孝（1997）『教師＝身体という技法―構え・感知力・技化』世織書房，27

佐藤学（1997）『学びの身体技法』太郎次郎社，13

高橋俊三（1990）『群読の授業』明治図書

ヘレン・ケラー（2004）『奇跡の人　ヘレン・ケラー自伝』新潮文庫，第２章（２）

（川田　英之）

第３章　他者と語る中で，豊かな読みを創造する国語授業

１　はじめに

言葉は，人と人との関係の中で生きるものであり，他者との語り合いの中でこそ，深く，豊かになる。ドリルのような反復学習や，教材などの情報源から正解をさがすような学習から言葉が獲得されることはあまりない。つまり，言葉は習得されるものではなく，語り合う経験を通して「獲得」されるものなのである。その言葉を自分のものとして獲得していく過程を「物語り」の視点から考えていきたい。

２　文学的文章による実践

1)　教材「百科事典少女」について

「百科事典少女」（「東京書籍　中学３年」）を読んで，作品全体やその構成についての評価を批評文として書くという目標を定め，単元を次ページのように構成した。

「百科事典少女」は，小川洋子の短編小説で，百科事典を好んだ少女（Ｒちゃん）と，彼女亡き後の父（紳士おじさん）の姿が，Ｒちゃんと同級生だった「私」の視点で描かれた作品である。あらすじは，次の通りである。

> とあるアーケードで大家の父と暮らしていた語り手の「私」は，父がアーケード内で仕事をしている間，父の作った読書休憩室で読書をして過ごしていた。その読書休憩室に，同級生のＲちゃんが，ほとんど毎日通ってくるようになる。Ｒちゃんは，「小公女」や「あしながおじさん」などフィクション好きな「私」に，どうしてそうその話ばかり読むのかと聞いた。“本当のお話”が好きなＲちゃんは，この世界の全てを知ろうとするかのように，百科事典を「あ」から「ん」まで一つ一つ夢中で読み進む。読書好きの「私」は，ときおり百科事典を読むＲちゃんの声を聞きながら，百科事典の世界に想像を膨らませる。最後の「ん」を読む日を待ち望むＲちゃんだったが，志なかばで死んでしまう。その半年後，読書休憩室にＲちゃんのお父さんである紳士おじさんがやってくるようになる。紳士おじさんは，百科事典を第一巻から順に書き写していく。「私」はそんな紳士おじさんをそっと見守り続ける。何年かたち，紳士おじさんはＲちゃんの楽しみにしていた百科事典の最後「ンゴマ」を書き写し，そっと去って行く。

2)　単元の目標　（本単元で生まれる「物語り」）

小説を読んで，描かれている人物像や行動描写からも，その心情や行動に自分なりに意味づけできることに気づく。紳士おじさんの行動について，Ｒちゃんの人物描写や情景描写から様々な解釈が生まれ，「読むだけでは感じられない深いところまでＲちゃんを理解したかった」「『アッピア街道』から娘が歩んだ道，行き着けなかった道を書き写すことによって作ろうとしていた」などという読みが交流される中で自分だけの小説世界を確立していく。また，最後が「ンゴマ」の説明で締めくくられている意味を，Ｒちゃんの人物像だけでなく「アッピア街道」やンゴマの説明にある「女性の奏者」「音楽」と結びつけることで，それらが作品の雰囲気や世界観をつくっていることに気づき，小説を深く読むことのおもしろさを実感する。また，紳士おじさんの行動から，娘を亡くした父親の心情やそれを見つめる「私」の気持ちに触れ，親子の愛情や友情のあり方などについての自分の価値観を見つめ直すきっかけとなる。

3)　単元の構成

時間	◆学習内容と**学習課題**
1	**登場人物や作品全体から，気づいたことや連想したこと，不思議に思ったことは何か？** ◆本文を通読し，おおまかな内容を知る。 ◆登場人物を確認する。
2	**「私」とRちゃんは友達か？** 問い自分ならRちゃんと友達になれるか？ 問い「私」とRちゃんは友達か？ ◆「私」と比較しながら，表現や描かれているエピソードからRちゃんの人物像を想像する。 ◆「私」とRちゃんがどのような関係だったかについて，描写を根拠に想像する。
3	**紳士おじさんとRちゃんはどんな親子か？** 問い紳士おじさんとRちゃんの似ているところ，違っているところはどこか。 ◆Rちゃんと紳士おじさんの描写から，紳士おじさんの人物像や二人がどんな親子関係だったかを想像する。 問い紳士おじさんとRちゃんはどんな親子か？ 問い紳士おじさんはどれくらいかけて百科事典を書き写したか？ ◆紳士おじさんが，百科事典を書き写すのに費やした時間を文章表現をもとに考える。
4	**紳士おじさんは，なぜ，書き写したのか？** 問い紳士おじさんはなぜ書き写したのか？ 問いもし，百科事典を貰えたとしたら，紳士おじさんは貰ったか？ 問い書くことと読むことの違いは何か？ ◆百科事典を何年もかけて紳士おじさんが書き写した理由を展開や文章表現に着目して考えるとともに、紳士おじさんにとっての書くことの意味について自分の考えを持つ。
5	**結末の「ンゴマ」の記述はあったほうがよいか？** 問い結末の「ンゴマ」の記述はあったほうがよいか？ 問い「ンゴロンゴロ自然保護区」とどちらがよいか？ ◆「ンゴマ」の記述で締めくくられていることにどのような効果があるかについて考える。
6 ＋ 家庭 学習	**「百科事典少女」をどう評価するか？** ◆これまでの学びを振り返りながら，項目を立ててこの作品に対する批評文を書くことで，学びの意味づけを行ったり，価値を実感したりする。

4)　**対話に参加し，対立点や論点の明確化を図る思考ツールの活用**

物語りをつむぐために重要なのは，語り合いの中で自分の考えが揺さぶられることによって新たな認識が芽生えることである。そのためには，対立点や論点を明確にし，互いの意見を磨き合わせなければならない。誰でも対話に参加し，対立点や論点が明確にできるように，ベン図等の思考ツールを用いる。思考ツールは，考えを視覚化し整理できるだけでなく，他者との意見の差異が明確になる。

実際の授業では，ベン図を使って登場人物の設定を読み取ったり，初発の感想の中で最も多かった疑問である「なぜ紳士おじさんは，百科事典を書き写したのか」をマトリクスを使って考えたりした。必ず毎時間，課題について他者と語り合う場面を設定した。

生徒Aは，読むだけでは，なかなか人物像を読み取れなかったが，ベン図で整理することにより，その表現をもとに，イラストで表出できるくらい自分の小説世界をイメージすることができた。また，共通点は空白のままだが，ペアや全体で交流することで，それについても交流の中で確認することができた。また生徒Bは，いつもは自分一人で考え，その考えを書くだけだったが，今回はベン図に記述できたことにより，そのベン図を見せるだけでその記述について質問され，他者と交流することができた。他の生徒の振り返りの中にも「ベン図や表に整理したことにより分かりやすくなった。他の人の意見を聴くことが多く，自分の考えと違っても『確かにそうだな』と思ったり，『それは違う』と思ったり，自分の意見を整理しながら聴くことにより，自分の意見を深めることができた」とあった。

学習内容や課題を思考ツールで視覚化することで，関係づけるべき情報を精選したり焦点化したりすることができた。それだけでなく，物語りを生み出すために欠かせない他者との語り合いでも有効に機能した。特に国語を苦手としている生徒は，頭の中で，情報と情報を言葉で関係づけることを苦手とし，自分の考えをうまく言葉で伝えられない場合が多い。思考ツールによって視覚化し整理することで，それらを関係づけることができたため読みを深めることができたのである。また，思考ツールを媒介として他者と対話をすることもできていた。以上のことから，思考ツールによる支援は有効であったと言える。

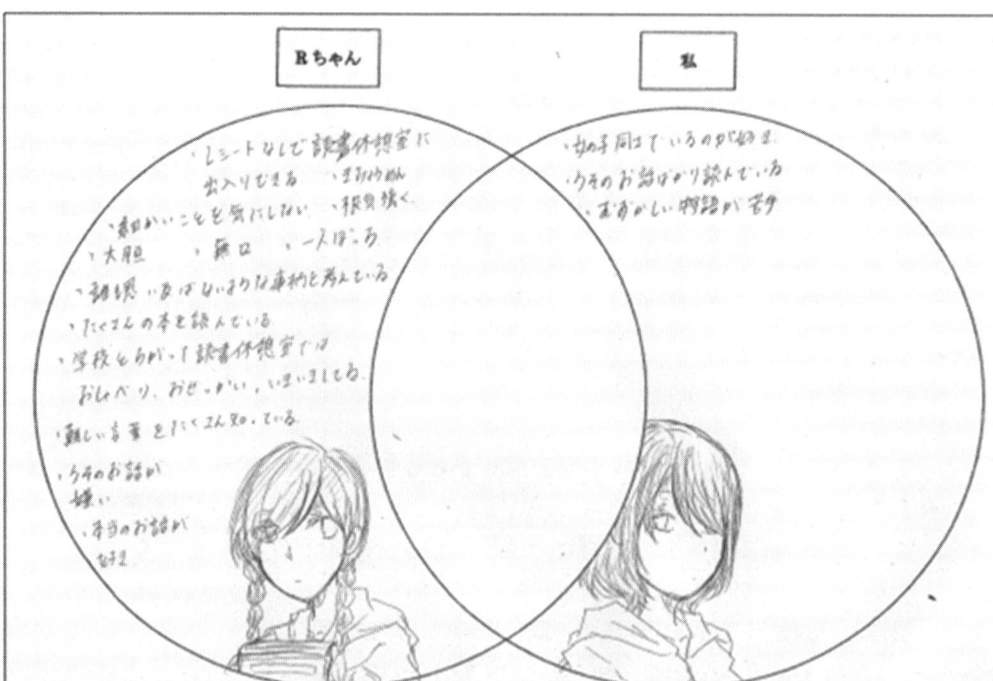

【生徒Aが書いたベン図】

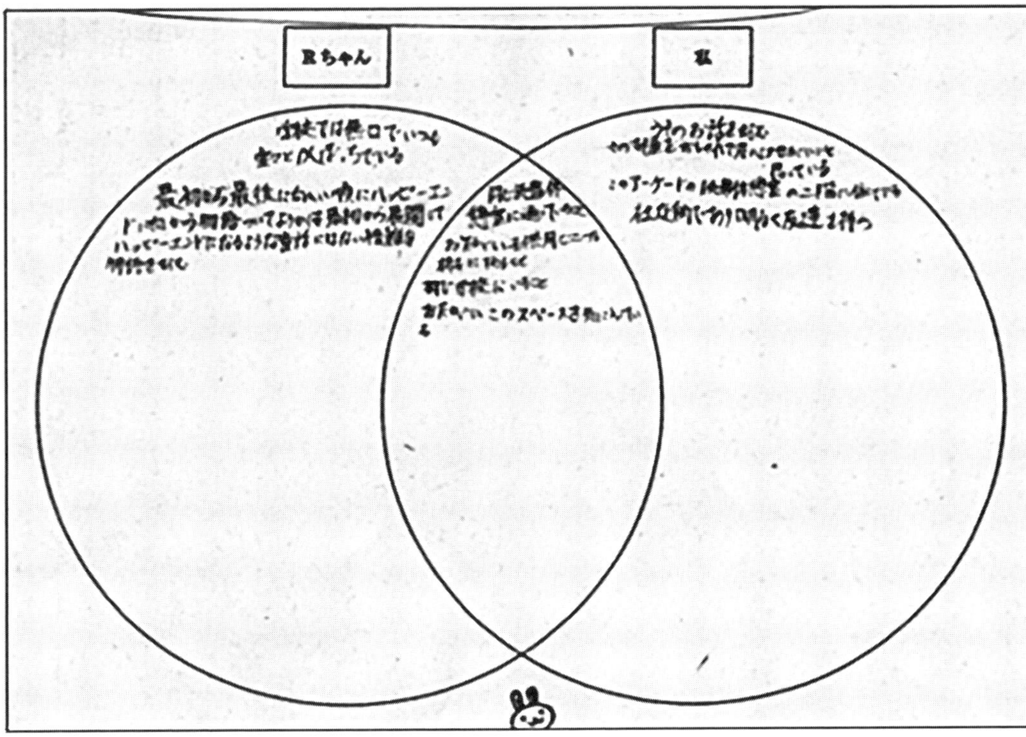

【生徒Bが書いたベン図】

5) 生徒の振り返りから

生徒Cの毎時間の生徒の振り返りを載せる。生徒Cは感性も豊かで，書く文章も素直であるが，国語に苦手意識をもっている。特に小説は，どのように読めばいいか分からないと言う。

（第１時）　何も言わず静かに百科事典を書き写す紳士おじさんは，Ｒちゃんの夢を叶えようとしているように感じられた。紳士おじさんは，なぜＲちゃんが百科事典を読んでいたことを知っていたのだろうか。

（第２時）　Ｒちゃんと「私」の関係性がいまいちつかめない。Ｒちゃんは笑うことはあるのだろうか。

（第３時）　椅子のくぼみに手を当てたのは，Ｒちゃんが死んだことがわかっていても，またあの講義を聞きたい」と思う気持ちの表れだと思う。

（第４時）　Ｒちゃんは紳士おじさんに「百科事典を読んでいる」ということを伝えていたのだろうか。

（第５時）　読むだけだと，視覚だけだが，「書く」となれば，一字一字に隠れたＲちゃんの気配をより感じられるのだと思う。また，書いたものは残るので，後から読み返し，その時の感情を思い出せる。

（第６時）　「ンゴロンゴロ保護区」か「ンゴマ」か
自分は「ンゴマ」の方が良いと思う。短くて語呂が良いし。楽器の方がＲちゃんが楽しみにしていた感じがする。

（最終批評文振り返り）最初に読んだときには，Ｒちゃんと「私」の関係や紳士おじさんの目的がよく分からなかったし，「ンゴマ」に隠された意味にも気づかなかった。しかし，何回も読み返したり，他の人の意見を聴くことによって，だんだんと作者の意図が理解できるようになった。他の小説などでも二回目，三回目･･･と読み返す回数が増えるにしたがって，その内容も頭に入りやすくなり，読みが深まると思う。是非試したい。

（授業全体を振り返って）

この授業を通して，物語を深く読む力が身に付いたと思う。授業前には物語は一人で読みたいと思っていたが，授業を通して読むのも面白いと思った。自分だけでは気付けなかったことが分かるからである。

今，気付いたのだが，手提げ袋の中身は月日が経ったことを表しているのではないだろうか。中身の充実が，時間の流れとして使われていたのだと思う。

（下線部―筆者）

生徒Cは，最初に読んだ時点で，「紳士おじさんが百科事典を書き写した」ということに強い興味・関心を抱いている。そのことに意識的にも無意識的にもこだわりながら学習を進めている様子が振り返りの書きぶりからわかる。その中で，（＿＿線部）のように，ぼんやりとした自分の読みが徐々にはっきりとしたものになり，自分なりの小説世界を確立している。また，（……線部）のように，「何回も読み返すこと」「他の人の意見を聴くこと」が自分の読みを深めたと意味づけ，これからは，その方法で他の小説も読んでいきたいと未来を志向している。

次は，小説の読みに苦手意識をもっている生徒Dの最終意見文での振り返りである。

私ははじめただただ悲しい話だ‥‥としか感じていなかったが，読めば読んでいくほど，人と人の関係や心情が見えてどんどん深くなっていくような気がした。とくに一番考え込んだのは「紳士おじさん」についてだった。紳士おじさんが関係することは全部考えるのが難しかった。Rちゃんとはどういう親子なのか。私との関係は？百科事典を書き写す意味は？深読みしすぎて，最終的に自分の勝手な想像と化してしまうほどむずかしかった。どうしても読みとることができなかったときに，他の人たちの意見が手本となり，「そういう考え方もあったのか！！」と助けになった。特に「紳士おじさんはなぜ書いたのか？」という課題の時に，Hさんが「アッピア街道」に注目し，「Rちゃんがこれからも歩んでいけるように道をつくっている！！」と意見を出したり「ンゴマ」について考えるときも，「ンゴマがRちゃん，ミルンバが紳士おじさん」という意見を出したりして，自分にはない発想だったので，自分も文章全体をみて考えれるようになった。自分とは意見が真逆な人たちの意見も「あ，たしかに‥‥」と思えるようなものもあった。この物語を通して私が変わったところは，「文章全体をもっと広く見れるようになった」というところだと思う。

やっぱり，一人で読んで，一人分の想像でおわるより，大勢の想像があった方が面白かった。この物語だけでなく，他の物語でも話し合ってみたいと思えた。

小説の読みに自信がないからといって，他者の意見をそのまま受け入れて，自分の意見としているわけではない。（＿＿線部）のように，「自分にない発想」や，「自分とは真逆な人たちの意見」も「あ，たしかに」と受容し，それらを「手本」や「助け」としながら，「自分も文章全体をみて考えれる（ママ）ようになった」のである。その中で，（……線部）のように，自分の読みを深め，今後の読みの方略を獲得していったのである。

【課題について仲間と語り合う様子】

国語が得意で読書量が豊富な生徒Eも，最終意見文では他者との語り合いについて次のように記述している。

私は最初，この小説を読んだとき，「どうして紳士おじさんは百科事典を買いとらしてほしいと言わなかったのだろうか」「なぜ，何度もアッピア街道が出てくるのか」という風に思い，不思議な物語だなあ，と思いました。でも，学習が進むにつれ，こういう不思議な部分にほど深い意味が込められていることに気づきました。例えば，最初の疑問です。私は読むだけでは娘がどんなものを読んでいたのか残すことができないから書いた，と思っていたけれど，友達が「残す」ことが目的なら百科事典をもらえばいい」という言葉を聞き，はっとしました。そして，そういうことはきっと書くことに意味があるのではないか，という意見に変わりました。でも，なぜ「書くこと」に意味があったのか，本当の理由（書くとより内容が頭に入ってくるから書いた，という意見があったけれど，そのためだけなら，書かずに何度も読めばいいのではないか？）がはっきりとしなかったので少し気になりました。

私は物語を読むと，自分の中で勘違いして，思い込んでいる（違うことを）ことがよくあったけれど，今回は様々な方法で（図を使ったり，班やクラスで話し合ったり）疑問を一つ一つ解決していったので自分がどこを間違えていたのかすぐに分かってよかったです。

また，今回の話は，読めば読むほど新しい発見が生まれて新鮮でした。人の関わりだけでなくアッピア街道のようにたった一つの言葉でたくさんのことを伝えようとしているものもあれば，ンゴマのようにどうして書かれてあるのかよく分からないものもありました。それを話し合いで友達から新しい違った目線で意見をきくことができて，なるほど，と何度も思うことができました。

これからもひとつの言葉に二つ，三つ，意味が込められていないか見たり，他の部分とつながっていないか確認したりして，考えていきたいと思います。友達の意見も大切にしたいです。

生徒Ｅも，（＿＿線部）のように，他者との語り合いを有意義に感じ，それらを参考に自分の読みを生成している。そして，（﹏﹏線部）のように，「ひとつの言葉に二つ，三つ，意味が込められていないか見たり，他の部分とつながっていないか確認したりして，考えていきたい」と，未来を思考している。どの生徒も，課題を仲間と語り合うことを通して自分の読みを深め，今後の小説の読みの方略を獲得しているが，それらは一人一人違っている。同じ小説を題材にし，同じ授業を受けても，一人一人の学びの物語りは異なっているのである。そのことを大切にしながら，これからも「物語り」の視点で授業を構想していきたい。

（大西　小百合）

第４章　物語って，新しい地域像を発見する社会科授業

1　はじめに

2015 年，今年絶対行きたい世界 52 カ所の中に「四国」が選ばれた。一都市や一県ではなく「四国」と括っているところに「四国」という地域に大きな特色や魅力があることを物語っている。お遍路や瀬戸内海を訪れる外国人観光客も多く見られるようになっている今，日本のインバウンドは新しい局面に入ったと言える。経済界や観光業界では，地方の時代となるとにらんで「四国らしさを生かしたインバウンド観光振興」をテーマに講演やパネルディスカッションを行うなど，外国人観光客を呼び込む方策を探っている。ただ，日本を訪れる外国人観光客のうち四国地方で宿泊する人が１％に満たない。原因は知名度の低さにある。外国人旅行者は四国地方の特色や魅力をどう捉えているのかを考える前に，我々が四国地方の特色や魅力をどう認識しているかが大切になる。

社会科地理では，対象とする地域がどんな特色をもった地域かを正しく認識し，その地域の一員として，その地域の生き方を追求することは非常に重要である。グローバル化時代だからこそ，未来に向けたその地域の新たな価値を見いだし，未来につながる学習が必要となる。そこで，台湾の中学校の先生に，四国地方の巡検コースを提案する学習を考えた。台湾の先生から四国地方の特色を体感できる巡検コースの作成を依頼される生徒は，依頼に対する回答を見いだしにくい。四国地方に住む一員として，巡検コースを考えていくことを通して，四国山地による北部と南部の違い，海運を活かした瀬戸内工業地域，過疎地域など，四国地方の特色を認識する。それぞれの特色を見いだした生徒は異なる訪れるべき場所を考え，コースを計画していく中で，新たな四国地方の特色を獲得していくとともに，四国地方に住む自分にとって四国地方がどういう意味や価値を持つものかを考え，その意味や価値に気付いていく。地域の特色をとらえるための七つの視点（①自然環境②環境問題や環境保全③他地域との結びつき④歴史的背景⑤産業⑥生活・文化⑦人口，都市・村落）に基づきながら，四国地方の認識を深める学習を通して，それぞれが四国地方の新たな価値を見いだしていくことは，四国地方の未来を担う生徒の育成にもつながる。

2　「四国のインバウンド対策～巡検コース提案会議～」の実際

1)　学習前における生徒の四国地方の認識

生徒 40 名（男子 21 名，女子 19 名）に，四国地方の特色を質問をしたところ，ぼんやりしたイメージを持つ生徒ばかりで，「身近なところ過ぎてあまりイメージがわかない」「本当に四国に魅力なんてあるのか」という意見が多く見られた。そこで，地域を捉える七つの視点を示し，四国地方の特色を捉える中心的な視点を複数ださせたところ，以下の結果になった。「生活・文化」の視点では「食文化」，「自然環境」の視点では「南北の気候の違い」，「歴史的背景」の視点では「お遍路さん」，「他地域との結びつき」の視点では「本州とつながる三つの橋」であった。これらはイメージが強いために出てきたものである。

視点	自然環境	環境問題や環境保全	他地域の結びつき	歴史的背景	産業	生活文化	人口や都市・村落
人数	15	1	14	12	7	37	6

2)　本単元の指導上の留意点

・　社会の一員として，その社会での自らの役割や責任に気づくような，当事者性を持たせる場面

を設定する。

・　自己の学びと他者の学びのかかわりの表出の手立てとして，四国地方の特色を表した巡検コースを作成させる。台湾の中学校の先生に四国の巡検コースを教えるという場面設定での「物語り作文」により，お互いの意見をすりあい，自分たちの意見を理解し，よりよいものを生み出せるかを共に考え，語りあう場を設定することで，どの生徒も学びの価値を実感できるようにさせる。

3)　単元構成（全７時間）

家庭学習	◆四国に住む一員として，四国地方の巡検コースに必要な場所を紹介する。 **台湾の先生グループの質問に何と答えるのだろうか？** ６月某日，チャイナエアラインで台湾から高松空港に到着した，台湾の中学校の先生のグループに声をかけられた。 先生：「私たちは今まで，何度も日本に旅行にやってきています。東京，大阪，名古屋…。今回の来日した目的は，観光旅行ではありません。いま世界からも注目されている四国地方の巡検にきました。」 私　：「巡検？」 先生：「フィールドワーク，現地調査のことです。ぜひ『これぞ四国!!』というところを，できるだけ多く紹介してほしい。よろしくお願いします。」 私　：「少し時間がほしいのですけれど，少し待ってくれますか？」
１・２	◆四国に住む一員として，四国の特色を調べ，まとめる。 **四国地方の特色はどういうものだろう？** 私　：「お待たせいたしました。『これぞ四国!!』というところを，いくつか紹介します。一つ目は○○，二つ目は○○。・・・・・。」 先生：「ありがとうございます。ちょっと待って下さい。生徒に四国地方とはどんなところですかと聞かれたら迷うと思うのですが…。 もう一つお願いなのですが，あなたが考える『これぞ四国!!』，四国地方の特色を教えて頂きたいのですが，よろしいですか？」
３・４	◆七つの視点（①自然環境②環境問題や環境保全③他地域との結びつき④歴史的背景⑤産業⑥生活・文化⑦人口，都市・村落）から四国地方の特色についてまとめ，文章化する。 ◆文章にしたものを，象徴的な言葉でまとめる。 ◆まとめた象徴的な言葉から巡検コースで訪れる場所を提案する。 **四国地方の特色をふまえた，訪れるべき場所とは？** 先生：「いろいろ無理を言ってすみません。」 私　：「お待たせいたしました。私が考える四国地方の特色は○○です。これらの特色は○○にいけば分かりますよ。
５～７	◆まとめた象徴的な言葉から巡検コースで訪れる場所を各班で取捨選択し，提示する。 ◆巡検コースを決定する。 **どの場所に行って巡検すれば，台湾の先生方を満足させられるか？** 先生：「なるほど。いろいろ訪れる場所がありますね。ただ，この旅は３泊４日と限られています。四国地方の特色を知るために最もふさわしい場所を選び巡検したいのですが…。」 私　：「そうですね。中でもふさわしい場所は…。コースにしたら…。」
家庭学習	◆四国に住む一員として，再度，四国地方の特色を考え，単元前と単元後の四国地方の特色について語り直しを行う。 **台湾の先生方の帰国後，あなたは四国地方をどんな地方として語るのか** 先生：「ありがとうございます。明日から考えてくれたコースで四国地方を巡検してきます。これで，生徒に四国地方とはどんなところですかと聞かれ手も大丈夫です。本当にありがとう。帰国したら手紙を書きます。では，さようなら。」

4)　単元計画の修正

あるクラスでは，「大都市をたより衰退しそうな四国」と四国の特色をまとめる班も見られた。社会科地理において，対象とする地域がどんな特色をもった地域かを正しく認識し，その地域の一員

（本単元では四国に住む一員）として，その地域の生き方を追求する生徒を育成することが大切だと考える。このような四国のことを悲観的に捉えている生徒のため，この特色が適切なのかどうか，資料を使って検証する授業が必要だと考えた。生徒が，生のデータを処理し，自分の力で新しい地域像を発見する楽しさを味わいながら，単に「四県が近くにあるということではなく，地域の結びつきが強くなっている」という特色を見つけてほしいと考え，巡検に来られた台湾の先生に考え直した特色を紹介することを目的とした授業を単元の中に組み込み，指導案を変更することとなった。

以下，変更後の単元計画（１・２限前の家庭学習は重複するので省略している。）を示す。

時間	◆学習内容と学習課題（中心の問い）
1・2	◆四国に住む一員として，四国の特色を調べ，まとめる。 四国地方の特色はどういうものだろう？ 私　:「お待たせいたしました。『これぞ四国!!』というところを，いくつか紹介します。一つ目は○○，二つ目は○○。・・・・・。」 先生 :「ありがとうございます。ちょっと待って下さい。生徒に四国地方とはどんなところですかと聞かれたら迷うと思うのですが…。 もう一つお願いなのですが，あなたが考える四国地方の特色を教えて頂きたいのですが，よろしいですか？」
3・4	◆七つの視点（①自然環境②環境問題や環境保全③他地域との結びつき④歴史的背景⑤産業⑥生活・文化⑦人口，都市・村落）から四国地方の特色についてまとめ，文章化する。 ◆文章にしたものを，象徴的な言葉にまとめる。 ◆まとめた象徴的な言葉から巡検コースで訪れる場所を検討する。 四国地方の特色をふまえた，訪れるべき場所とは？ 先生 :「いろいろ無理を言ってすみません。」 私　:「お待たせいたしました。私が考える四国地方の特色は○○です。これらの特色は○○にいけば分かりますよ。」 先生 :「これらの特色をみると，四国地方のイメージは○○という感じがしますね。」
5	◆台湾の先生からの質問にどう答えるかを考える。 先生 :「いろいろ特色を教えて下さってありがとうございます。『交通網の整備によってストロー現象の起こる四国』という特色もあるのですね。ところで，ストロー現象って何ですか？」 私　:「橋などができると大都市に人が吸い寄せられる現象のことです。」 先生 :「なるほど，『人が吸い寄せられる』ってどんな状態のことですか？」 私　:「移動や移住のことです。」 先生 :「なるほど，そういった状態のことを表しているのですね。」 私　:「橋が開通すると，四国から近畿地方の神戸や大阪まで買い物や観光で出かける人が増えたと，ストロー現象のことが日本の社会科教科書にも載っていますよ。」 先生 :「その場合，ストローは明石海峡大橋ですよね。」 私　:「明石大橋は今から 18 年も前の 1998 年に開通しましたよ。」 先生 :「なるほど…。教科書にも…。じゃあ，四国に住んでいるあなたはストロー現象が起きていると感じていますか？」
6	◆四国地方が生活空間上も強く結ばれている地域であることを，明石海峡大橋が開通した 10 年前後の人口移動の変化から発見する。 **明石海峡大橋により，徳島の人々は大都市に吸い寄せられているのか？**
7	◆まとめた象徴的な言葉から巡検コースで訪れる場所を各班で取捨選択し，巡検コースを決定する。 どの場所に行って巡検すれば，台湾の先生方を満足させられるか？ 先生 :「なるほど。いろいろ訪れる場所がありますね。ただ，この旅は 3 泊 4 日と限られています。四国地方の特色を知るために最もふさわしい場所を選び巡検したいのですが…。」 私　:「そうですね。中でもふさわしい場所は…。コースにしたら…。」
家庭学習	◆四国に住む一員として，再度，四国地方の特色を考え，単元前と単元後の四国地方の特色について語り直しを行う。 **台湾の先生方の帰国後，あなたは四国地方をどんな地方として語るのか**

5)　本時の学習指導について

(1)　目標

・　四国内にストロー現象が起きているかどうかについて徳島を対象として検証し，四国が互いに結びつきが強まってきていることを発見することができる。

(2)　学習指導過程

学習内容及び学習活動	予想される生徒の反応	○教師のかかわり
1 前時までの学習を振り返る。(グループ・全体) 特色：交通網の整備によってストロー現象の起こる四国	・自分たちの生活体験などからストロー現象は起きているのか考えている。	○生徒に学習の目的を明確にするため，黒板に教科書の定義（交通網が整備された結果大都市に人が吸い寄せられる現象）を明記しておく。
明石海峡大橋により，徳島の人々は大都市に吸い寄せられているのか？		
2 ストロー現象の有無について予想する。 （個人→全体）	・ストロー現象の有無について迷い，○○の資料がないとはっきりとは決められないと考えている。 ・こんな資料があれば有無がわかると考えている。	○異なる立場の生徒の意見を紹介する。 ○判断するために必要な資料を要求させる。
3 ストロー現象の有無について検証する（グループ・全体）。 (1)年間生活圏流動表（1990，2000，2010 年） (2)徳島県人口調査（徳島，鳴門市から兵庫県と大阪府へ移住した人数）	・それぞれの資料をいかに処理するかを考えている。 ・明石海峡大橋の開通前後の変化を見てみると，近畿地方に人が移動，移住していないことに気づき，ストロー現象が徳島では起こっていないことを発見する。 ・県外転出した人数のデータから，橋の開通はあまり影響していないことに気がつく。 ・四国内のつながりが強まってきていることに気づき，その理由について考えている。	○作業を焦点化させるため，近畿地方の大都市を選択させ, データ処理を行わせる。 ○人の移動の変化を表すために使用する地図の枚数（複数枚か１枚）を選択させる。 ○作業効率を高めるため，データ処理に必要と考えられるものを用意しておく。 ○データは各グループに自由に処理させ，数グループにその結果を発表させる。紹介した処理方法については価値づけを行い，賞賛する。 ○生徒から人の移動がわかる流線図の処理方法が出ない場合は，教師作成の主題図を使って，処理方法を提示する。 ○徳島からどこに多く移動しているかを問い，示した方法でデータを処理させる。 ○四国のつながりを示すため，香川東部，高知，松山からの移動に関する主題図を提示する。
4 ストロー現象に関する四国の特色について語り直す。 （個人→全体）	・四国は，大橋開通以後，人口移動から見て一層その結びつきが強くなっていることを特色として表現できる。 ・教科書の記述はこのままでいいのかを考えている。	○考えが変容している生徒を紹介する。 ○時間がある場合は，確認した結果から教科書の記述についての賛否を問い，それぞれの意見を発表させる。

(3)　授業の実際の様子

T1：吸い寄せられるとは？

S1：移動。移住。

T2：どちらから検証する？

S2：移動の方が調べやすそう（T：1990 年と 2010 年のプレートを貼る）

T3：なんでこの２つを出したか？

S3：開通前と開通後や（T：1998 年のプレートを貼る）

T4：今日は徳島だけを中心を検証しよう。さっき田村君が言うとおりに…。(※国交省の専門家に問い合わせてデータをもらうと発言）今からお渡しします。

資料１・２

徳島（徳島市と鳴門市を含む地域）から目的地へ移動した人の数

資料１ 平成2年（１９９０年）　　（単位：万人／年）

目的地 / 出発地		大阪 大阪	大阪 堺	大阪 東大阪	大阪 豊中	兵庫 神戸	兵庫 尼崎	兵庫 播磨	兵庫 淡路	徳島から移動した人数の合計
徳島	徳島	34	10	9	9	12	11	6	72	491

資料２ 平成２２年（２０１０年）　　（単位：万人／年）

目的地 / 出発地		大阪 大阪	大阪 堺	大阪 東大阪	大阪 豊中	兵庫 神戸	兵庫 尼崎	兵庫 播磨	兵庫 淡路	徳島から移動した人数の合計
徳島	徳島	19	9	5	6	16	6	3	10	559

T5：徳島を出発点として，横が目的地，大阪と神戸は大都市やな。それ以外にある？

T6：この中で，（徳島にとって）大都市は？

S4：（様々な都市名を言う声）神戸，堺

S5：淡路。

S6：淡路は大都市と違うやろ。

T7：吸われているか，吸われていないかを確かめるために，人の変化をわかりやすい地図で表現してください。

T8:大都市へ人が移動しているのをわかりやすく，地図に落としてください。用紙は２枚あります。１枚でも大丈夫です。どちらでもかまいません。ただし，徳島から４つの地域からですよ。前に必要なものがありますからお渡しします。自由に使ってください。

多様な表現①

T9：どれくらいでできそう？

S7：15分！！

（S：地図を取り出し作業にかかり，どのような地図を作るか，話し合っている。比較して，移動人数が増えている点についても確認している。）

（T：適宜補足説明「あと，割合出したいところは計算機もあるよ。」）

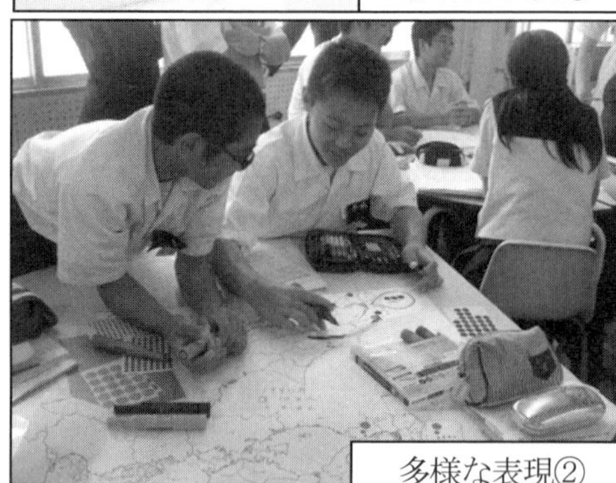
多様な表現②

T10：作業してみてわかったことある？

中略

S11：結論から言うと，移動はそんなに変わっていない。橋の開通前と開通後ではむしろ減っている。

T11：吸い寄せられ…

S12：いるとは言えない。

T12:みなさんどうでしたか？いるとは言えない？いる？いない？

S13：（ぼそぼそ）・・・・・・。

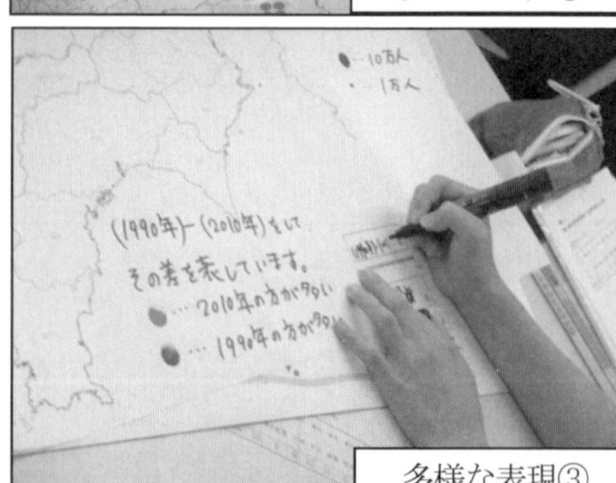

多様な表現③

T13：何で確信持てないの？これ（移住の点から）がクエスチョン？

専門家に聞いた資料をお配りします。（T：プリント配布）

T14：今からこれをグラフ化してください。何グラフに？

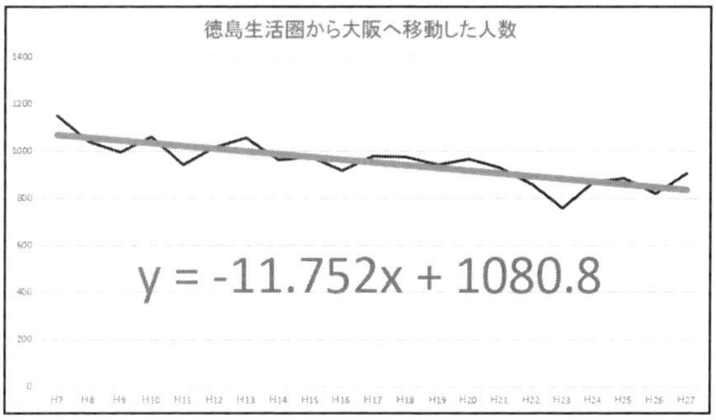

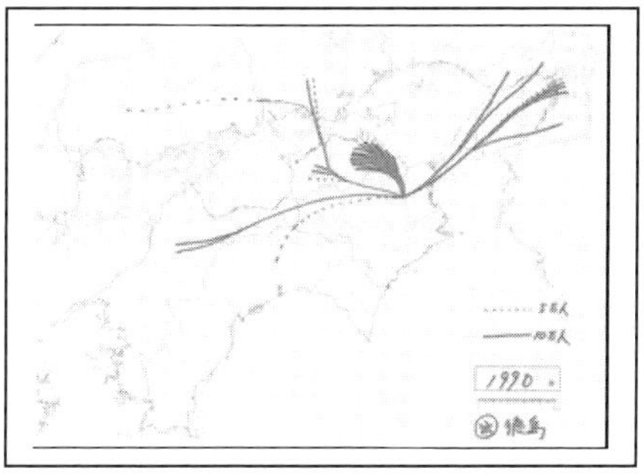

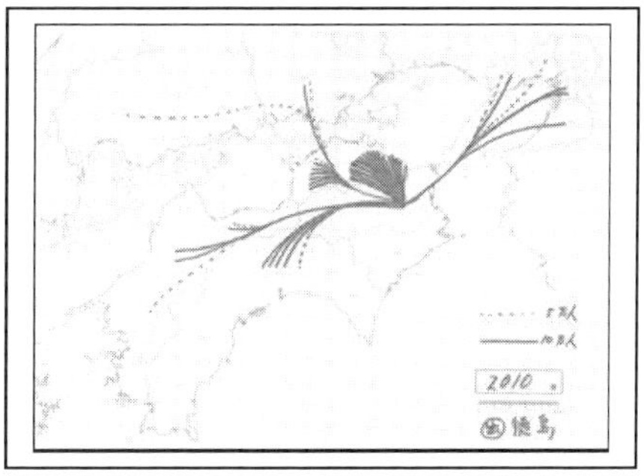

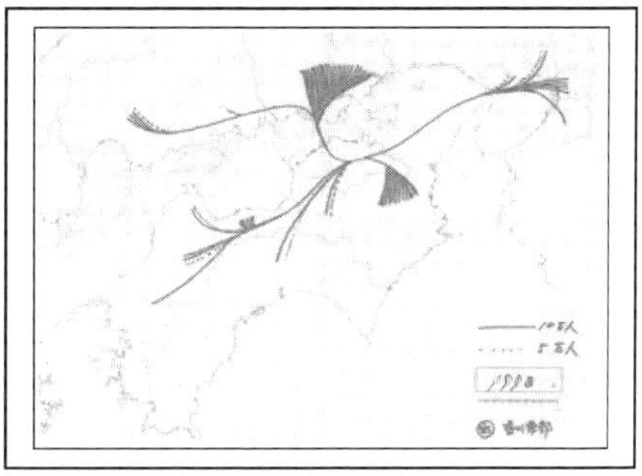

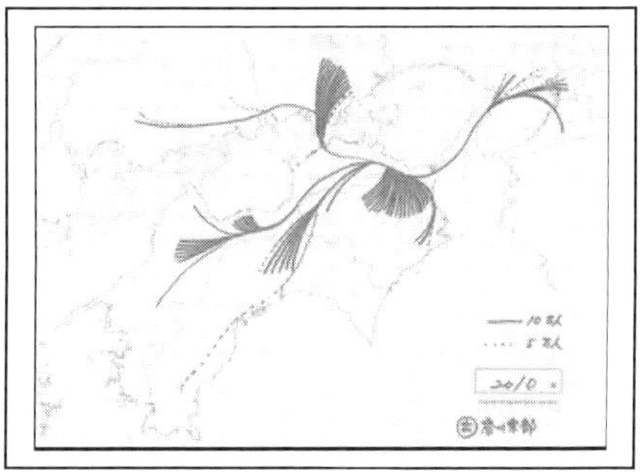

S14：折れ線グラフ！
（S：作業中）
T15：（近似直線がある場合とない場合の資料を提示し）補足説明
T16：吸い寄せられ…いる？いない？
S15：いない。
T17：気になっていることがあるんだけれど。みんなさっきは移動した人数が増えていると言っていたのに，徳島の人たちはどこに移動しているの？」
（S：班で予想している）
T18：どこにいったの？
S16：東京！
S17：京都！
S18：四国？（笑い声が起きる）
（T：プリント配布）
S19：何で香川なん？香川何もないやん。
S20：近いから？
（S：ざわざわ）
T19：少し前を見て。先生はこうしてみたんです。
（T：資料を提示）
S21：高知にも…。
T20：近畿には減っているの，わかる？
これって徳島だけだよね。香川ってどうだと思う？
（S：ざわざわ）（T：資料を提示）
S22：徳島や～
T21：徳島にもまあまあ移動しているけれど
（T：資料を提示）
S23：徳島や！
S24：岡山減っている！
T22：（生徒が考えた特色「交通網の整備によってストロー現象の起こる四国」を貼りながら，）どうする？
（S：ざわざわ）
T23：そこの班，どうぞ。
S25:交通の発達により四国の中でつながりが深まる四国
S26：ほ～
T25：そこの班。
S27:今までは，教科書とかにデータがたくさんあるので，決めていたんですけれど，よく深く考えたり，他のデータを見て自分たちで検証したりしてみて，ちょっと信じがたいな・・みたいな。
T26：何が信じがたいの？
S28：ストロー現象が起こっているのかが。
T27：他の人は？
S29：デマでした。
T30：何がデマ？
S30：ストロー現象が起きているのはデマでした。
（S：笑い）
T31：（特色を指しながら）あなたたちが考えたんでしょう？
S31：教科書が悪いです。
（S：笑い）
T32：教科書が悪いの？じゃあどうするの？
S32：出版社にクレーム？
T33：質問したらどう？
（S：うなずく生徒が多い）

(4)　授業を振り返って

①　クリティカルに聴くことと問うことについて

Q：お互いによりよくしようと聴いたり問うたりすることはできましたか？（n＝７６）

4（はい）	3	2	1（いいえ）
9人	16人	1人	0人

・いろいろな意見があり，わかりやすくしようと話し合いもできたから。
・話し合ってすごく充実してたと思います。
・みんなで意見を出し合って相談できて違う意見や違う表し方など，自分とは違うものを見られたのでよかった。

単元の中に，地図化する場面と巡検コースを決定する場面を組み込んだため，班内では必然的によりよくしようと聴いたり問うたりする状況になったと考えられる。多くの生徒が自分たちの処理方法を改善しようと，他の班の方法を取り入れたいと思い，活動していたと言える。

②　教科で育成しなければならないものについて

Q：データから地図化する作業は，自分にとって意味や価値はありましたか？（n＝７６）

4（はい）	3	2	1（いいえ）
56人	19人	0人	1人

・地図化することによって分かりやすく表そうと自分たちなりに考えたから。
・地図化することで，ぱっと見てわかったり，改めて，頭の中が整理することができたから。
・自分の知らないことに気づくことができたから。
・これからデータを他のものに変えるということはあると思うので，あってよかった。
・地図化するのは，何回かやったけれど，一番楽しかったです。自分たちで凡例を考えて地図を作ったので，分かりやすかったです。
・この作業は社会科以外でも使えると思ったから。
・データだけではわかりにくかった人の動きなどがよくわかった。

・これをつかうことはないだろうから。
・先生がこうしろって言うんじゃなくて，どうしたら見やすいのかというのを自分たちでするのがよかった。

今の社会科地理において「生のデータの処理し，自分の力で新しい地域像を発見する楽しさ」を生徒に味わわせることは，生徒を主体的に取り組ませる上で，非常に有効であることがうかがえる。主体的に取り組むことで，題材に対する新たな気づきや実感を伴う深い理解にもつながると考えられる。

③　語り直しについて

６時間目の最後に，特色を見直すかどうか，生徒に問うた。このことで，他の特色も正しいのかを見直そうとする生徒も見られ，自己の学びの語るきっかけになった。

生徒の「ものがたり」より

・ストロー現象を批判的に見てみると違うものがみえてきたので，残りの 11 個の特色も本当なのかチェックしようと思う。
・私たちが考えた四国の特色の中に「過疎を防ぐための町おこし」というのは，全国の特色とした方がいいと思います。四国に住む一員としては，やっぱり四国八十八カ所や本州とのつながりがつよくなった特色が一番いいかなと思いました。

また，自分の学びを振り返させるため，教科書会社に質問の手紙を書きたい者は，書いてくるように用紙を渡した。左記に質問文の例を挙げる。

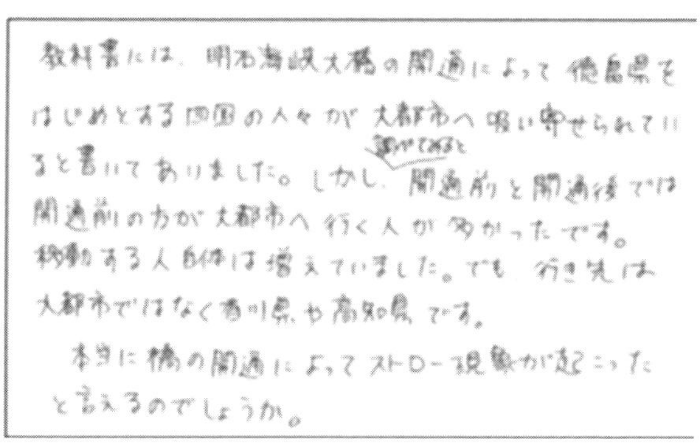
教科書には、明石海峡大橋の開通によって徳島県をはじめとする四国の人々が大都市へ吸い寄せられていると書いてありました。しかし、調べてみると開通前と開通後では開通前の方が大都市へ行く人が多かったです。移動する人自体は増えていました。でも行き先は大都市ではなく香川県や高知県です。
本当に橋の開通によってストロー現象が起こったと言えるのでしょうか。

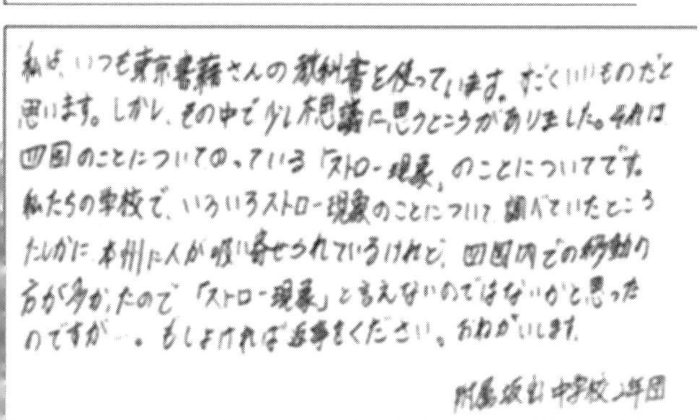
私は、いつも東京書籍さんの教科書を使っています。たくさんいいものだと思います。しかし、その中で少し疑問に思うところがありました。それは四国のことについてのっている「ストロー現象」のことについてです。私たちの学校で、いろいろストロー現象のことについて調べていたところたしかに本州に人が吸い寄せられているけれど、四国内での移動の方が多かったので「ストロー現象」と言えないのではないかと思ったのですが…。もしよければ返事をください。おねがいします。
附属坂出中学校2年[illegible]

単元最後には，班内で巡検コースを考えさせ，自分の四国観の語り直しをしないとコースを決めることができない場面を設定した。このように四国の一員として語り直しさせることで，自分の文脈がつむがれ，新たな社会的自己の獲得にもつながっていると言える。

Q：「四国に住む一員」として，学習出来たか？（n＝７６）

4（はい）	3	2	1（いいえ）
49 人	17 人	9 人	1 人

【４・３の生徒の理由】

・四国がどのような状態にあるかわかったから。
・四国だから知らないと恥ずかしいなと思い，学習していたから
・四国のいろいろな傾向について真剣に考えることができたから。
・教科書を鵜呑みにせず，データを見ながら本当かどうかを確かめたから。

・自分の身近で起こっていることとして考えられたと思うから
・当たり前だと思っていたことがそうじゃなかったりしてすごくおもしろいなあと感じることができて，四国で住んでいてよかったと思えてきたから。
・自分の大切な故郷だから
・身の回りのことを考えるようになった
・香川県をどう盛り上げなくてはならないか，自分に何ができるのか，等を考えることができたから
・今回の授業は「四国民」としての意識を底上げするものだったと思います。
・勝手な先入観をもってほしくなかったので，一生懸命考えました。
・田舎の四国という考えをもっていたけれど，「たくさんの魅力がある四国」という考えに変わったから

【２・１の生徒の理由】

・はじめはあまり四国のことを知らないでいたから。
・他の地域のことのように考えて勉強していて，あまり自分たちの住んでいる地域のことは意識していないから。
・自分の住むところの長所はよくわからない
・四国よりも近畿の方に興味がある。（※近畿から引っ越ししてきた生徒）

④ものがたりの分析

社会科「ものがたり」　分析の視点
1　教科の言葉を使って語られているか
2　１をもとに，自己の社会認識（地域観，時代観，制度観など）の変容や新たな筋立てが語られているか
3　２をもとに，新たな社会的自己が獲得されているか

２の視点「四国の特色を違う視点で捉え直し，自分の四国らしさの変化が見られた」

→90 人（n＝100）

３の視点「四国の特色を違う視点で捉え直し，自分の四国らしさの変化が見られ，かつ四国に住む一員としてこれからの方向性を記述できている生徒」→47 人（n＝100）

であった。四国に住む一員として学習出来たと答えた生徒の中にも，これからどうあるべきかと書けていない生徒も見られた。

【生徒の「ものがたり」の例】

・多くのことを語れるくらい「四国の一員」になれました。また，その特色は，他の地方に同じようなものはない四国だけの特色であることにも気づけました。今後は，四国の問題を解決出来るような考えを生み出せるように，正しい知識を取り入れるべきだと思います。ストロー現象のように，自分で確かな事実を探し出して，知識を蓄えていきたいと思います。
・私は最初，四国地方とは「四国八十八カ所や城など趣のある地方」だと思っていた。ところが，今では「環境過疎化が進んでいるが，諸産業が成り立っている地方」だと考えるようになった。このまま過疎化が進んでいけば，「人口が減少し，かつての都市もその栄光を見せることはなくなった地方」になり，最終的に「落ち着いた環境を求め，様々な人が観光目的できる，日本有数の別荘地帯」となってしまうのだろうか？そうなることを防ぎたいが，自分一人ではできることは少ない。しかし，周囲の人々と協力して，「四国離れ」を防ぐ方法を考えたい。
・今回は「四国地方に住む一員」として考えたけれど，これから大人になり，もし四国地方以外に住むことになったとしたら，また，その場所に住んでいたときは違う見方ができ，新しい特徴が

見つけられるかもしれないなと思いました。また，何歳になっても，四国は私の生まれた場所に代わりありません。

⑧授業アンケート

4（はい）	3	2	1（いいえ）
30人	9人	1人	0人

Q：研究授業は夢中になって考えることができましたか？（n＝40）

・４人で自由に意見を出して，シンプルに地図を作ることができた。いつもはあまり気がつかないような方法も４人いたおかげで，よいアイデアが出て，いい授業になったと思う。
・普通の授業で習ったことを研究大会であたりまえのように使えたことはよかったです。地図に描く作業では，自分たちなりに考えて，発表したりもできたのでよかったです。
・資料を自分たちで考えて作ったので，楽しかったし，ストロー現象が起こっているかいないかについても深く考えることができたと思います。班によって作っているものが全然違っておもしろいなと思いました。
・自分たちで凡例などを考えて描いていったので，おもしろかったです。でも割合の考え方が少し(変えたいなと思ったので考えたいです。
・四国の中で，なんでつながりが深まったのか知りたいです。
・地図をわかりやすくつくるために，いろいろとしっかり考えられました。かなり考えが深まったと思います。
・とても濃い時間でした。
・難しかったけれど，作っている時は楽しかったです。
・徳島の人が香川にたくさん来ていることには驚きました。理由が讃岐うどんぐらいしかわからないので，どうしてなのか調べていきたいと思いました。
・教科書にのっていることと真逆のことだったので，びっくりしました。地図を完成させるときに，もっと違う見方をすれば簡単にできたかなと思いました。

（２）成果と課題

【成果】

○　新たな社会的自己を獲得するための単元構成や社会的事象に対する差異を生み出す学習課題の設定により，社会的自己を獲得するきっかけになった点では効果があったと言える。

○　社会的事象に対する見方や考え方，現代社会や自己に対する見方や考え方に新たな筋立てが生まれた記述がみられ，社会的事象を学ぶことの意味や価値を表現している生徒が見られた。

○　教科の本質的な意義を踏まえた単元構成にすることで，主体的に取り組む生徒が多く確認出来た。

【課題】

●　社会的自己を獲得するきっかけになったが，四国の一員として今後の方向性を書けない生徒が半数以上いた。台湾の先生に紹介することと四国の一員としての意識が高まることには関連があまりないことが原因である。常にそれぞれの社会の中の一員であることを自覚した上で，意思決定し，合意形成をはかることのできる単元開発が必要である。

●　教師が何を育てたいのか教師の教育観の見直し，語り直しのさせ方を明確にしておく必要がある。ものがたりの授業には「学び」と「育ち」両方が込められていないと成立しないことを自覚する必要がある。

（山城　貴彦）

第５章　物語って，歴史を学ぶ意味や価値を実感させ，民主社会の形成者の育成につなげる社会科授業

1　はじめに

私たちが生きている現代とは，どのような時代か。私たちが暮らしている地域には，どのような特徴があるか。高度に情報化し，インターネットで検索すればすぐに知りたい情報が手に入る私たちにあって，これらの問いにどれほどこたえられるだろうか。社会科は，発足当初から「公民的資質」を備えた，民主社会の形成者を育成するという目標観に立つ教科である。そのような民主社会の形成者を育成するためには，「現代とは，どのような時代か」，「自分の住む地域には，どのような特徴があるか」，つまり，「今・ここ」を捉えさせることができないと，今後の未来社会を形成していくことはもとより，その方向性を構想することすら困難だろう。このような，自己の生きる「今・ここ」に対する社会的認識を「社会的自己」と定義する。

では，どのようにすれば「社会的自己」を捉えられるのか。その手がかりが，社会科で学ぶ社会的事象である。つまり，世界や日本の諸地域（横軸），過去の歴史（縦軸），現代の諸制度（原点）におけるさまざまな人々の営み（社会的事象）を学ぶことで獲得される社会認識が，自己をうつす鏡となり，それまで漠然としていた「社会的自己」の捉え直しにつながると考える。（各分野における社会的事象と「社会的自己」の関係は，以下のようになる。）

○地理的分野…さまざまな地域での社会的事象から、自分たちの地域を捉え直す
○歴史的分野…さまざまな時代での社会的事象から、自分たちの時代を捉え直す
○公民的分野…現代におけるさまざまな社会的事象から、自分たちの社会を捉え直す

歴史学習では，歴史的事象を学ぶこと自体が目的化しやすい。しかし，それは手段である。歴史的事象を学ぶことで獲得される歴史認識によって，生徒の「社会的自己」が捉え直されることで，自分が今生きている時代の文化や制度，問題などが絶対的なものではなく，変わり得るものとして相対化できる。そのことで，生徒は歴史と現代・自己とのつながりを見出し，歴史を学ぶ意味や価値を実感するとともに，よりよい社会とはどうあるべきかを自ら考える民主社会の形成者へと育っていくのではないかと考えた。

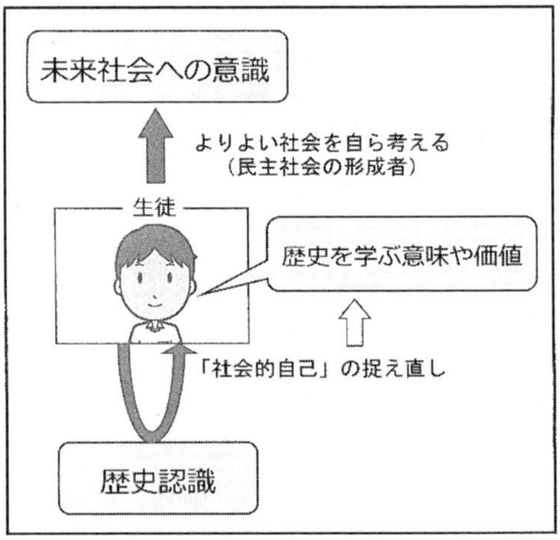

歴史学習のあり方

しかしまた一方で，民主社会の形成者に求められる資質・能力も時代とともに変化している。「人・もの・カネ」のグローバル化と国内外の経済格差の拡大およびそれに伴う民衆の分断，地球環境問

題の深刻化，高度情報化および人工知能に代表される科学技術の急速な発展などを背景とした現代社会の大きな変化の中で，今後ますます突きつけられるのは，「豊かさとは何か」「国家とは何か」「政治・経済，および社会はどうあるべきか」「そもそも人間とは何か，どうあるべきか」といった，本質的な問いである。そういった本質的な問いに対するこたえを，人工知能に頼ることなく，価値観や宗教，文化，立場や利害の異なる他者と協働して模索し，つくりあげていく姿勢こそ，これからの民主社会の形成者に最も求められる資質・能力ではないだろうか。

２　研究の柱

歴史を学ぶ意味や価値を実感させ，民主社会の形成者の育成につなげるために，以下の３点を研究の柱とした。

(1)　確かな歴史認識を自ら主体的に構成し獲得すること

(2)　立場の異なる他者と協働して，こたえを模索する学びの場を設定すること

(3)　単元を通して獲得した歴史認識から，「社会的自己」が捉え直されること

研究の柱(1)～(3)のそれぞれについて，具体的な手立てを，次のように考えた。

研究の柱(1)　確かな歴史認識を自ら主体的に構成し獲得すること

【手立て１】歴史的事象に対する自分の考えを構成し他者と語り合う場を設定する

歴史学習において生徒が何らかの歴史認識を獲得する場合，それが受動的な形態（例えば教師が教えこむ形）でなされると，生徒は獲得された歴史認識に意味や価値を見出すことは少ない。歴史を学ぶ意味や価値を生徒に実感させるためには，歴史認識を生徒自らが主体的に構成し獲得するようにする必要がある。そのためには，単元や授業展開の中で，歴史的事象に対する自らの考え（価値判断や選択）をもたせる工夫が有効である。なぜなら，自らの考えをもつためには，必然的に自分で学んだ事実を構成し，自分なりの歴史認識を構築しなくてはならないからである。さらにここで，自らの考えを他者と語り合う場を設定する。そうすることで，互いに構成されていた歴史認識が擦り合わされ，より確かな歴史認識が再構成されていくと考える。

【手立て２】２段階の問いと対話の土俵の限定によって，問い合い，語り合える場を設定する

まず，２段階の問いについて説明する。第１の問いは，ジレンマを含んだ立場が分かれる問いの設定である。立場が分かれる問いを設定することで，一般的な歴史的事象に対する考えに個人性が生まれ，生徒自身の主体性につながる。また，最初から「なぜ？」と問うよりも答えやすく，歴史が苦手な生徒も参加しやすい。さらに，ジレンマを内包させることで，一方を選択するともう一方が必然的に不都合な結果になり，切実性が高まる。第２の問いは，協働をしかける問いである。第２の問いによって，第１の問いによって分かれた異なる立場を超えて話し合わざるを得ない状況をつくりだす。そうすることで，異なる他者と協働してこたえを模索していく難しさや達成感を生み出す。そのために，学習前後の生徒の立場や考えを把握し，異なる立場の生徒が同じグループ内にいるように生徒を配置する工夫も行う。

次に対話の土俵の限定について説明する。異なる立場同士が互いの意見を認め合うだけでなく，問い合い，語り合える場にするために，対話の土俵をこれまでに学んだ歴史認識と単元で取り上げた資料及び事実に限定する。そうすることで，根拠にもとづいて相手に対して問うたり，説得しようとしたりできるようになると考えた。

研究の柱(3)　単元を通して獲得した歴史認識から，「社会的自己」が捉え直されること

【手立て３】　時代や地域が変わっても通用する普遍的なテーマを設定した単元構成

歴史的分野で「社会的自己」を捉え直すためには，異なる時代における特殊性に対する社会認識を獲得する一方で,「今」を生きる自己につながる一般性が必要である。その異なる時代と「今」を生きる自己とをつなげるのが普遍的なテーマである。例えば，室町時代に東アジア海域で倭寇が活動していたという歴史的事象を取り上げる。倭寇の構成員は日本人，高麗人，中国人など諸民族を含んでおり，構成員の意識や活動範囲は，現代的な国籍や国境線で理解できるものではない。ここで，この歴史認識のみを取り上げると，異なる時代の特殊性（「昔は今とちがうのだな」）の認識だけに限られてしまう。しかし,「国境とは何か？」という時代が変わっても通用する普遍的なテーマから単元構成し，その単元の中で室町時代の倭寇を取り上げていくことで，時代やそのときの国際社会のあり方によって国境の概念が変わること，現代における国境線が近代以降の産物にすぎないことなど「今」を相対化できるとともに,「では，未来の国境は？」という未来社会の形成につながる問いも立てられるのではないだろうか。

【手立て４】　歴史的事象と今をつなぐ現代的文脈を組み込んだ単元構成

現代的文脈とは，歴史的事象に備わっている様々な側面のうち，現代的な意義や現代とのつながりを意識させる側面のことである。歴史の授業で扱う題材は，すべて過去の出来事であり，生徒の生きる現代社会とは価値観や制度，環境など様々な面で異なっている。それだけに，生徒は学んだ歴史的事象を知識として暗記しようとするだけで，歴史的事象をふまえて自分たちの社会を見直そうとしたりしない。しかし一方で,【手立て３】で述べたように，歴史的事象と現代社会における事象は，普遍的なテーマでつながりを見出すこともできる。そこで，授業で扱う歴史的事象とつながった現代社会における事象を単元の中で取り上げることで，生徒は現代とのつながりをより意識できるようになり,「社会的自己」を捉え直すことにつながるのではないかと考えた。

３　授業実践（中学２年歴史的分野　単元名：忠臣蔵裁判～近世確立の物語～）

1)　単元について

2015年，我が国は戦後７０年をむかえた。新聞やテレビなどの各種メディアでは，様々な特集が組まれ，７０年前に終結した戦争の惨禍を再び確認するとともに，これからも戦争のない平和な時代が続くことが望まれている。一方で，９月には安全保障関連法案が成立するなど，我が国の安全保障体制は大きな転換期をむかえている。薄れつつある戦争の記憶の中で，これからの国民には，国家としての安全保障のあり方が問われていくことは間違いない。

我が国の歴史に目を向けると，２００年以上大きな戦乱が起こらなかった時代がある。江戸時代である。芳賀徹氏により「徳川の平和」(Pax Tokugawana パクス・トクガワーナ）とも表現され，世界史上でもまれな「平和」な時代とされている。江戸時代の前近代的な統治体制や領民統制，身分制にもとづく社会のあり方，村社会における生命の不安定性などを鑑みると，現代人の考える平和とは大きな隔たりがあるが，しかし一方で，このまれな「平和」の時代を歴史に持っていることは，現代の私たち日本人にとって，計り知れない治安文化遺産ともなっているのである。

では,「徳川の平和」は，どのようにして実現されたのか。従来は，江戸開幕から三代将軍家光にいたるまでの初期における統一的枠組みの構築から考えられてきた。しかし一方で，武断政治の限界

が見えはじめ，四代将軍家綱の時期から文治政治への転換がはかられるなど，必ずしも初期の枠組みの構築だけで「徳川の平和」が実現できたわけではなかった。その「徳川の平和」，いわゆる近世社会を「確立」させたのが五代将軍綱吉の時期だった。五代将軍綱吉の時期には，いわゆる「生類憐みの令」，全国規模の「鉄砲改め」などが実施され，江戸時代になってなお残っていた中世の気風が改められていった。さらに，武家諸法度第一条の改定がなされ，幕府の支配論理を「武力」から「思想」へと転換させていった。この綱吉による中世の気風の改め，さらには支配論理の転換は，武力による自力救済（中世社会）への「決別」であり，思想による公権力の一元支配（近世社会）を「確立」（＝「徳川の平和」の実現）させていくことにつながっていくのである。そして，この支配論理の転換期に起こった事件が赤穂事件である。主君への忠義をはたした大石はじめ四十七士（うち１名は事件後行方不明）をどう裁くのか。これは，彼らの行動を幕府が推奨していた忠義として認めるか，徒党を組んだ暴動として処罰するのかの選択であり，また，自力救済（中世）か公儀の法（近世）かの分水嶺となった象徴的な選択でもあったと考える。

以上から，この歴史の学びを通して，我が国の伝統と文化の特色や価値について改めて考え直すことができ，歴史上の人物の選択や過去の人々から脈々と文化が受け継がれてきたことが現代の自分たちの時代（文化）につながっていることを実感でき，歴史を学ぶ意味や価値の実感につながるのではないかと考える。

2)　生徒の実態

１学年の生徒 120 名（男子 62 名　女子 58 名）のうち，歴史を学ぶことが好きな生徒は 88 名と多いが，一方で歴史を学ぶことに意味や価値を感じない生徒は 11 名いる。意味や価値を感じない生徒の理由としては，「将来や生活に役立ちそうにない（6 名）」「今とのつながりが分からない（3 名）」「白紙（2 名）」であり，過去にあった出来事が現代の私たちの生活や文化を形づくっているという実感を持てていないと考えられる。学習前の生徒の考えとしては，「二百年以上の『徳川の平和』が実現したのはなぜか？」に対しては，「鎖国をしていたから（42 名）」，「大名配置や参勤交代（30 名）」，「幕府の強い勢力，厳しい支配と処罰（21 名）」「武家諸法度などの法律や制度の整備（18 名）」であり，大半の生徒が江戸幕府初期における統一的枠組みの構築から考えている。

3)　単元の目標

・それまでは，江戸開幕から三代将軍家光にいたるまでの初期における統一的枠組みの構築から近世の確立を物語っていたが，赤穂事件に対する徳川綱吉の決断について，特に公権力の確立と自力救済の否定という観点から語り合うことを通して，幕府の裁定が近世の確立に与えた影響について気づく。
・徳川綱吉の決断に対する新たな気づきから，自己に引きつけて為政者の決断の重みを実感したり，近世と結びつけて現代日本を語り直したりすることで，歴史を学ぶ意味や価値を実感する。

4)　単元計画

時間	**学習課題（中心の問い）**と学習内容（・）
1	**今から 130 年後（西暦 2146 年）まで，日本は戦争しない国であり続けられるか？** ・戦後 70 年をむかえた現代日本と「徳川の平和」を比較し，その長さを実感する。 ・中世や戦国時代の資料をもとに，江戸時代が日本の治安文化の形成にはたした影響を考える。
2	**二百年以上続いた『徳川の平和』は，どのようにして実現されたのか？** ・石高制，幕藩制，身分制，鎖国制などから江戸時代初期における統一的枠組みの構築が「徳川の平和」にはたした役割を考える。

3	**どの将軍の時に,『徳川の平和』が確立したのか？** ・島原・天草一揆や由井正雪の乱にふれ，江戸幕府開幕以降も決して安定していなかったことに気づく一方で，貨幣経済の起こりによる元禄期の諸産業の発達や経済成長をそれと対比させることで,「徳川の平和」にとっての元禄期に着目する。
4	**元禄期の将軍，徳川綱吉がめざした世の中とは？** ・５代将軍綱吉が行った政策（「生類憐みの令」「鉄砲改め」や武家諸法度第１条の改訂など）を前の時代の社会状況と比較しながら考え，文治政治への支配論理の転換が幕藩体制の維持にはたした役割に気づく。
5	**元禄に起きた赤穂事件とは，どんな事件だったのか？** ・実際の『忠臣蔵』(2004年・テレビ朝日）のドラマ映像をダイジェスト形式で視聴し，赤穂事件の概略と綱吉の選択を知る。
6・7	**元禄に起きた赤穂事件！あなたは，四十七士を助命にするか？厳罰にするか？** ・『葉隠』を通しての「武士道」から，武士身分の特権としての武力は，どのような形で制約され，あるいは発揮されるべきと考えられていたのかを理解する。 ・喧嘩両成敗の考え方とそれが採用された事例や殿中刃傷の先例の検討を通して，松の廊下での刃傷事件についての自分なりの見解を考えさせる。 ・仇討ちの諸相をもとに，仇討ちが成立するか自分なりの見解を考えさせる。また，当時の人々は仇討ちとした理由を考え，世論では忠義が重んじられ高く評価されたことを理解する。 ・武家諸法度第５条では，徒党を組んだ暴動が禁じられており，違反した者は厳罰に処されることを理解する。
8 本時 家庭 学習	**武家諸法度第１条と第５条，どちらを優先すべきか？** ・四十七士の行動を，忠義をはたした行動とするか徒党を組んだ暴動とするか語り合うことを通して，公権力の確立と自力救済の否定のジレンマに気づかせ，綱吉の裁きが近世の確立に与えた影響を考える。 ・近世の確立を自己に引きつけて語り直し，歴史を学ぶ意味や価値を物語る。

5) 授業の実際

第１時：今から130年後（西暦2146年）まで，日本は戦争しない国であり続けられるか？ 手立て４

授業前の休み時間に本時の学習課題を板書しておいた。すると，生徒から「中途半端！なぜ130年？」「絶対，戦争するやろう」などと休み時間中ではあるが様々な質問や感想が出た。授業開始と同時に，周囲と２分程度話をさせ，意見を発表させた。人数としては半々で，集団的自衛権など現代の日本の安全保障をめぐる問題も生徒の発表の中にあった。その後，１枚の写真（外国人が自動販売機と記念写真をとっている様子）を紹介し,「この人は，観光客です。何をしているの？」と問い,外国では自動販売機が密集しているのは珍しいこと,それだけ日本の治安がいいのではないか,ということに生徒は気づいていった。その後，ＵＮＯＤＣ（国連薬物犯罪事務所）による世界の殺人発生率のデータやイギリスの雑誌エコノミストによる2015年版安全な都市ランキングを紹介しながら，現代日本の治安のよさを生徒と確認した。次に「いつから日本の治安はいいのだろう？」と問い，生徒に予想させた後で，室町時代の事例（清水克行『喧嘩両成敗の誕生』講談社，2006，12〜15頁）や織豊時代の事例（磯田道史『歴史の読み解き方』朝日新書，2013，75〜76頁）を紹介し，200年以上続いた江戸時代の平和がもたらした治安文化の影響が少なくないことを確認していった。そして,「2016年＋（200−70）＝2146年」と板書し，徳川の平和と現代日本の戦後70年の平和を年数で比較することを通して，現代とつなげて考えさせた。

最初，江戸時代が200年続いたと言われても，「たった二百年」と思っていたけれど，今日の授業を終えて，「二百年って長いな」と思いました。二百年以上続いた江戸時代はすごいと思います。本当に，今に残してくれた遺産だなと思いました。もし，江戸時代がなかったら，現代は，治安が悪くなっているかもしれないなと思いました。だから，
平和は簡単に手に入るものではなかった。それを考えると，二百年以上続いた「徳川の平和」がどれくらいすごいかとてもよく分かった。
200年以上，あわよくばそれ以上ずっと平和がつづいてほしいです。私たちがそういう平和な社会をつくりつづけないといけないのかなと思います。

左記は，第１時後の生徒の感想である。

生徒の感想から，現代的文脈を単元に組み込み，現代と置き換えて考えてみることで，歴史的事象（徳川の平和）に対する捉えが，より生徒の実感に近づいたものになっているように思う。また，これからの未来について考えることで，生徒の当事者意識も高まっていることが分かる。

第２時：二百年以上続いた『徳川の平和』は，どのようにして実現されたのか？

導入として，豊臣政権と徳川政権のそれぞれが持続した年数を長さで表した線を黒板に書き，徳川政権の長さについて改めて生徒と確認した。次に「豊臣と徳川は，何が違ったのか」と問い，グループで３分程度話し合わせた。生徒からは「跡継ぎにめぐまれなかった」ことや「もともとの身分が低くて信頼されていなかった」ことなどが意見として出された。既習事項にもとづく意見を賞賛しながら，黒板に「人→組織」と書いて，再びグループで話し合わせた。そして，徳川政権は，よりいっそう組織（支配体制）を固めていくことで人が変わっても崩れなかったことを確認していった。その後，具体的な江戸幕府の組織について，幕府のしくみ，大名統制，人民統制の３つの視点から確認した。最後に，幕府による全国的な武士の主従関係の完成を図示し「大名や武士はなぜ幕府に従うのか」と問うた。生徒は，武家諸法度を違反した場合は改易や転封，減封，斬首や切腹の場合もあることから，武力にもとづいた主従関係であったことに気づいていった。

大名統制ともいえる，武家諸法度をつくり，参勤交代をさせて，主従関係も表した。
徳川は，主従関係をはっきりさせた。
徳川家がつくりあげた組織はたしかにすごいけど，武力を背景に成り立っていると思うと悲しいです。今の世は武力で統制する考えを日本は持っていないけど，いつ武力でものを言うかわかりません。徳川家が組織を完成するために何人の人が苦い想いをしたのでしょうか。それを考えると痛ましいですが，これを背

左記は，第２時後の生徒の感想である。

第３時：どの将軍の時に，『徳川の平和』が確立したのか？

導入として，まず徳川15代将軍全員の肖像と在位期間を資料として配布し，名前を調べさせた。そして，本時の課題「どの将軍の時に，『徳川の平和』が確立したのか？」と問い，グループで話し

合いながら，予想させた。生徒は，３代将軍の家光をあげる生徒が多く，次いで８代将軍吉宗が多かった。家光をあげた理由としては，武家諸法度や参勤交代などで制度をしっかり定めていったことをあげていた。その後，「江戸幕府の成立以降，戦争や反乱はなかったのか」と問い，資料集の年表を調べさせた。資料集から生徒は，1637 年の島原・天草一揆や 1651 年の由井正雪の乱，1702 年の赤穂浪士の討ち入りを見つけ，多くの生徒が予想していた家光の時代も，まだ安定していなかったことに気づいていった。また，1702 年の赤穂浪士の討ち入りから 1837 年の大塩平八郎の乱まで大きな戦乱が起こっていないことから，授業の最初に配った徳川 15 代将軍全員の資料とも照らし合わせ，1702 年時点の将軍が徳川綱吉であること，綱吉以降に戦乱が起こっていないことを確認していった。その後，教師から綱吉の時代を元禄と呼ぶこと，貨幣経済が広まり，諸産業が発達する一方で，荻生徂徠『政談』の一説を紹介し，武士の主従関係が次第にうすれていったことを確認した。

徳川家光の時代にも乱が起こっていたことから
まだ少し「完全な平和」とはいえないことが分かった。しかし，

武士の主従関係はうすれていたんだなと思いました◎主従関係がくずれてくると，下克上がまた出てきそうだけど，幕府はどのように対応したか知りたい。

左記は，第３時後の生徒の感想である。

「徳川の平和」は，もちろん徳川綱吉だけで達成したわけではない。しかし，やはり生徒の考えでは，開幕から三代将軍家光にいたるまでの初期における統一的枠組みの構築から「徳川の平和」を説明づける考えが多かったことが実践や生徒の感想で見とれた。また，武士の主従関係のうすれが再び下剋上の世の中をもたらすのではないかという生徒の気づきも見られ，歴史的事象を捉える因果関係の視点を次時の冒頭で賞賛した。

第４時：元禄期の将軍，徳川綱吉がめざした世の中とは？

徳川綱吉がめざした世の中を，①生類憐みの令②かぶき者の処罰③鉄砲改め④武家諸法度第一条の改定の４つの政策から考えた。４つの政策の意味や意図を資料にもとづいて生徒とともに考えていく中で，本時の学習課題にせまった。授業を通して生徒は，⑴綱吉の時代にあっても，いまだ中世の価値観が存続していたこと⑵武力にもとづく幕府の支配に限界がきている中で，支配論理を武力から忠義に転換していったことに気づいていった。

徳川綱吉は◎中世の価値観をこわし◎今までの実力主義の世の中から公の制裁で決めていく世の中にすることが目指していたも

綱吉がめざした世の中とは，個人で解決したりすることや，自力救済などの中世のころの価値観を捨てて，中世とは違った政治などの行い方をしていたことが分かりました。

綱吉がめざしていたのは◎武力ではなく忠義で身分制社会をする世の中だと思う。きまりやルールで忠孝をきめて将軍にしたがうのを「あたりまえ」とした。浪人をなくすということも達せいして，すごいと思う。私が大名なら

左記は，第４時後の生徒の感想である。

生徒の感想から，中世を捉えるキーワードである実力主義や自力救済といった言葉，近世を捉えるキーワードである公や身分制社会といった言葉が表出している。歴史的分野を通して育てたい歴

史を大きく捉える力や，自分の考えを説明する力につながるのではないかと考える。

第５時：元禄に起きた赤穂事件とは，どんな事件だったのか？

授業の初めに，赤穂浪士の討ち入りが，元禄期，武断政治から文治政治へ転換しようとした時代の中で起こったことを確認し，『忠臣蔵』（2004 年・テレビ朝日）のドラマ映像をダイジェスト形式で視聴した。結果まで見終わったところで事件についての感想を書かせた。

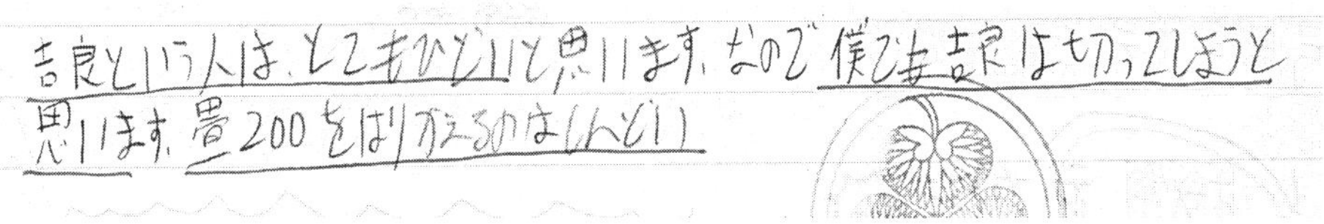
吉良という人は、とてもひどいと思います。なので僕でも吉良は切ってしまうと思います。畳200をはりかえるのはしんどい

左記は，第５時の後の生徒の感想である。

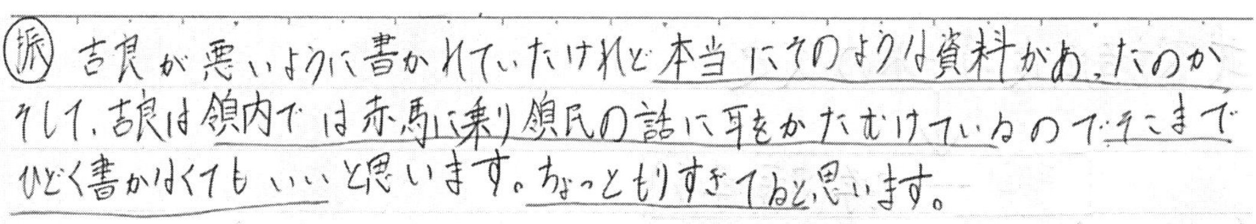
（派）吉良が悪いように書かれていたけれど本当にそのような資料があったのか そして、吉良は領内では赤馬に乗り領民の話に耳をかたむけていたのでそこまでひどく書かなくてもいいと思います。ちょっともりすぎてると思います。

第６・７時：元禄に起きた赤穂事件！あなたは，四十七士を助命にするか？厳罰にするか？ 手立て１

「もし自分が綱吉の立場だったら，四十七士を助命にするか？厳罰にするか？」と問い，立場をとらせてグループで話し合った。（ここで「厳罰」とは，命をうばう罰と定義した。逆に，命を助ける罰を「助命」とした。）その後，黒板に「武士は（　　　　）の場合，人を斬っても許された」と板書し，資料（『葉隠』，谷口眞子『武士道考』角川学芸出版，2007，谷口眞子『赤穂浪士の実像』吉川弘文館，2006）から，「武士道」として，武士身分の特権としての武力は，どのような形で制約され，あるいは発揮されるべきと考えられていたのかを確認した。また，喧嘩両成敗の考え方とそれが採用された事例や殿中刃傷の先例，仇討ちの諸相の資料（谷口眞子『武士道考』角川学芸出版，2007，谷口眞子『赤穂浪士の実像』吉川弘文館，2006），の検討を通して，松の廊下での刃傷事件および浪士たちの討ち入りの行動についての喧嘩両成敗や仇討ちが成立するか自分なりの見解を考えさせた。次に，吉良上野介に関する資料（『ゼロからわかる忠臣蔵』Gakken Mook，2014，66～69頁）やドラマ映像にあったエピソードの信憑性に疑問を投げかける資料（井沢元彦・和田秀樹『日本史汚名返上「悪人」たちの真実』光文社，2014，138～139 頁）を提示し，「吉良ははたして悪人だったのか」と問うことで，生徒の判断に揺さぶりをかけた。一方で，当時の人々は，赤穂浪士の討ち入りを忠義の行動として評価した資料（大石学『元禄時代と赤穂事件』角川選書，2007，212～214 頁，など）を提示し，その理由を考えることで，世論では忠義が重んじられ高く評価されたことを確認した。また，武家諸法度に違反しているので厳罰にすべきであるという家臣の意見から，赤穂浪士の行動は武家諸法度第５条の徒党を組んだ行動にあたり，厳罰に処される可能性があることを確認した。以上の内容をふまえて，生徒たちは自分の立場を構築していった。

【助命派の生徒】

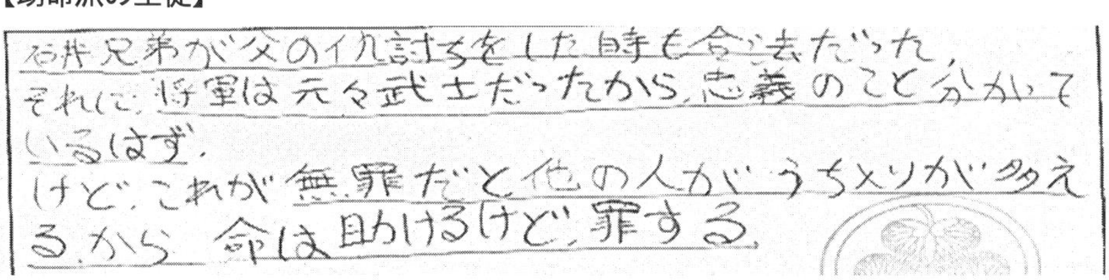
石井兄弟が父の仇討ちをした時も合法だった。
それに、将軍は元々武士だったから忠義のこと分かっているはず。
けど、これが無罪だと他の人がうちいりが多えるから 命は助けるけど罪する。

左記は，第６，７時の後の生徒の感想である。

がきである。しかも実際の将軍であった綱吉は武家諸法度第一条をわざわざ改定し、将軍への忠孝を大事にすることを武士に義務づけたので、それを守った四十七士をたたえるべきである。

幕府は、身分が上の人への忠義で、身分制のピラミッドを保っていたけれど、浅野への忠義で謀反を起こした47士を厳罰してしまうと、忠義を軽んじたこととなり、ピラミッドがくずれ、乱世に逆戻りする。
厳罰にすると、江戸の町人ほとんどを敵対することになる。

今、綱吉が目指しているのは、平和な世界で、わざわざ武家諸法度の一条を変えた。もし厳罰にすれば、「忠義をしなくていい」といっているのと同じで矛盾しているから。ピラミッドがこわれたら、争いがおこって、崩壊してしまう。

【厳罰派の生徒】

といった点では主従関係をほめるべきではあるが、そんなことをしてしまうと浪人が次々と反乱をおこしてしまうから。

浅野は吉良をきりつけて、将軍によって、公に裁かれていて、決して違法なやり方で、浅野は殺されたわけでない。そして、遺恨の具体的内容も言ってなくて、喧嘩両成敗も成立しないと思うので、これは討ち入りではなく、ただの殺人とみなされると思うから

たんじゃないかという話もある。つまり、何らかの嫌な思いを浅野はしたのかもしれないけれど、具体的な嫌がらせの証拠がない。だから、浅野が勝手に吉良を嫌って刃傷に至ったと思われても仕方ないと思う。
また、家臣の言うように、武家諸法度第5条に違反しているので、法律違反として、裁くべきだ。

生徒の感想から，歴史的事象（赤穂浪士たちをどう裁くか）に対して，当時の価値観や制度，社会の様相など資料から読み取った事実を主体的に構成し，自分なりの結論を出そうとすることで，歴史認識が構築されていることが分かる。

また，それぞれの立場にもとづいて，異なる他者と対話していく中で，論点が次のようにしぼられていった。

論点：武家諸法度第１条と第５条，どちらを優先すべきか？　　**手立て１・２**

この論点を，第８時の学習課題とし，単元の最終時とした。

第８時：武家諸法度第１条と第５条，どちらを優先すべきか？

本時の指導を以下のように計画し実施した。

①　目標

・綱吉の裁きから，「近世」の確立に対する認識の変容を，特に公権力の確立と自力救済の否定という観点から自分の言葉で表現することができる。

・綱吉の裁きに対する新たな気づきから，自己に引きつけて決断の重みを実感したり，近世と結びつけて現代日本を語り直したりすることで，歴史を学ぶ意味や価値を物語ることができる。

②　学習指導過程

学習内容及び学習活動	予想される生徒の変容	教師のかかわり
武家諸法度第１条と第５条，どちらを優先すべきか？		
	手立て１・手立て２の第１の問い	
１　資料や学習した時代認識に基づいて異なる立場に対する反論を述べる。 （同質４人→全体）	・　自分はなぜそう考えたか，資料や時代認識をもとに考え直している。 ・　自己の考えと相手側の考えの共通点や相違点について確認し，考えを深めている。 ・　いずれを選択しても反乱につながる可能性があるというジレンマに気づいている。	○　資料や既習の時代認識に基づいて，多面的・多角的な視点から議論が展開されるように，グループの意見や質問をつなぐなど，ファシリテートする。 ○「第○条（相手の立場）を優先すると，何がくずれ，どのような世の中になるか」と逆説的に問い，相手に対する反論を考えさせる。
戦乱につながらないために，どう裁くか？		
	手立て２の第２の問い	
２　考えの異なる集団で，戦乱につながらない裁き（妥協点）を考える。 （異質４人→全体）	・　異なる立場の意見を取り入れながら，解決する方法はないか悩んでいる。	○　解決策を無理に考えさせることよりも，異なる立場の意見を取り入れる難しさに気づかせる。
３　「切腹」という綱吉の選択について振り返り，その選択がなぜジレンマを克服できたのか考える。	・　当時の文化的文脈において，「切腹」が武士にとって名誉刑の意味合いをもっていたことに気づいている。	○　考えが出にくいグループには，切腹という幕府の沙汰に対する大石の返答を提示し，考える糸口にさせる。

（４人→全体）	・　全体で，綱吉の選択に対する新たな気づきを共有している。	○　推論にとどまらせないために資料を配布し「切腹」の意味を確認させる。
4　「切腹」を選択した綱吉の裁きの意味を共有し，その裁きが近世の確立に与えた影響について考える。 （全体→４人）	・　大きな歴史の流れから綱吉の選択をとらえ直し，近世の確立に与えた影響について考えている。	○　綱吉の選択を大きな歴史の流れの中で眺め直させ，その価値に気づかせる。
5　単元の始めの問いを振り返り，本単元全体の学びを振り返る。 （４人→個人→全体） 手立て３	・　「社会的自己」に引きつけて単元の学びを振り返り，歴史を学ぶ意味や価値を考えている。	○　綱吉の裁きが徳川の平和に与えた影響と戦後 71 年目の現代（実践当時）との時間軸を意識させて「社会的自己」を捉え直しにつなげる。

【板書】

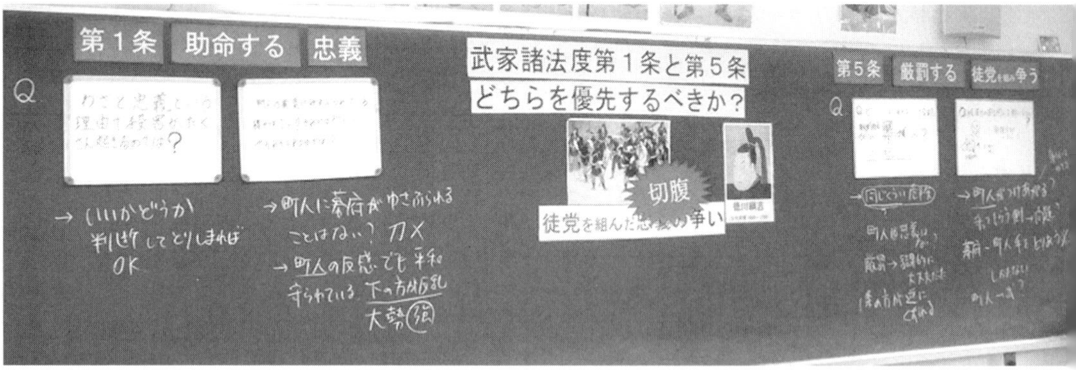

6)　実践の分析

研究の柱(1)　確かな歴史認識を自ら主体的に構成し獲得すること

> **【手立て１】　歴史的事象に対する自分の考えを構成し他者と語り合う場を設定する**

分析の視点： 確かな歴史認識が獲得されたか

分析の対象： 生徒のレポートの問い（1）「中世から近世への時代のうつりかわりの中で，赤穂四十七士に対する綱吉の決断がはたした役割は何だと思いますか？「中世」「近世」の言葉を使って語り直してみましょう。」

分析の観点：

段階	見取りの内容
A	中世と近世が教科の言葉で記述されており，かつその概念を使って綱吉の選択について具体的に記述されている。
B	中世と近世が教科の言葉で記述されており，かつその概念を使って綱吉の選択について記述されているが，概念の表現が曖昧，または選択の一部分のみに記述がとどまっている。
C	中世と近世が教科の言葉で記述されているが，その概念を使って綱吉の選択について記述されていない。
D	中世と近世が教科の言葉で記述されていない，または曖昧である。

分析の結果：

＜A＞　中世と近世が教科の言葉で記述されており（実線），かつその概念を使って綱吉の選択について具体的に記述されている（波線）。（22.8％（n=101））

> 中世は自分自身は自分で守る自力救済の時代であったが，近世では，農民や町人は刀を奪われたため，自分の身を自分で守ることができなくなった。そして，武士が支配し，農民，町人が支配される側の身分制のピラミッドがつくられた。しかし，このピラミッドは決して安定しているとはいえなかった。なぜなら，このピラミッドは「武力」を使って成り立たせた不安定なピラミッドであったからだ。それを「忠義」で成り立たせようとしたのが，第5代将軍の徳川綱吉だ。・・・（略）・・・
> ここで，綱吉が下した裁きは，厳罰，切腹であった。そうなれば，忠義を軽んじるということになるのではないかとなる。しかし，切腹は，武士としては誇り高いことなので，四十七士は誇り高き死をあじわえたということである。よって，忠義による争いを起こした四十七士をたたえたと同時に，徒党を組んで争うことを禁止することも，世に知らしめることができたということで，この後の約150年間争いなく，安定したピラミッドが確立したのである。
> これらのことから，綱吉のこの決断は忠義の身分制ピラミッドを確立し，中世の争いの時代から，近世の安定して争いのない世の中へとうつりかわる大きな節目だったのではないかと思います。

> 切腹という名誉刑にしたことで，忠義で成り立っている身分制社会を保つことができたし，厳罰しているので第5条も禁止している。斬首などにしていたら，忠義はどうでもいい，みたいになるので，身分制社会がこわれて，弱肉強食，実力主義の中世のようになるし，助命していたら，第5条は破ってもいいようになるので，徒党を組んだ争いが増えて，この場合も中世に逆戻りする。名誉刑だったから，忠義は大事，第5条も守らなければならない，と全国の武士や町人に示すことができ，支配権が幕府にしかない近世の世の中を保つことができたと思う。

＜B＞　中世と近世が教科の言葉で記述されており（実線），かつその概念を使って綱吉の選択について記述されているが，概念の表現が曖昧，または選択の一部分のみに語りがとどまっている。（波線）（45.5％（n=101））

> 中世は，「自力救済」などの考え方で，一人一人が武器を持っている時代でした。「武力」が中心だったのです。しかし，近世は「忠義」を中心にして主従関係を大切にしました。
> ・・・（略）・・・もし綱吉が四十七士を助命していたら，武力が認められたことになってしまいます。もし認められると，武力中心になって中世に逆戻りしてしまいます。そして平和な世の中とは離れてしまいます。だから，やっぱ武力はだめということをみんなに伝えたんだと思います。

＜C＞　中世と近世が教科の言葉で記述されている（実線）が，その概念を使って綱吉の選択について記述されていない。（18.8％（n=101 ））

> まず中世とは，「自力救済」や「下剋上」といったような実力によって自分の身分が決まったり，自分で自分の身を守ったりする時代でした。そして，近世とは忠義によって身分制度ができ，絶対的支配者が世の中を動かす時代だった。
> ・・・（略）・・・全員が切腹となった。忠義によって仇討ちをはたらいた（合法）が，何人かで組んで（違法）いけなかったらしい。しかし，この決断にも迷ったと思う。自分で改正した「忠義」の部分と違法な部分がある。しかし綱吉は考えたと思う。なんと「切腹」でもこれはものすごくどこでも都合がよかった。切腹によって武士として死ねるし，いわゆる「たたえながらも罰していた」のだ。罰にも奥深さを感じる。

＜D＞　中世と近世が教科の言葉で記述されていない，または曖昧である。（12.9％（n=101））

綱吉の決断は，世の中を狂わせることなく，四十七士たちの話題を落ち着かすことのできる正しい決断だったと思います。助命にしても厳罰にしても幕府が危ないと言われました。ここで，綱吉がした決断は「名誉刑」でした。四十七士は，武士です。武士ならば名誉を大事にします。そんな人たちを「名誉刑」にすれば，民衆たちは，きっと四十七士たちを「すばらしい武士」と評価すると思います。そして，幕府の役人たちも，罰は与えているので，批判されることもありません。だから綱吉の決断は正しかったと思います。

結果からの考察（成果と課題）：

学んだ歴史認識にもとづいて中世・近世を記述できている生徒の割合は87.1％（段階A，B，Cの合計）であり，【手立て１】についての一定の成果であると考えられる。一方で，その歴史認識にもとづいた題材（綱吉の選択）の意味づけが具体的に記述できている生徒の割合は22.8％（段階A）と低く，題材の歴史上の意味づけが生徒の中で漠然としたものになっていたことが見とれた。

研究の柱⑵　立場の異なる他者と協働して，こたえを模索する学びの場を設定すること

【手立て２】　互いの異なる立場について，問い合い，語り合える場を設定する

分析の視点：異なる立場の生徒が，互いに問い合い，語り合える場となっていたか

分析の対象：第８時における授業中の逐語録

（具体的な場面）赤穂四十七士に対して，助命にしても厳罰にしても戦乱の世につながってしまう可能性があったジレンマに気づいた後，「戦乱につながらないために，どう裁くか？」と問い，異質のグループで具体的な裁きを考えさせた。その後，グループで考えた裁きを学級全体に対して発表させ，「この裁きで，納得できるか？」と教師から問いつつ，学級全体で問い合い，語り合いながらこたえを摺り合わせる場とした。

分析の結果：

Ｔ：　じゃあ，７班どうぞ。

Ｓ１：　今の日本では考えられない話なんですけど，幕府にすべて権力を集めて，裁判権，言論などを統制すればいいと思います。裁判権も幕府にあるから，幕府の決断には，町人など従う人たちは文句は言えないし，自分たちで勝手に忠義とか主観的なことも言えないと思います。

Ｔ：　何か，それは・・・ていう，それ納得できんなって。納得できる？質問したいなっていう人いませんか？はい，どうぞ。

Ｓ２：　たしかに，それで争いは起きなくなると思います。だから…えと，これとしてはいいけど，でもこれで町人たちの不満は消えますか？ということで，たしかに争いは起きないし幕府に何か言える訳ではないから，どっちみち争いは起きないという方策にはなるけど，どっちみち町人たちに不満はたまるので，たしかにこのことだけを考えるのだったらいいけど，最善の策ではないんじゃないかな，と思います。

Ｓ１：　私たちもそれは考えていて，このままだと現代の北朝鮮のような感じだし，このようにまとめても，江戸時代の町人は文化とか発達していたので，一時的な策かなと思うんですけど，課題だけを考えるのであれば十分対応しきれると思います。

Ｔ：　（Ｓ２に）それは・・・？何かなりそう。（別の生徒に）どうぞ。

Ｓ３：　Ｓ１さんが今さっき幕府に権力を持ってくると言ったんですけど，そうするとやっぱ，あの…話がズレるというか，だいぶ前のことになるんですが，鎌倉時代の時に朝廷が反乱というか，起こしたじゃないですか。後鳥羽上皇が承久の乱で。そういうふうに，その二の舞にならないか，と思うんですけど。

（同じ班の生徒がＳ１に答えを話している様子）
Ｔ：　いいよ，誰が答えても。自分の言葉で。
Ｓ４：　朝廷も・・・法度に・・・統制されているんで・・・
Ｔ：　（別の質問したい生徒へ）どうぞ。
Ｓ５：　幕府に全部の権力を集めると言ったじゃないですか。そうなってくると，けっこう大変な大がかりなことになってくると思うんですよ。そうなったら，一時的なものとしてはできなくなってきて，それを解決するためだけにってなってくると，ちょっと難しいんじゃないかなって。
Ｓ１：　たぶん，それは…そうなんですけど，第二次世界大戦中の日本を考えていただくと，言論も統制されていたし，まぁ結局，軍部の言うことがすべてだったじゃないですか。だから，不可能ってわけではないと思います。
Ｓ５：　まぁ…できるとは思うけど，そこまで一時的なものに使えるかな，と。
Ｔ：　そうやね，Ｓ２君もそうだね，できるとは思うんだけど，一時的とか，あまり賛成ではない，みたいなね。

結果からの考察（成果と課題）：

実線下線部が，異なる立場で問い合えていると考えられる部分である。また，二重線下線部は，それぞれの生徒が結びつけた歴史的事象である。対話の土俵を限定したことで生まれた異なる立場からの問いかけにより，Ｓ１の生徒は，それまで学習した様々な歴史的事象と結びつけて根拠づけ，自分たちの班の意見について説明している。また，周囲の生徒も，単に思いつきでなく，様々な歴史的事象と結びつけて根拠をもとに質問している。これは，「歴史について考察する力や説明する力」を育成することにつながっていくと考えられる。

研究の柱(3)　単元を通して獲得した歴史認識から，「社会的自己」が捉え直されること

【手立て３】　時代や地域が変わっても通用する普遍的なテーマを設定した単元構成

【手立て４】　歴史的事象と今をつなぐ現代的文脈を組み込んだ単元構成

分析の視点：新たな「社会的自己」が捉え直されたか

分析の対象：生徒のレポートの問い（２）「今回の単元の学習（徳川綱吉の決断）から，現代社会に生きるあなたが，この歴史から学んだこと，考えたこと（自分の生活やこれまで学んだこと・現代社会のしくみと結びついたこと）や意味，価値を感じたことを書いてください。」

分析の観点：

段階	内容
A	学んだことから，現代社会や自己についてのとらえ直しが具体的に記述されている。
B	学んだことからの記述が，過去に対する認識のとらえ直しにとどまっている。または，現代社会や自己のとらえ直しは曖昧である。
C	学んだことから，新たなとらえ直しは，特に獲得されていない。
D	白紙

分析の結果：

＜Ａ＞　学んだことから，現代社会や自己についてのとらえ直しが具体的に記述されている（実線）。歴史を学ぶ意味や価値を実感している記述（波線）（44.6％（n=101））

この単元の最初は自動販売機と一人の男の人だったのが，どんどん話がつながっていって，赤穂浪士になるとは思いもしませんでした。

忠臣蔵のビデオを最初見たときは断然吉良が悪いと思っていたけど，授業が進んで資料が増えるごとに，どっちかよく分からなくなって，すごく迷いました。ということは，綱吉も僕たちみたいに50日間悩んだ末の決断だったんだと，なんだか本当に綱吉になった気分を味わえて，一番好きな授業でした。

昔の人が何年も平和を守り続けられたのだったら，今の世界でも戦争をおこさないようにでき，みんなが幸せな生活を送ることもできると思いました。 この学びは，心の中に刻んでおきたいです。

・・・（略）・・・ 綱吉の決断一つで現代の日本が大きく変わっているのではないかと思う。それは今にも言えることで，僕たちの決断一つで未来は大きく変わってしまうと思います。なので，選挙に投票できるようになったら，投票したいと思う。地球温暖化も，今の僕たちから対策をきちんと小さなことでもいいから行うことで未来が大きく変わってくると思います。なので，日常生活や大事な場面で何か決めなければならないときは未来のことも考えて決断したいと思います。

・・・（略）・・・ この学習から平和をつくりだすことの難しさを知りました。今，現代でも戦争，紛争が続いていますが争いごとは起こすのは簡単だがやめさせるのはとても大変なことだと分かりました。

この歴史を学んで，昔にあった出来事は，今の社会をつくっていることに気付きました。・・・私が，いまとっている行動は，もう過去に記録されてしまっていて，とりかえしのつかないことで，子孫に影響がでていくことも分かりました。徳川綱吉がすぐにあまり迷うことがなく直感で決断していたら，200年以上の平和が続かなくて，・・・今の社会もその残りがあって平和ではなかったと感じるとこわくなってきます。昔の人たちの行動によって未来が大きく変わっていくことを考えると，私たちはいろいろなことに気をつかわなければと思います。例えば，「地球温暖化」。このままだとあぶないような気がします。「森林」。イースター島みたいになるかもしれない。自分の生活をあやまってしまうと未来がだめになってしまうので，今やる1つ1つを大事にしていかないといけないことをすごく学び気づかされました。これからの社会は，歴史の人たちではなく私たちがいい方向へ変えていかなくてはならないと思いました。歴史をならううえで，そのことも十分に考えながらいこうと思いました。

<Ｂ>　学んだことからの語りが，過去に対する認識のとらえ直しにとどまっている。または，現代社会や自己のとらえ直しは曖昧である。（10.9％（n=101））

綱吉は，忠義を貫いた浪士の名誉と武家諸法度の両方を守るため切腹を命じたけど，その判断はすごいと思いました。間違えれば戦乱の世にもどりかねない中で，この判断をくだして結果長い間争いがおきていないので正しかったんだろうと思います。また切腹が名誉刑なのは初めて知りました。この刑は，武士のみにかせられるもので武士の名誉を守るという意味で行われることを知りました。

<Ｃ>　学んだことから，新たなとらえ直しは，特に獲得されていない。（33.7％（n=101））

ここでは，2つの大切なことどちらを選ぶことがあれば，どちらも争いがおこらないようにするためにメリットとデメリットを考え，どちらを優先するべきか考えられるようにしたいです。

<Ｄ>　白紙　（１０．９％（ｎ＝101））

結果からの考察（成果と課題）：

「社会的自己」の捉え直しが具体的に記述されていた割合は44.6%で，半数に届かず課題が残った。一方で，「社会的自己」の捉え直しの記述が見られた生徒の多くが，歴史を学ぶ意味や価値についても自分の言葉で記述しており，「社会的自己」の捉え直しは，歴史（社会科）を学ぶ意味や価値の実感につながるのではないかと考える。また，<Ｄ>の「白紙」回答の割合が高い（全体の約11%）こと，さらに，生徒のレポートの提出状況が，120名中101名と割合にすると約84%にとどまっていることから，「書けなかった」生徒が数字で表れる以上にいたことが分かる。「社会的自己」の獲得を普段の授業からもっと意識させていく必要性を感じた。

４　おわりに

歴史を学ぶ意味や価値を生徒に伝えるために，これまでいろいろな工夫を試みた。例えば，現代の日常生活のこんなところにつながっているんだと解説したり，生徒の事前の歴史認識を揺さぶるような意外性のある事実を紹介したり，である。これらの試みが有効でなかったとは言えない。しかし一方で，歴史のもつ価値の本質に近づいている感触が大きくなかったことも事実である。今回の研究を通して，やはり歴史は「今」を捉え，現在，そして未来の課題を考えるためにあると感じた。そこにはきっと，過去と現在，未来をつなぐ普遍性が存在している。その普遍性から，歴史を通じて現代や自分自身を捉え直せたとき,真の歴史を学ぶ意味や価値に気づくのではないだろうか。今回の研究の成果と課題をいかして，歴史を学ぶ意味や価値の実感につながる実践を今後も探究していきたい。

なお，本稿は，第16回ちゅうでん教育大賞受賞論文を修正したものである。

参考文献・資料

井沢元彦(2010)『逆説の日本史　13　近世展開編』小学館文庫
井沢元彦・和田秀樹(2014)『日本史汚名返上「悪人」たちの真実』光文社
石井良助(1964)『江戸の刑罰』中公新書
板倉聖宣(1992)『生類憐みの令』仮設社
磯田道史(2013)『歴史の読み解き方』朝日新書
ＮＨＫ取材班編(2005)『そのとき歴史が動いた　コミック版　忠臣蔵編』集英社
大石学(2007)『元禄時代と赤穂事件』角川選書
大久保治男(2008)『江戸の刑罰拷問大全』講談社＋α文庫
学研(1999)『歴史群像シリーズ57　元禄赤穂事件』学研
学研(2014)『ゼロからわかる忠臣蔵』Gakken Mook
教育社編(1988)『日本重要戦乱事件辞典』教育社
清水克行(2006)『喧嘩両成敗の誕生』講談社
高埜利彦(2015)『天下泰平の時代』岩波新書
武井弘一(2010)『鉄砲を手放さなかった百姓たち　刀狩りから幕末まで』朝日新聞出版
谷口眞子(2005)『近世社会と法規範－名誉・身分・実力行使－』吉川弘文館
谷口眞子(2006)『赤穂浪士の実像』吉川弘文館
谷口眞子(2007)『武士道考』角川学芸出版
塚本学(1998)『徳川綱吉』吉川弘文館
塚本学(2001)『生きることの近世史　人命環境の歴史から』平凡社
塚本学(2013)『生類をめぐる政治　元禄のフォークロア』講談社学術文庫
テレビ朝日(2004)『忠臣蔵－テレビ朝日開局45周年記念企画作品－』テレビ朝日
芳賀徹(1993)『文明としての徳川日本』中央公論社
藤木久志(2005)『刀狩り』岩波新書

（大和田　俊）

第6章　データ分析の語りによる，社会に開かれた数学科授業
―「自転車事故ワーストからの脱却」の実践より―

1　はじめに

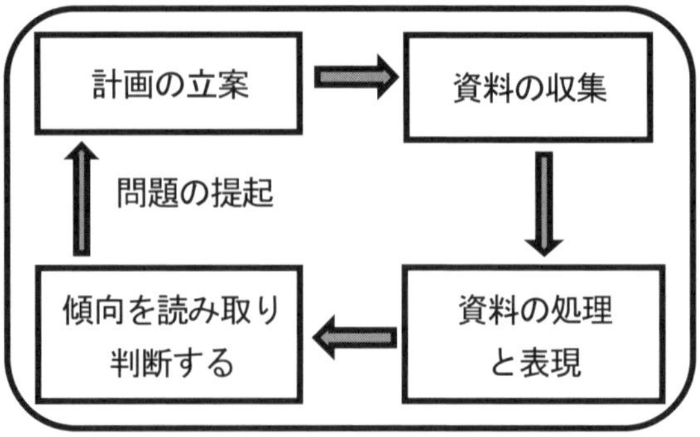

情報化やグローバル化がますます進み，「知識基盤社会」といわれる現代社会では，収集した情報を正しくよみ解き，合理的で的確な判断をする能力の重要性は高まっている。そのような判断をするためには右の図のような一連のプロセスが必要となる。

現実に社会人が統計分析を行う場合，集計表や統計グラフを作成することが目的ではない。そこで作成される統計的な結果をもとに問題解決や意思決定に結び付けることが求められている。平成29年3月告示の「中学校学習指導要領」では，データを収集，整理する場合には，ヒストグラムや相対度数を用いてデータの傾向を捉え，説明することを通してデータの傾向を読み取り，批判的に考察し判断することができることが新たに目標に示された。

2　データの傾向を読み取り，批判的に考察し判断することとは

例えば，クラス対抗の大縄跳び大会において，あるクラスの選手が1列に並んで跳ぶのと，2列に並んで跳ぶのとでは，どちらがより多くの回数を連続で跳ぶと見込めるかについて考察することを考える。この過程で，2種類の並び方を跳んだ回数の記録を用いて度数分布表やヒストグラムを作成したり，相対度数などを求めたりして分布の状況などを調べることが考えられる。このことを基にして，「どちらの並び方の方が多く跳べているといえるのか」について批判的に考察し判断する。ここで，批判的に考察することとは，物事を単に否定することではなく，多面的に吟味し，よりよい解決や結論を見いだすことである。

具体的には，データに基づいて問題を解決する過程において，

・データ収集の仕方は適切か
・どの代表値が根拠としてふさわしいか
・分布の形に着目しているか
・傾向を読み取りやすいグラフで表せているか
・グラフの目盛りなどを加工して適度に誇張していないか
・分析した結果から得られる結論が妥当か

などについて検討することである。このような検討の過程において，よりよい解決や結論を見いだそうとする態度を養うことが大切である。

3　「自転車事故ワーストからの脱却」（中1）の実践

「中学校学習指導要領解説　数学編」（平成29年3月告示）においてデータの活用に関する目標は次のとおりである。

(1)データの分布について，数学的活動を通して，次の事項を身に付けることができるように指導する。
ア　次のような知識及び技能を身に付けること。
(ア)　ヒストグラムや相対度数などの必要性と意味を理解すること。
(イ)　コンピュータなどの情報手段を用いるなどしてデータを表やグラフに整理すること。
イ　次のような思考力，判断力，表現力等を身に付けること。
(ア)　目的に応じてデータを収集して分析し，そのデータの分布の傾向を読み取り，批判的に考察し，判断すること。

1)　単元について

本単元では，統計的な手法の習得だけでなく，前出の図のプロセスを経験させることで合理的で的確な判断をする能力の素地として，「自他ともに納得いくような」判断をする力の育成を図ることをねらいとしている。自転車事故を減らすための具体的な方策を提案するために，資料を収集し，度数分布表やヒストグラムに表して考察を行う活動から，身の回りで起こる問題を，数学を通して解決し，自分なりの解決策を提案する。そして現実場面を想定して事故を未然に防ぐ努力をしようとする。これまで感覚的に捉えていた解決策から数学を根拠としたより確固たる解決策へと変わり，生徒たちがこれからの自分の生活に役立てたいと思うようになる。このように変容することが学んだことの価値の実感であり，「数学ものがたり」がつむがれるということである。本学級の生徒40名(男子22名，女子18名)のうち，事前調査の結果では，「数学を学んでよかった」と感じるのは，「学んだ意味が実感できるとき」と答えた生徒が約28%，「生活に役立つことに気づいたとき」と答えた生徒が約53%であった。また，MI (Multiple Intelligences) [1)]については，約70%の生徒が学習に役立つと思っている。だが，理由はまだ漠然としている内容が多く，実感には至っていない。本単元は，このように実生活のなかで，生徒の自己決定力の育成につながる単元であると考える。

本単元を指導するにあたって，次の点に留意した。
- 資料を収集したり整理したりする場合は，目的に応じて適切かつ能率的な方法を工夫するように指導する。
- 資料を数値化したり視覚化したりするなど適切な統計的処理が重要であることを生徒が理解できるように留意する。
- 考えの根拠が明らかになるように質問しあう活動を取り入れる。
- レポート作成の際，MI を取り入れることで個々の特性を生かしたレポート作成につなげ，数学の世界を広げる。
- 友人と自分の意見の相違に注目して対話に参加するように助言する。

2)　授業の実際

全10時間の学習指導計画のうち，前半５時間については，上の目標のア（ア），(イ)をねらいとして指導を行った。

(1)　目標のア（ア），（イ）をねらいとした指導

〔第１・２時〕

度数分布表やヒストグラムを用いて資料の傾向を読み取ることを目標として，クラスの50m走のタイムの傾向を調べるために，どのような資料が必要か，またどう表現すればよいか，根拠をもとに考えた。その考えに対して質問をしたり，答えたりすることで自分の考えを深めた。教師は，お互いの考えを尊重し，対話させることに留意した。

〔第３時〕

代表値を用いて資料の傾向を読み取ることを目標として，いろいろな代表値をもとに，資料の分析を行なった。数学的な考えをもとにして，自分の考えをまとめ，対話を通して振り返りを行った。

〔第４・５時〕

相対度数を用いて資料の大きさが異なる複数の資料を比較してそれぞれの傾向を読み取ることを目標として，他のクラスや男女などで資料を比較することで，それぞれの傾向や考察をまとめた。自分でまとめたことに対して質問し，答えることで，自分の思考過程や考察の視点，まとめ方について振り返りを行なった。

(2) 目標のイ(ア)をねらいとした指導

後半の５時間は，目標のイ(ア)をねらいとして指導を行った。

〔第６時〕

新聞記事から，香川県が自転車事故ワースト１位である事実を知り，数学の力で解決策を考えることを確認する。数学的に分析するには，どんな資料が必要かを考え，意見を出し合った。そこでは，事故原因，年度別，時間別，場所別，曜日や季節などが出てきた。

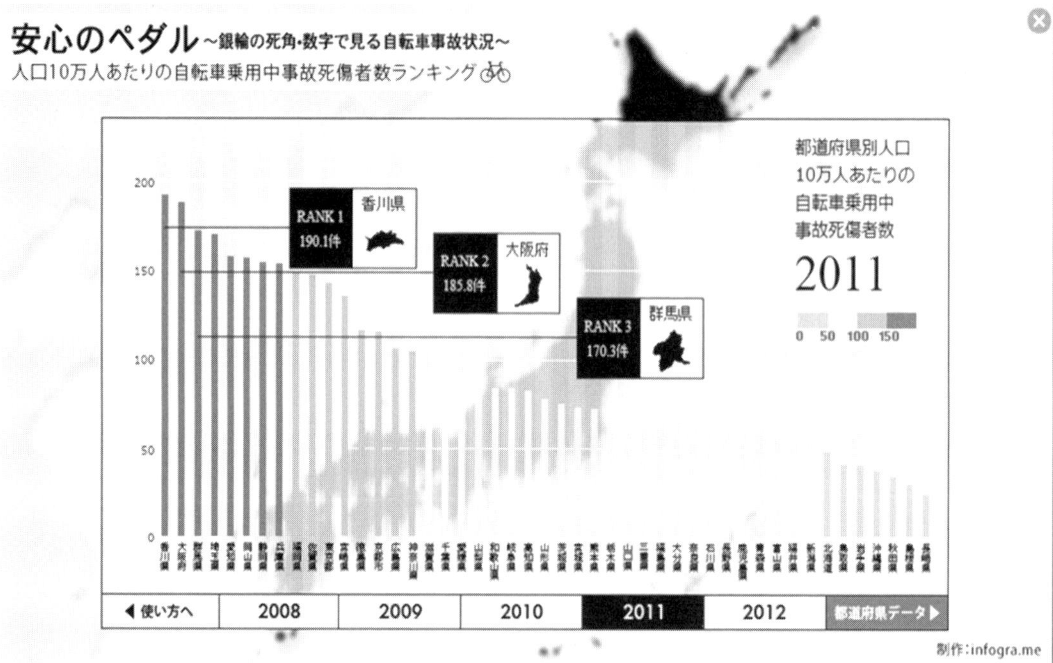

【平成25年　毎日新聞の記事より】

〔第７・８時〕

第６時で注目した資料のうち，時間別発生状況について分析を行った。度数分布表を作成してヒストグラムに表して，分析を行った。通学・通勤時間帯が多いことが分かった。さらに調べてみたい項目について，データを与え，次時までに分析をすることになった。

〔第９時〕

生徒が選択した，年齢，場所，天気，曜日について，時間帯で表したヒストグラムを層別に表してみることにした。

授業記録（T：教師　S：生徒）

【天気と自転車事故との係わりに関する話し合い】

S13　「みなさんはどの天気の時に，事故が一番多いと思いますか？」

S14　「晴れです。」

S13　「ぼくは最初，滑りやすいときではないかと考えて雨の日と予想しました。しかし結果は晴れの日がダントツで多かったのです。それは晴れの日が多いからという理由からかと思いました。しかし他に理由がありそうです。これが晴れの日のヒストグラムです。最頻値は 16 時 30 分です。これは中高生の下校時間だと考えられ，通行量が多くなるからです。次に多いのは７時 30 分です。これは朝の登校時間です。朝は，ぼくもそうですが，早く学校へ行かなくては，と焦っているのでスピードを出して自転車を運転していると考えたからです。

これは，雨の日のグラフです。見えますか？雨の日でも最頻値は 16 時 30 分です。雨の日は晴れの日よりも事故が少なくなっています。それは雨の日は滑りやすいので自転車を利用する人が少なくなるからだと思います。雨の日も通学や下校の時間帯に事故が多いので無理な運転をしないようにしてください。

次にくもりのグラフです。くもりの日は，登校，お昼，下校の時間帯に事故が多くなっています。さっきとは違い８時 30 分に最頻値があります。くもりの日は晴れの日ほどではないのですが油断してスピードを出しすぎていると考えられます。まとめると中高生はスピードの出し過ぎと無理な運転に気をつけたらいいと思います。以上で発表を終わります」

「何か質問はありませんか？」

S15　「晴れの日はスピードの出しすぎを注意すればいいということですが，それを心がけるための呼びかけとしてテレビで宣伝をしたりポスターを貼ったりするのとどれが一番効果的ですか？」

S13　「テレビは宣伝にお金がかかるので，ぼくはポスターを使って呼びかけたいと思います。」

S16　「くもりの日は霧とかで視野が悪くなると思うのですが」

S13　「それも考えたのですが，霧まで出るのはあまりないので視界が悪くなることはないと考えました。」

T　「今の天気は？」

S　「晴れ」

T　「ということは，今日は事故が・・・」

S　「多くなるかもしれない」

T　「（発表したグラフ）これは何というグラフですか？」

S17　「度数折れ線です。」

T　「そうですね」「度数折れ線をかくときは端のところはこのようにしておきましょう（折れ線の両端は，横軸上からかきはじめるようにする）」

【場所と自転車事故との係わりに関する話し合い】

天気と自転車事故との係わりに関する話し合いの時と同様に、予想をさせてから発表する。

7割以上が交差点で起こっている。最頻値は7時30分(登校時)、16時30分(下校時)。

登校時は急いでいる，下校時は油断している。対策は登下校時に交差点での立哨

質問から

S18　「私はカーブが多いと思ったのですが，なぜ交差点が一番多いのでしょうか？」

S17　「カーブはどの人も事故が多いから気をつけようとするから少ないと思います。」

S19　「交差点は信号があるのになぜ事故が多いのですか？」

S17　「交差点は，人や自転車，自動車が乗り入れていて入り乱れているからです。あせって事故が多いのだと思いました。」

S19　「10:30に登校する人が多いということですが，登校以外にどんなことが考えられますか？」

S20　「前に年齢の分析をしたときにご高齢の人が10時30分に多いという分析をしたので・・」

S21　「ここは中高生の層別を考えているので」

すると，生徒の分析から中高生の割合が非常に高いことが明らかになってきた。

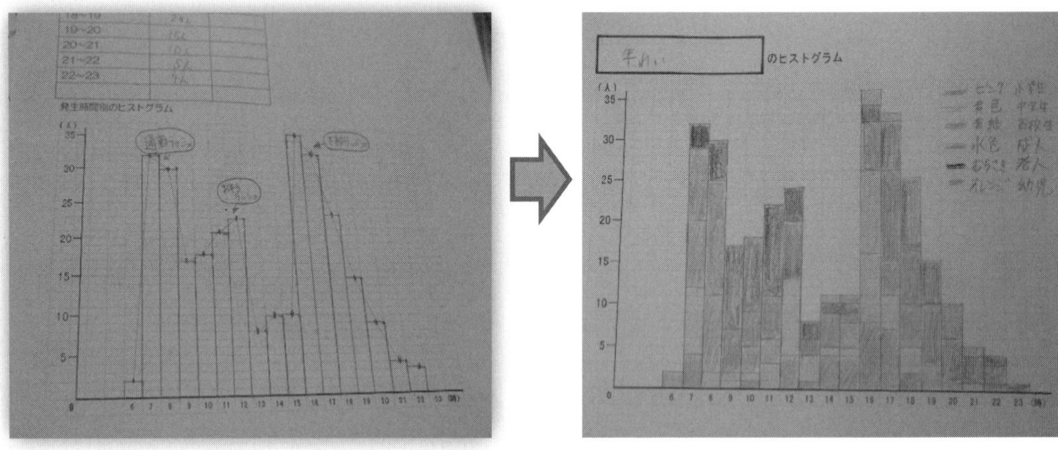

【時間帯のヒストグラム（左）を年齢で層別したヒストグラム(右)】

〔第10時〕

年齢で層別にしたヒストグラムから，自分たち（中高生）の年代の自転車事故が最も多いことに気づいていく。そこから，自分たちの日常生活を振り返り，自転車事故を減らすための具体的な方策について話し合う。さらに，事故が天気や曜日によって起こりやすさがあるのか，ないのかを分析したいという生徒の意見が出てきた。そこで，天気別の事故のデータや曜日別の事故のデータを集めて，分析しようとするなど，最初分析したデータを批判的に捉えて，より深いデータ活用の学びへと進んでいくことができた。

単元の振り返りから，今回の課題をさらに自分なりのデータを収集し分析することで総合学習のテーマとして，さらに追究しようとする姿が見られた。また，ワークシート，振り返りカードから全ての生徒が資料をもとにヒストグラムや度数折れ線に表し，解決策に向けた自分の考えをもって課題に取り組んでいた。さらに振り返りカードから身近な問題解決に数学が有効であると実感することができた。

４　成果と課題

この実践の成果として，データを正確に度数分布表やヒストグラムに表すことができるようになったことが挙げられる。実践後の定期テストにおいても９割を超える正答率であった。また，表したヒストグラムからの考察をする問題についても，高い正答率であった。

次に実践を通して生徒たちが社会の問題を数学で解決につなげる活動に価値を認識できたかどうかである。これについて実証するのは難しい面もあるが，生徒たちの内面に何が構成されたのかについて，単元後におこなった生徒の振り返りから推察する。下線は大西が付した。

・「ぼくは，この学習で「数学」の印象が変わりました。それは，今までややこしい計算などばかりだったので「めんどうくさい」と思っていました。この授業でデータをもとにヒストグラムをつくり，データを分析して事故を減らすための改善方法を考えるといろいろアイデアが浮かびました。この活動を通して「楽しい」，「もっとしてみたい」という気持ちになり数学が少し好きになりました。この単元では自転車事故を減らすために数学で考えましたが，お店の売り上げを伸ばす課題にも数学が使えると思います。数学を学ぶことは人々がよりよく生活するためにも価値があると感じました。」**→数学を学ぶ価値の実感**

・資料を表やグラフにすることは面倒だったけど，この単元を学習して度数分布表やヒストグラムにして分析するといろいろなことがわかってきておもしろいまで思うようになりました。数学はきらいだけどやっぱり身近にあるのでがんばろうと思うようになりました。

→数学を学ぶことへの意欲の高まり

・「香川県が自転車事故ワーストなのはこの授業で初めて知り，何とかしたいと思いました。資料をヒストグラムなどにすることによっていろいろな特徴が見えてきて，中には意外なことも多くありました。また，グループやクラスで他の人の意見を聞くと，同じ資料なのに解決策はたくさんあったので自分だけで考えるよりも広い視野で課題を考えることができるとともに自分の考えも深まりました。他のクラスの人たちとも語り合っていきたいと思いました。もっと時間があれば詳しく分析してみたいと思うように自分が変わっていく・・・そんな自分に気がついて驚きました。」

→対話による自己の学びの深まりとそれをメタ認知している姿

・「今回は『ヒストグラム』について学習した。ヒストグラムは棒グラフに似ている。しかし少し異なっているのである。ヒストグラムは度数分布表をもとにして表す。そして最も違うのは棒と棒（長方形）に隙間があるかないかである。知らない人か見ればあまり違わないと思う人が非常に多いだろう。しかしそれは大きな間違いだ。隙間をうめてしまうことによって○点～△点，□点～♡点となる△と□の間の数もカウントできなくなるのを阻止することができるのである。棒グラフは基本的にこのような目的で使われることがない。そのため目的によって少し形が変わっている。この小さな違いが数学にとって非常に大切なのである。数学はこまごまとしたものが多いと思う。平均を求めるときや中央値を求めるとき，有効数字を求めるときなど，とても神経を使うな，と思う。しかし，これは脳にとって非常によい刺激になっていると思う。たまに数学の授業の後はなんだか頭の回転が早くなっている気がする。疲れるというリスクはあるのだが。数学はすばらしい。言葉にできないほどだ。・・・・・数学は数の真実を知るカギをもっている。私たち中学生は，数学をまだほんの一部しか見ていない。これから数学を学んでいくことで好奇心がさらに強くなりそれが学習意欲になっていくのであろう。」**→数学を学ぶ価値の実感**

生徒全員が，肯定的な振り返りをしており，さらに次への意欲の高まりも感じられるなど，深い学びであったと考えてよいと思われる。生徒たちが，社会の問題を数学の力で解決しようとする活動の中で，数学を学ぶ価値を実感している姿である。

5　おわりに

数学の学習において，身近な問題を数学の力を活用して，課題解決につなげる学習を行うことは，これからの社会を担う人材の育成の観点からはもちろん，論理的な見方や考え方につながる思考力の育成の観点からも大変意義がある。社会の問題をデータ化して，数学的に考察することで，生徒の学びを現代のリアルな課題とつなぐことができ，生徒の学ぶ意味や価値の実感につながると考える。このことから，身近な問題を統計的に解決する取り組みは今後さらに研究，実践していくべき価値があると思う。

しかし，2021 年度から全面実施となる新学習指導要領では，数学化がキーワードになる。数学を生活や学習に活かそうとする態度を養うことが求められている。その態度を養うことで，知識基盤社会において，学びに向かう力や人間性等を養うことにつながることも新学習指導要領に明記されている。そのために大きな課題がある。一つは，課題解決だけでは終わらずに，課題解決から課題発見できるような，学習課題の設定が必要であること。二つ目には，教師がどのような「問い」をその課題から生み出すのか。それは，生徒からの意見になることもある。生徒が学びに向かう力を養うためにも，学び続けようとする意欲が向上することが不可欠である。そのような，「問い」を生み出すことで，生徒の主体的な学びを保障し，深い学びへと誘うことができるはずである。

時間的な制約のある中学校の現場で行うことは，非常に大きな負担である。ここで改めて言うまでもなく，中学校の教員は，部活動や校務，生徒指導に追われており，大変多忙である。そのため，公立の中学校では次の授業の準備をするだけで精一杯という現実もある。そのような中で，この実践を行おうとする際，1 人の教師だけでは限界がある。地区や県の教科研究会，附属学校からの発信などを活用して，研究を進める必要があると考える。

註

1)　MI とは，認知的個性の一つで，テストでは計ることが出来ない潜在能力や知能であり，附属坂出中学校では，独自に「自分の才能」と位置づけている（香川大学教育学部附属坂出中学校 2014，17）。

文献

香川大学教育学部附属坂出中学校（2014）『研究紀要』
文部科学省（2018）『中学校学習指導要領（平成 29 年告示）解説　数学編』日本文教出版

（大西　光宏）

第７章　ものの姿や色の見えを主体的に吟味する理科授業

1　はじめに

私たちは太陽や電灯などの光源の下で，様々な独自の色をもつものに囲まれて生活をし，光源やものの色を頻繁に利用している。しかし，光源の下で常に当たり前のように生活しているため，そもそも「ものがなぜ見えているのか」ということを考えてみたり，「ものがなぜ色づいて見えたりするのか」について意識をしたりしていない。教科書にも，「光源から出た光が，物体の表面で反射して目に届いているからものが見える」と記述はあるものの具体的に検証できる実験は紹介されておらず，ものの姿や色が見えていることついて原理や法則などの知性はもちろん，光の存在そのものに対する自然の神秘さや不思議さを実感させる感性の育成までには至っていない。

やはり，この現状を改善するためには教師が生徒の学びの文脈を踏まえた上で，葛藤を引き起こすような課題を段階的に与えて工夫された教材で指導展開をしたり，友人同士で互いに光や色に関する科学的な概念や素朴概念を徹底的に吟味させてから，次の課題に進めるように単元構成をしたりする必要がある。

こうした学習の手立てを通して，生徒は自然の中から見つけ出した原理や法則などの知性を段階的に身に付け，その知性を活用して現象を解明していく達成感を経験したり，今まで気にも止めなかった身近な自然や物理現象に対して興味・関心を高めたりして感性を育むことになる。この学習のプロセスの積み上げげにより，知性と感性の両面がバランスよく育まれ，自発的な学習が促され理科を学ぶ意欲の向上にもつながると考える。

2　生徒の学びの文脈を把握するための素朴概念調査の実施

光単元において最も大切にしたいのは自然界の光の存在の大きさである。光のおかげでものの姿が見えたり，ものが色づいて見えたりする自然の神秘さと不思議さを中学校で最初の物理分野となる本単元の導入からじっくりと実感させたい。そこで，まず，ものの姿や色が見えることに対して生徒がどのように捉えているか，素朴概念を把握することが必然であると考えた。以下にその調査内容と実態の人数を示す。

◆◆◆ものの姿や色が見えることに関する素朴概念調査◆◆◆　第１学年　４０名

Ｑ１　光のまったく入らない暗室でも，次のうち見えるものはどれか，すべて選べ

アルミ　　ビーカー　　消しゴム　　鏡　　全て見えない（複数回答あり）

アルミ	ビーカー	消しゴム	鏡	全て見えない
１７人	６人	６人	１９人	２０人

Ｑ２　光の入らない暗室で，白色の紙に赤色だけの光を当てると何色に見えるか

白色	桃（赤白）色	赤色	その他
５人	０人	３５人	０人

Q３　光の入らない暗室で，赤色の紙に赤色だけの光を当てると何色に見えるか

白色	桃（赤白）色	赤色	その他
１８人	０人	２０人	２人

Q４　光の入らない暗室で，黄色の紙に青色だけの光を当てると何色に見えるか

黄色	青色	緑（黄青）色	その他（黒色）
４人	２人	３３人	１人

Q５　リンゴの表面などが赤色に見えているのはなぜか

正答（６人） ※赤色の光について反射や吸収を正しく記述できているもの	不正答（３４人） ※赤色の光の反射や吸収を正しく記述できていないもの
【主な記述内容】 ・たくさんの光のうち，赤色の光だけを反射させて人の目に届けているから ・赤色以外の光が，りんごの表面で吸収されているから	【主な記述内容】 ・光がものにあたって反射しているから ・光源が関係していると思う ・赤以外の色を反射しているから ・赤い色素を持っているから ・目の中の何かが色を判別し脳で感じるから

３　課題意識をもち，互いの考えを吟味できる単元構成と指導展開の工夫

素朴概念調査より，ものの姿や色が見える原因に対する誤概念が明確になった。この誤概念を改善し概念形成をはかるためには，生徒の素朴概念と科学的な概念を徹底的に吟味し対立させる場面が不可欠である。この場面を授業に適切に導入することで葛藤が生じ，概念の再構成が促され，知性と感性が育まれていくと考える。そこで，以下のように単元を構成し指導展開の工夫を図った。

単元構成（全５時間）

時間	学　習　課　題	学　習　内　容
1・2	・ものの姿が見えるのはどうしてか？	○光源の光がまったくないと，すべてのものは見えないことを実験で体感し，光源以外のものが見えるのは光源から出た光がものの表面で反射し，その光が目に届くからということを認識する。
3・4	・ニュートンの行った光の実験をたどり，白色光の秘密を理解しよう	○白色光の中に様々な色の光が存在していることを実験で理解し，ものの色はもの自体が反射させた特定の色の光で決まることに気づく。
5	・まったく光の入らない暗室で，青色のものに赤色の光だけを当てると何色に見えるか？	○白色光の下で見えた色と別の色の単色光を当てると黒色に見える実験を体感し，ものの色はもの自体が反射させた特定の色の光で決まることを再認識し，光の存在に対する知性と感性を高める。

＜各時間における指導展開の工夫＞

時間	工夫点
1・2	○素朴概念調査より，半数近くの生徒が「光源がなくても目が慣れてきたら見えるものもある」と考えていることが把握できたので，パネルディスカッションを導入し，「見えるもの（主にアルミや鏡）がある」派と「見えるものがない」派に分け，互いの意見を吟味させる場を設ける。 ○パネルディスカッションを進めて行くと「目が慣れてくるのは少しの光源の光があるからで，全く光がないとものは全く見えないのでは・・・」という意見が強まり，自分の考えの矛盾に気づく生徒が現われてくるが，何人かの生徒は「実際に見たことがある」と経験知が根強いので，最終的には考案した教材（以下４の図１で説明）で結果を明確にする。 ○パネルディスカッションと考案した図１の教材により，全生徒が「光源がないとものは全く見えない」ことには納得するが「光源から出た光が，ものの表面で反射して目に光が届くからものが見えている」という概念を構築させるために，一方で「なぜ暗いところでも，目が慣れてものが少し見えることがあるの？」と聞き「僅かな光源の光があれば，その光がものの表面で反射して目に入ってくる」ことや「僅かな光源の光には，星や街灯がある」ことなどに気づかせていく。
3・4	○1，2時間目の実験より，ものの姿が見える理由は認識するので，身のまわりのものが色づいて見える理由について考えさせる。 ○光がないと色が見えない現象に気づく生徒は多いので「当たる光が関係しているのでは？」という疑問を持たせて，ニュートンが行った光の実験（プリズムを用いて，太陽や電灯などの白色光の中に，はじめからものを色づかせるもとになる様々な色の光が含まれていることを解明する実験）を紹介し，再現する。 ○ニュートンが立てた仮説（ものの色はものの表面で反射した白色光の中のある特定の色の光で決まること）が正しいかどうか確かめるために，暗室で様々な色紙に白色光のＬＥＤの光を当て，側面に用意した白色のスクリーンに何色が反射して見えるか考えさせ，ものの表面で白色光の中の特定の色が反射することを実感させる。 ○ものの色が，反射して見えている特定の光の色の影響であることを生徒が認識しはじめたら「白色と黒色に光を当てると何色が反射するか？」と問い「白はすべて反射するから，もとの白色光のように白色に見える」ことと「黒はすべて反射せずに吸収し，目に入ってくる光がないから黒色に見える」ことを気づかせる。 ○授業の後半に「白色光の下で赤・白・黒に見えている紙に暗室で赤色の単色光（LED）だけを当てると何色に見えるか」と問いながら実験を行い「ものに当てた光と同じ色なら同じ色に見える」ことと「白色は当てた光の色と同じ色に

<table>
<tr><td></td><td>見える」ことと「黒色はすべての色の光を吸収するから黒色に見える」ことを認識させておき，次時への課題を発問する。（ここまで進めて行くと，生徒の方から次時の課題も出てくる）</td></tr>
<tr><td>5</td><td>5時間目の工夫点と学習展開は，以下の指導案に詳細を示す</td></tr>
</table>

<table>
<tr><th>学習内容及び学習活動</th><th>○教師のかかわり</th></tr>
<tr><td>1　前時の学習課題を確認する。</td><td>○聴くことと問うことが有効に機能するように，同じ考えの生徒同士を事前に座席配置しておく。</td></tr>
<tr><td colspan="2">【課題】暗室で赤い単色光だけを青色の物体に当てると何色に見えるか？</td></tr>
<tr><td>2　見える色についてパネルディスカッションを行う。
ア：黒　イ：青　ウ：赤青（紫）</td><td>○意見の異なる生徒をパネラーに，他の生徒はフロアーに指名する。
○「聴く」「問う」を意識させ，生徒の気づきが促されるようにファシリテートする。</td></tr>
<tr><td>3　自分の考えの変容を考えの同じグループで確認する。</td><td>○すぐ実験に入るのではなく，考えに変容のある生徒に指名し，矛盾や気づきを述べさせる。</td></tr>
<tr><td>4　課題を検証する実験を確認し，結果のようになる原因を解明する。

5　本時の実験で確認したことをもとに「もし○○なら○○だろう」という形式で仮説を考えながら本時の振り返りを発表したり，学びの足跡に記入したりする。</td><td>○実験後，MI（認知的個性）や考えが異なる生徒同士で再度グルーピングをして生徒同士で原因が解明できるような環境を設定する。
○科学的な見方や考え方（知性）を高めたり，光に対する神秘や不思議さ（感性）を実感させたりするために，他の現象にも当てはめて考えさせる。
○生徒から出た仮説が実験で確かめられるように，ナトリウムランプ（黄色の単色光）や他の色紙や単色光を準備しておく。</td></tr>
</table>

4　科学的な概念を形成するための教材の工夫

<table>
<tr><td>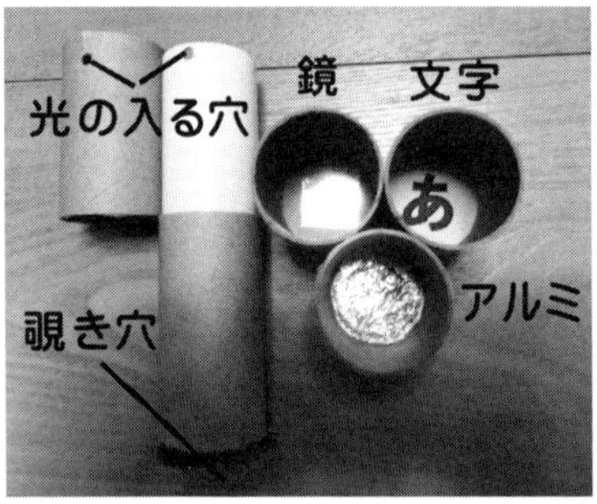

【図1　簡単に完全な暗室を再現できる筒】</td><td>○図1は明るい環境の中でも筒を覗くことで完全な暗室の状態をつくることができる筒である。初期はダンボール箱や大きな紙筒の中に見るものを入れて，周囲を暗くしてから上面の穴から覗かせて実験をしていたが，何人かの生徒から「覗き穴が小さい」とか「周りが暗いので穴の位置もよく分からない」とか「見るものとの距離が遠い」など要望があったので，明るい環境下でも簡単に実験できるような筒を考案した。筒の蓋の裏側には見るもの（文字の「あ」，アルミ片，鏡片，ガラス片など）が仕込んであり，自由に蓋を取り換えて様々なものが暗室の環境で実験ができるように作製した。その際，僅かな</td></tr>
</table>

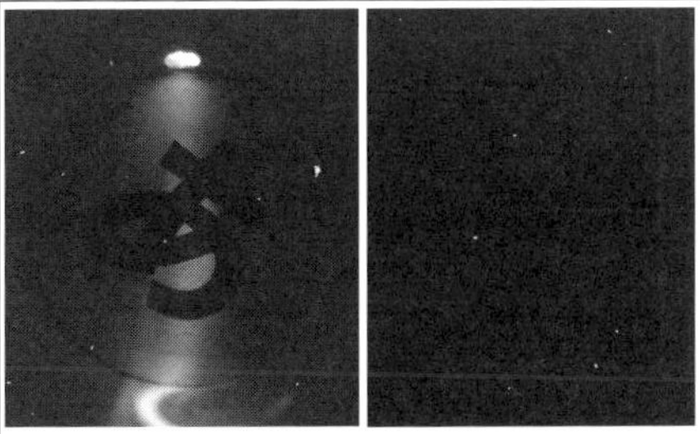
【図２　左：不完全な暗室　右：完全な暗室】

【図３　ニュートンの実験を再現した装置】

【図４】

【図５】

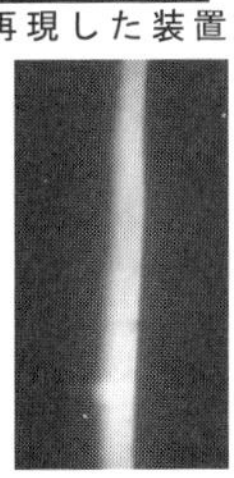
【図６】

光でもあれば，ものが見えることを実感させるために，筒の蓋の側面に小さな穴を開けて，蓋を回転させると外の光が筒の中に差し込んできたり，遮断されたりするように工夫し，完全な暗室が簡単に再現できるようにした（図２）。

○図３は白色光の秘密を探るためにニュートンが行った実験を再現した装置である。左側の電球から出した光を中央部の画用紙で作成したスリットを通し，プリズムに当て，黒板の方に向けると虹色の帯が全生徒に確認できるぐらい鮮明に映る（図４）。

その際，鮮明に映った虹色の帯がプリズムから出た色ではなく，白色光の中にもとからあった色であることを実感させるために，スリット横にあるプリズムの横にもう１個別のプリズムを図５のように置いて虹色の帯が集まると再度，図６のように白色光に戻ることを再現する。この実験を生徒の目の前で体験させることにより，白色光の中にある虹色の光が，ものが色づいて見えることに関係しているという意識を持たせることができる。

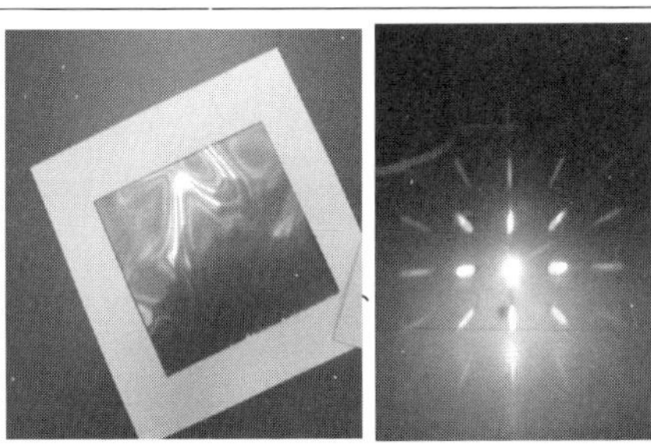
【図７　分光シートとロウソクの分光】

○図７は型紙で淵を加工した分光シートである。生徒１人１人に配布し蛍光灯やろうそくなど様々な光源の光の中にも虹色の帯がかくれていることを実感させるために自由に観察できるようにした。教室の中にある光源にシートを向けて「見える～」と言っていた姿が印象的である。中にはテレビの電源スイッチのランプに向けて，「先生！この光は赤しか見えんよ」と気づく生徒もいたので単色光の説明もした。

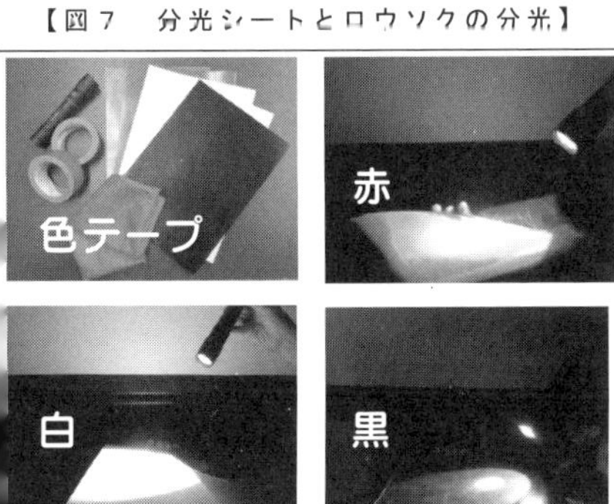

【図８　反射する光の色を確認する実験】

○ものが白色光の中の特定の色の光を反射させて色づいて見えることを実感させるために，図８左上のもので実験をした。LED 電灯を色画用紙や布などに当てて横のスクリーンに何色が反射するか問いながら進めた。図８右上は赤い布が赤色光のみを反射させている様子である。ここまで確認すると白色（左下）と黒色（右下）は，すべての光を反射したり吸収したりしていることや温度との関係（白は温まりにくく，黒は温まりやすい）に気づく生徒も出てくる。

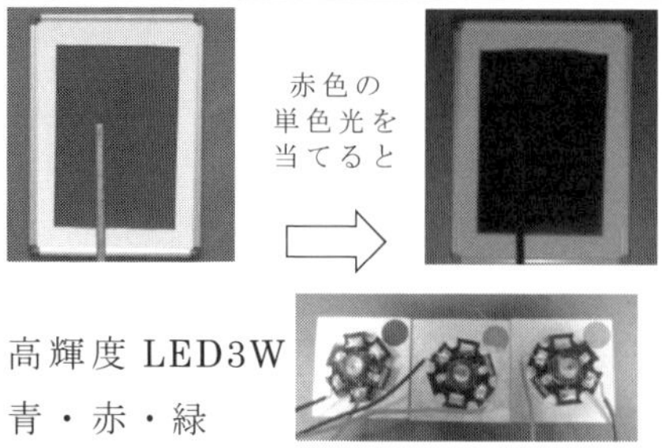

【図 9　黒に見える光源とシートの組合せ】

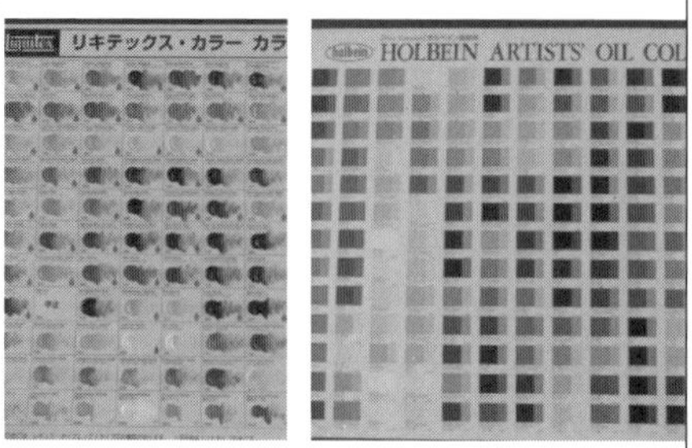

【図 10　考案した実験に用いた色見本】

○図 9 は，白色光の下で見える色と違う色の単色光が当たるとその色が吸収されることを実感させるために考案した実験である。この実験を成功させるためには単色光を当てたものが黒色に見える必然性があり，光源と当てるものの組み合わせを見付けるのが非常に困難であった。図 10 のような何種類もの色見本や光源を用いて何百通りの実験をした結果，費用や労力なども考慮し一番適切だったのが，光源は高輝度 LED 赤色の 3W，光を当てるものは中川ケミカルのカッテイングシートの青か緑色が最適であった。演示実験で全生徒がどの角度から見ても黒色と十分判断できるので葛藤が起き，その後の考察も意欲的になる。赤以外の LED や電球にセロハンや特殊フィルターを被せた光源は単色光にならず不適切である。光を当てるものは，特定の絵の具や水にとかした食紅などの色素も適切である。

5　授業の様子と生徒の変容

以下に，光単元における授業実践の一部の様子を示す。

①ニュートンが行った実験を見て驚く生徒

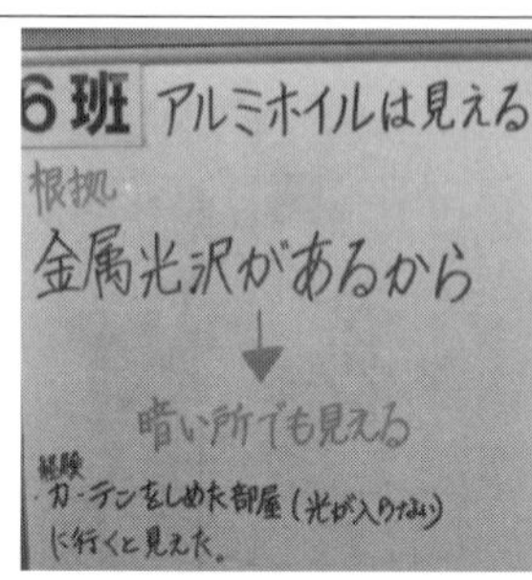

②光源の全くないところでも，ものは見えると考えた生徒の意見

③光源のないところでものが見えるか見えないかの実験

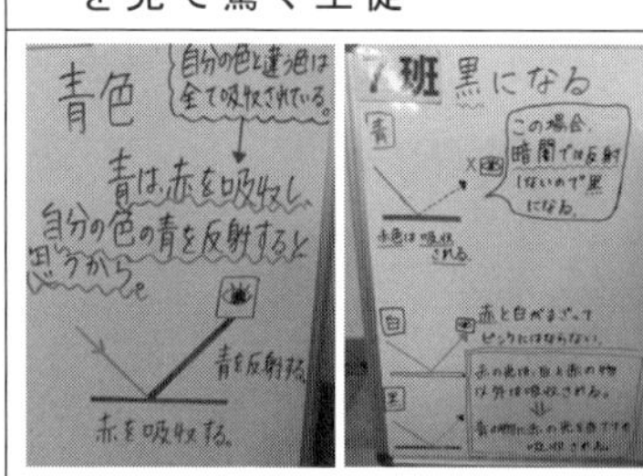

【青色の考え】　【赤色の考え】

④青色のものに赤色の光を当てた時の生徒（パネラー）の考え

⑤パネラーとフロアーによる意見の吟味

⑥赤色の光が青色のものに吸収され黒色見える現象に驚く生徒

⑦実験結果を踏まえ，青色のものが黒色に見える理由を考える様子

⑧考えの異なっていた者同士でも再度，黒色に見える理由を吟味する様子

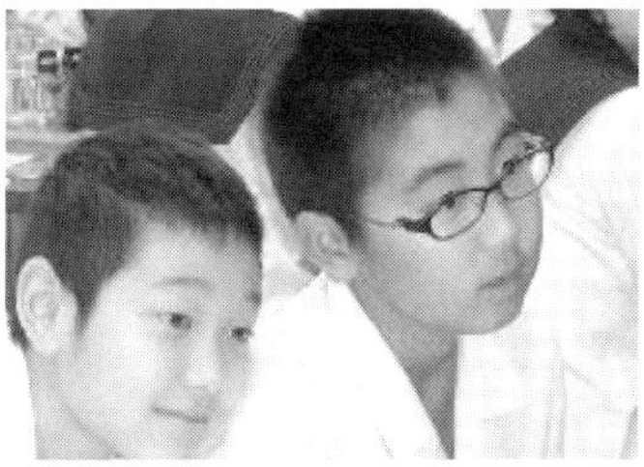

⑨単色光（Na ﾗﾝﾌﾟ）のみなら周りの色が違って見える様子に感動する様子

＜単元終了後の生徒の語り＞

○　以前はリンゴが赤に見えたり・・・別に気になったりしていなかったけど，光源がなければ，りんごは赤に見えなかったかもしれないし・・・と思うととてもおもしろい。また，リビングで夜真っ暗だったのにガラスコップが目に見えたのは疑問に思っていたけど「どこからか光がもれていたのではないか」と考えると納得ができた。・・研究大会での課題も私は青色に見えると思っていたけど，黒色の意見を聞いて光が吸収されることに気づけた。授業の最後に行った光の実験で，目の前の人がとても具合の悪い顔色に見えたのがおもしろかった。・・・この学習を通して光に関心が持てるようになり，光を日々実感できるようになった。

○・・・もし，この世界が赤の光だけしかなかったら，おそらく赤や黒しか見えないだろう。この世界は本当に上手くできていると思った。様々な色の光があるから色とりどりの景色が見えるのだろう。・・・また，吸収された光の行方を疑問に思い，調べると「大半は熱エネルギーになる」とあった。だから冬はすべての色を吸収する黒の服を着るのかと深く納得した。・・・普段何気に生活することが損をしているように思えてきた。身の回りのある１つのことを知ると，それについて疑問の輪が広がり，なぜそうなるのかということを追究する楽しさ，面白さが味わえる。ニュートンは本当にすごいと思った。僕も生活していて疑問に思ったことを調べるということをしていきたい。

○・・・黒色という色は存在して見えるものかなと思ったが実際は人間の目には見えていないということを知りとても驚いた。また，白色は白色なのかと思ったら，これは虹色が混ざって白色光になっているんだと知った。まるで光の世界で白は何でも反射する優れものみたいだと思った。僕が一番驚いたことは，ある色の紙にその紙以外の光を当てると反射しないことだ。光なら何でもかんでも反射するものだと思っていたけどそれは違っていた。僕の頭の中で思っていた光をくつがえす単元だった。疑問に思うことは海の色が見る距離によって変わることだ。遠くから見ると青色に見えるが，近くになると緑色っぽく見えるのはなぜだろう。

＜パネラーの考えの変容（学びの足跡より）＞

学習前の予想	学習後の語り
【生徒Ａ：紫色】赤色の光が吸収されても微妙にその赤色が見えて青色と混ざって紫色に見えるから	【黒色】赤の光を青が吸収するのだから，青の光は含まれないから結果，黒にしかならない。どんな色でも一定の色にその色以外の色を当てても暗闇では黒にしかならず，その同じ色を当てると見えるようになる・・・でも黒色という光がないのが不思議だ・・・ →自己の捉え直し○＆新たな疑問の生成
【生徒Ｂ：青色】青は赤色を吸収し，青の光が反射すると思うから	【黒色】赤は赤だけを反射し，青は青だけを反射するから，光と違う色なら反射しない。つまり反射する色がないため赤が吸収され何も見えない。暗闇では光の色とものの色が違えば見える色は黒のみだ。これを発見したニュートンはすごい。 →自己の捉え直し○＆発見の歴史に驚き
【生徒 C：黒色】青は白色光の中の青色だけを反射してその他の色は吸収するので赤色の光は吸収され暗室で青に赤の光を当てると何も見えない黒になる。	黒色：紫と考えた人は，前の実験で，ものが反射させた光がスクリーンに当たった実験から光が全て吸収されないと考えたのでは・・・青色と考えた人は白色光のもとでこの実験を行っていると考えているのでは・・・赤色の光は全て吸収され，黒色になることが改めて感じられた。 →自己の捉え直し○＆誤答の原因追究＆新たな実感
【生徒Ｄ：赤色】赤色の紙に白色光を当てると赤色を反射したから	【黒色】：青と赤は吸収するから・・・？ →自己の捉え直し×→事後聞き取り後，補習で対応

6　教育上の効果

本実践が，どの程度有効であったか，事後に素朴概念調査やテストを再実施し分析した。

○素朴概念調査（資料１参照）を実施し，変容を比較　□正答　■不正答　生徒 40 名

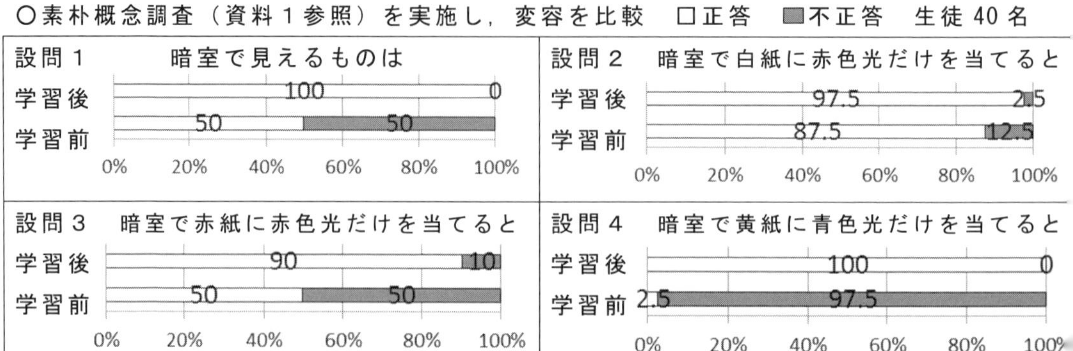

設問５　リンゴの表面などが赤く見える理由は

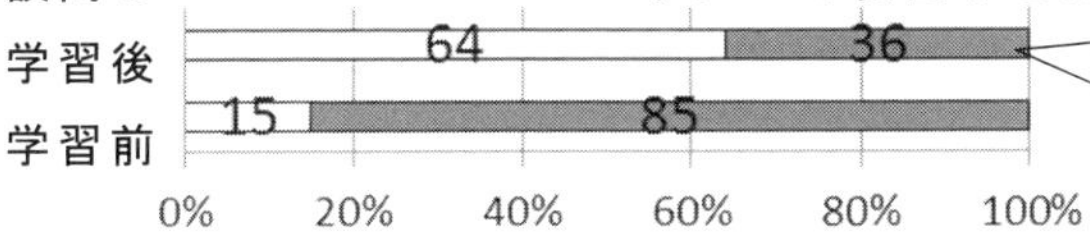

36%中 28.5%は吸収される光と反射される光の一方には触れて記述している

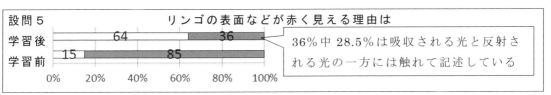

○事後テスト：光と色に関して，「もし～ならば～である」という形で仮説を立てよ

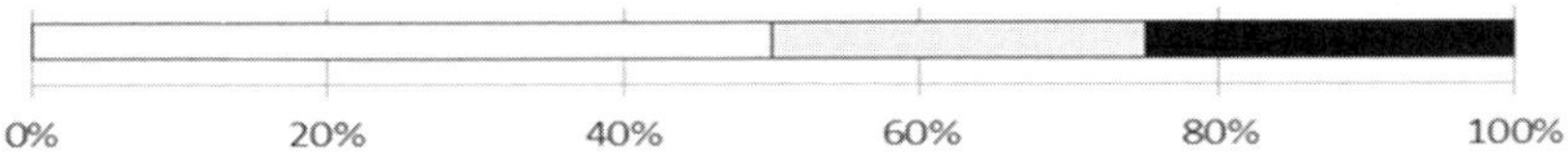

【仮説の例】

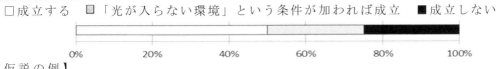

○もし，光の入らない暗室で緑だけの光を白色光のもとで黄色に見えるものに当てると黒に見えるだろう

○もし，この世に白色光がなく，一色の単色光しかなかったら，虹は見えないだろう

○もし，青いものは青い光だけを反射しているのならば，木の葉は緑色の光だけを反射しているのだろう。だとしたら葉にとって緑色は不必要なのか？

【成果】

◎明るい環境下で，完全な暗室状態になる教材を考案し活用することは「光源から出た光によってものが見えている」という概念を構築するのに有効である。

◎探究の際に，パネルディスカッションを導入することで，気づきが促され思考と理解が深まる。全員が肯定的な回答で，その理由を以下のように答えている生徒もいる。**「自分と相手の意見をよく比べて考えて「～考えもできるかも！」という思いがたくさん出てきた。結果は「黒」でしたが，先生が実験をして答えを出して終わるより，みんなと対話したので，ずっと覚えていると思うし，これからの勉強に活かすことができると思う」**

◎暗室で，白色光の下で見えている色と別の色の単色光を当て，黒色に見える実験を実現することで，葛藤が起き，思考と討論が活発になる。

◎光単元の導入部で，光と色の素朴概念を把握し，その関係にふれた課題を工夫して指導展開することで，光や色に対する知性と感性の両面が育まれる。

【課題】

●本実践に必要とする時間数の確保（現行１時間分を５時間分にして実践）

●ものが色づいて見えることの原理や法則を理解した生徒は多かったが，光と色の関係について仮説を立てることに到達した生徒は半数程度である。

●光と色の関係を深く理解するには，光と色の三原色や視物質の知識も必要である。

（若林　教裕）

第８章　科学する共同体でつむがれる新たな雲の「ものがたり」

1　はじめに

理科では「ものがたり」を，探究の過程において，自己と様々な文脈とが擦り合わされることで，自然事象を新たな見方や考え方で知性的，感性的に捉えなおすことと考えている。２年生の気象の単元において，生徒が科学的に対話ながら探究することを通して，新たな雲の「ものがたり」が生徒の中につむがれるように，単元を新たに構成し，授業を行った。

本来，この単元は，身近な気象の観察，観測を通して，気象要素と天気の変化の関係を見出させるとともに，気象現象についてそれが起こるしくみと規則性についての認識を深めることをねらいとしている。また，飽和水蒸気量や露点，湿度，気圧など，今後の気象の学習の基礎・基本となる知識の習得と思考力や表現力を育成するだけでなく，自分たちで実験を構想したり，検討・改善したりする力を養うこともできる単元である。

本実践では，雲を中心とした単元構成へ一部変更した。雲は日常生活の中で頻繁に目にするにも関わらず，科学的な理解ができておらず，誤概念の多い題材である。この雲を探究的に明らかにする過程で，生徒は雲を科学的に捉え直し，世界を新たな見方や考え方で見直すようになる。そのような科学的に世界を捉えなおす行為が「ものがたり」となり，生徒に理科を学ぶ意味や価値を実感させ，学び続ける意欲へつなげることができると考えた。

2　授業の実際

1)　単元について

なぜ雲は白かったり黒かったりするのだろうか。雲は落ちてこないのだろうか。そもそも雲はどうやってできているのだろうか。毎日のように見ている雲だが，説明を求められると，何も答えられない自分に気がつく。身近なようで身近ではない雲。この単元の中で，生徒は雲と霧が同じように水滴からできていることを再確認し，まずは霧のでき方を学ぶ。気温が下がるとなぜ水滴ができるのか。この空気中にどのぐらいの水が含まれているのか。雲は空の上にしかないのか。もし，雲がなかったら世界はどうなるのか。自分たちで予想や仮説を立て，それを明らかにするための実験を構想しながら，科学的な見方，考え方で雲を捉え直していく。

2)　単元構成（全９時間）

時間	学習内容と学習課題	資質・能力
1	・霧の発生を気温や湿度に着目して理解することができる。 学習課題「霧はどのような条件で発生するのか」	知識・技能
2	・変数に着目しながら，課題を明らかにするための実験を構想することができる。 学習課題「霧の発生に気温と湿度が関係している事を明らかにするために最低何種類の実験を行えばよいのか」	思考力・表現力・判断力
3	・飽和水蒸気量の変化と関連づけながら水滴の発生を説明することができる。	知識・技能

	学習課題「気温が下がると水滴が発生するのはなぜか」	
4	・露点を測定し，湿度を求めることができる。 学習課題「この教室には何ｇの水蒸気が含まれているのか」	知識・技能
5	・雲の発生する仕組みを気圧の変化と関連づけて理解することができる。 学習課題「雲はどのようにしてできるのか」	知識・技能
6・7	・変数に着目しながら，課題を明らかにするための実験を構想することができる。 学習課題「コーラのふたを開けたとき，白いくもりはなぜできるのか」	思考力・表現力・判断力
8	・およその雲の体積を求め，雲（積雲）に含まれている水の量を概算することができる。 学習課題「学校の上には，どのぐらいの水が浮いているのか」	思考力・表現力・判断力
9	・大気中の水の循環について理解することができる。 学習課題「大気中を水はどのように循環しているのか」	知識・技能
課題	「『私にとっての雲とは~私と雲の物語～』をテーマに自分の学びを振り返り，レポートにまとめよ」	学びに向かう力・人間性

※資質・能力はその時間の課題を解決する過程で主に育成されるものを表している。

3)　授業での対話の様子（７時間目）

(1)　授業における生徒の対話１（実験の構想場面）

【互いの考えを交流する様子】

下記は，７時間目の授業の中で，生徒が自分の考えた予想を検証するために班のメンバーと対話しながら実験を行っている様子である。この場面では，課題を解決させるために条件を変えた４種類の飲み物(「炭酸入りの冷やした飲み物」: 青色シール，「炭酸入りの常温の飲み物」: 赤色シール，「炭酸なしの冷やした飲み物」: 緑色シール，「炭酸なしの常温の飲み物」: 黄色シール）と容器内の気圧を高める道具を用意して実験をさせている。何を明らかにするための実験をしようとしているのか，その結果から何が言えるのかなど，班のメンバーと対話しながら考えを深めている様子がわかる。

Ｔ女：炭酸が気圧に関係するかどうかを調べるために青（炭酸あり・冷たい）と赤（炭酸あり・常温）を比べるの？
Ｓ男：気圧やろー。あれ？発生しない？（炭酸が抜けて白いくもりが発生しない）おれ，緑（炭酸なし・冷たい）とってくるわ。
Ｔ女：何の実験をしているの？
Ｔ男：「炭酸抜けません」で空気を入れて炭酸があるのと同じ状態にしているんやろ。
Ｓ男：(青で）いくよ。せーの，発生した！（Ｓ男は赤も同時に発生していることに気づいていない）
Ｓ男：青だけ発生したから温度は関係ない？
Ｔ男：温度は関係ないよ。こっちの赤も発生したし。
Ｓ男：発生したの？
Ｔ男：したよ。

S男：もう一回やってみよう。
T女：これって，温度に関係ないことを証明しているんだよね。（2人で青と赤のコーラの気圧を高める）
S男：（赤のコーラで）いくよ。あー出た！（同時にもう1人の青も出るのをみて）OK，OK
T男：（おもむろにお茶を別の空のペットボトルに入れはじめる。）ここに入れ直す。お茶，冷えています。（「炭酸抜けません」を使って）空気入れていきます。気圧を上げてみます。
S男：（T女に向かって）実験結果を表でかいてみようよ。
教師：何をやっているの？
T男：お茶を入れて中の液体が関係ないことを証明しているんです。
T男：（お茶を入れて気圧を高めたペットボトルの栓を開けて）発生！
教師：そこから何がわかるの？
T男：中の液体は関係ありません。炭酸は関係ありません。

(2)　授業における生徒の対話2（実験の検討・改善の場面）

下記は，他者の意見を聞き，自分たちの考えた実験方法について検討している場面での対話の様子である。明らかにしたいことが何で，そのためにはどの変数を変えて実験を行えばよいのか，他の班の考えた実験と自分たちの考えた実験とを比較しながら，より妥当性の高い実験方法のあり方について，考えを深めている様子がわかる。

（Y女さんが，他の班の実験結果とその考察を聞いて，班内で自分たちの実験結果と見比べて話し合っているが，聞き取れない。）
教師：この実験は直した方がいいですか？直さなくてもいいですか？
（Y女さんがつぶやいているのを見て）Y女さん，どうぞ。
Y女：1と2は温度が一緒だから。温度が一緒なものを比べるのではなくて，温度が違うもの（3）を比べないとわからないと思う。
教師：ということは，1と3から温度が関係していない事が言えるということ？
（中略）
教師：この班はおもしろいよ。2つしか実験していません。彼らは最小で実験するなら，これでいいと言っています。なぜそれでいいか，前で説明してくれますか？
H男：僕たち3班は，ぬるくて炭酸があるコーラと冷たくて炭酸があるコーラで実験をしました。理由は，冷たいコーラはふたを開けたら白くくもりました。ぬるいコーラも気圧を上げてから開けると白くくもりました。このことから気圧が関係していると言えます。この2つは，どちらも気圧は高い状態で，温度が違うのですが，どちらもできたから気圧が関係していると思うので，この2つで証明できると思います。
教師：ほとんどの班は3つで実験をしていますが，彼らは，この2つの実験で温度が関係なく気圧が関係していることが言えると結論づけています。どう思いますか？3つは必要ないですか？少し時間をあげます，考えてみて。

この場面だけなく，単元全体を通して科学の法則や実験・観察で得られた事実を根拠にしながら科学的に対話することを意図し，授業を行った。図1は，授業の中で聴き合い，問い合うことができたかを，まとめたものである。根拠をもって自分の考えを説明することや自分の考えと比べながら聴くことは9割以上の生徒ができたと感じているのに対して，問うことができたと感じている生

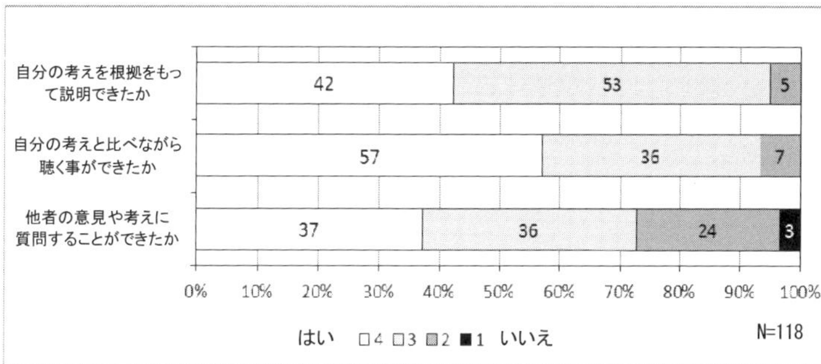

図１【聴き合い，問い合うことができたか】

徒は７割程度にとどまっており，問うことに課題があることがわかる。

３　授業の分析

事後の生徒アンケートと生徒が単元後に記述したもの（学びの振り返り）から，今回の実践を「雲の見方・考え方の変容」と「資質・能力の育成」２つの観点から分析した。

1)　雲に対する見方・考え方の変容

(1)　事後アンケートの結果から

図２は，事後のアンケート結果をまとめたものである。この結果から，ほとんどの生徒が雲に対する見方や考え方の変化を感じている事がわかる。

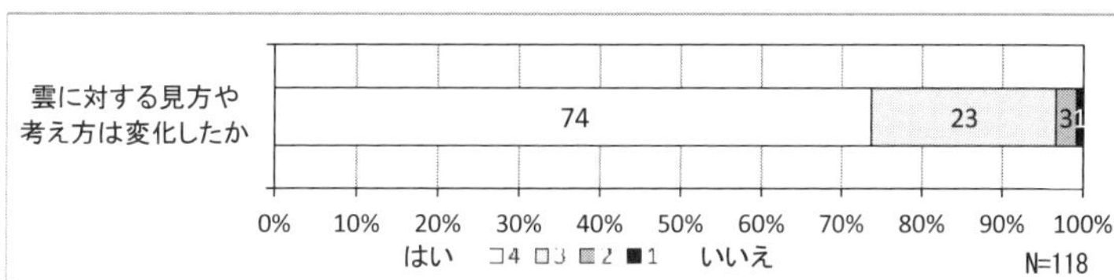

図２【雲に対する見方や考え方は変化したか】

(2)　単元後の生徒の記述（学びの振り返り）から

生徒の中に生まれた新たな見方，考え方とはどのようなものであったのか。単元後の生徒の記述（学びの振り返り）を分析した結果，生徒の記述には，主に次のような７つの視点からの記述があることがわかった。（図３）

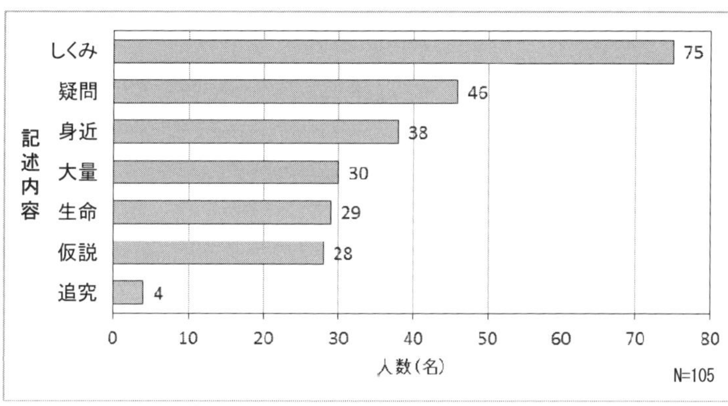

図３【どのような内容の記述がされていたか】

ⅰ）雲のでき方やそのしくみ
ⅱ）雲に対する新たな疑問
ⅲ）身近なところに発生している雲
ⅳ）大量の水が雲となって上空にあること
ⅴ）生命を支える雲
ⅵ）自分なりの新たな仮説
ⅶ）自分なりにさらに追究

表１は，各個人の学びの振り返りの中に含まれていた視点の数と自然観の広がりの実感の程度についてまとめたも

表１【視点の数と自然観の広がりの関係】

		記述に含まれる視点の数					
		5	4	3	2	1	0
自然観の広がり	4	5	6	31	26	15	0
	3	0	2	6	11	2	1
	2	0	0	0	1	0	0
	1	0	0	0	0	0	0
	合計	5	8	37	38	17	1

N=105

のである。多くの生徒は，３～２つの視点で記述をしていることがわかる。また，視点が多く含まれていると自己の自然観に広がりを感じている傾向がある。下記は，「わかった」だけにとどまっている生徒の記述である。

●事後のアンケートで雲に対する見方や考え方は変化なかったと答えた生徒の単元後の記述

僕は，はじめ霧の勉強をしていたから，水滴が関係していると思いました。でも，その水滴がどこから来ているかわからないので，水滴ではないということがわかりました。雲は，海や陸地の水が蒸発したり，気圧の変化だということがわかった。（全文）

この生徒は，学びが自己の経験や他の文脈とつながっておらず，浅いものになっている。深い学びを生み出すためには，対話を通して，自己の経験や考えを他者とすり合わせ，多様な文脈や視点から雲を捉え直すことが重要であり，そのような学びが生徒の中に深い「ものがたり」や学びの実感を生むと考える。以下は，単元後の振り返りに多様な文脈を取り入れた生徒の記述例である。

●霧や雲のでき方を知り，雲を捉え直す

学習前，僕は雲や霧について水でできているということだけしか知らず，当たり前にあるものなので，疑問に思うことなどは特にありませんでした。しかし，今は雲や霧の発生について学習して，当たり前だと思っていた事が，地球上の条件が重なり，生きられていたことを知り，当たり前で気づかないもののすばらしさについて学びました。実際は，水でできていたのですが，水蒸気が上昇する事による気圧の変化で気温が下がり，露点より温度が低くなり，水蒸気が水に変化することでいつも見ている白い雲となっているとは思えませんでした。（一部抜粋）

●経験とつなげて雲を新たな見方で捉え直す

この授業を受ける前は，雲なんて雨を降らすもので，霧に至ってはモヤモヤしたもの位しか認識がなく，興味もありませんでした。しかし，この授業でコーラを使うなどして実験したおかげで，霧は気温が下がることで，飽和水蒸気量を超えた水蒸気だと言うことがわかったり，雲はかなり身近で空の上じゃなくてもできることなど，色々な事を学ぶ事ができました。昔，厚めの風船を思いっきりたたきつけたとき，中が白くくもったのも雲ができていたからなんだなーと，謎が一つ解けてスッキリしました。この単元を終えて，雲は象の集団だと思えるようになり，大きな雲を見るたびにニヤッとします。（全文）

●学んだことを身近な経験とつなげて，学びを意味づける

私にとってこの学習はとても身近なものに関心をもてるようになったものでした。霧だって朝早く家を出たときや雨の降った後などになるけれど，なんとなく感じただけだったけど，どうしてできたのか分かりました。炭酸も雲も霧より，私には身近に感じるものです。それらもどうしてできるのか実験をしながらわかって，炭酸を飲むときにも，これは水滴なんだと思えるようになりました。もっとじっくり日常を見ると，もっと気づくことがあるのかなと思いました。もっと毎日をじっくり見ながら過ごしたいと思いました。（一部抜粋）

●大量の水が上空に雲としてあることを知り，日常を新たな目で捉え直す

もう一つ驚いたことがありました。それは，最後の方の授業で雲のことについて学んでいたとき，この附坂中と同じ面積の雲があったらふくんでいる水の量はどれくらいかということでした。100L 位かなと思い「もっと」だったらすごいけど，そんなことはないなーと思っていました。し

かし答えは12tという数字。これには，あんぐり口をあけて驚いてもいいくらいでした。「12tもの水が学校の上に…！」と考えと，おどろきより，すごさや怖さの方が勝ってしまいました。それがすべて降ってきたらかなりの量になりうるということが痛いほど分かりました。（一部抜粋）

●学びをつなげて新たな仮説を立てている
　ということは，このまま地球温暖化が進み続けて海面が上昇すれば，今までより低い位置で雲が見えると言うことだろうか。また，宇宙は，とても熱いところと寒いところがあると聞いたことがある。寒いところに，水蒸気を出すと…（一部抜粋）

●生命を支える存在としての雲に気づき，日常を捉え直す
　雲は水を循環してくれており，もし雲がなかったら，水が蒸発しても雲ができないので，一方的に水はなくなっていって，水が地球上からなくなってしまいます。水がなくなると，人類だけでなく，動物やその他，地球上の生物は全て絶滅し，植物も枯れてなくなってしまい，地球はだれも住めない星になってしまうと思います。雲は，だいたいほとんどの日に出ていると思いますが，空に雲一つない快晴の日はどうなっているんだ！？と思いました。私は蒸発した水が少なすぎたのか？と思いました。快晴ということは「もし，地球上に雲が存在しなかったら？」の状態と同じになるので，何日も快晴が続いたらやばいのかなと思いました。（一部抜粋）

●生まれてきた疑問を自分なりに追究し深めている
　そこで私は，なぜ雲は水滴でできているのに，白く見えるのか疑問に思った。水滴自体が白いとは考えにくい。調べて見ると，雲は光を反射しやすいため，白く見えるのだそう。雲の厚さや内部の雲粒の密度，太陽光の角度によってさまざまな色に見える。また，白い雲は…（中略）これと同じ原理で，シロクマの毛も白く見えている。本来のシロクマの毛は透明である。また，この単元でもう一つ疑問に思っていた「どうして…（一部抜粋）

2)　理科における資質・能力の育成（全国学力・学習状況調査の比較から）

　この単元では，全国学力・学習状況調査で活用型思考力として挙げられている４つのうちの実験を「構想」したり，「検討・改善」したりする資質・能力の育成を特に意識した。授業後に，H27年度に実施された全国学力学習状況調査の問題（今回の学習内容と重なる気象の問題）を用いて，構想したり，検討・改善したりする能力がどうなっているかを調べた。図５はその結果である。「検討・改善」「構想」ともに全国平均を大きく上回っている。このことから，実験を構想したり，実験計画に対して検討や改善を加えたりする力が身についていることがわかる。この単元の中で，実験を構想したり，検討・改善したりする経験は資質・能力の育成に有効であったと考える。

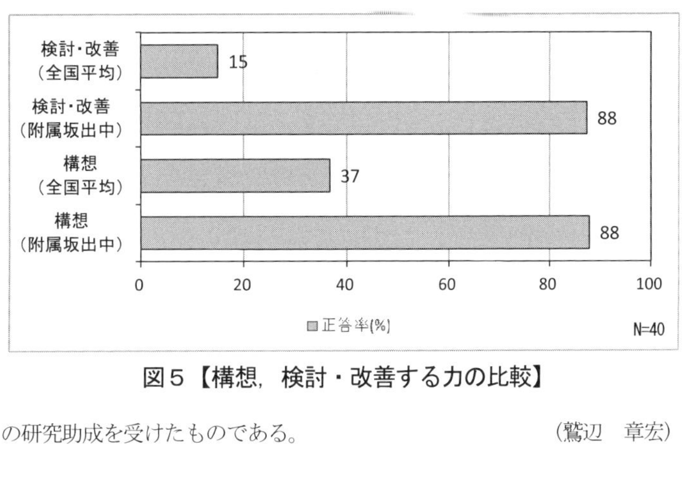

図５【構想，検討・改善する力の比較】

※この実践は，武田科学振興財団の「2017年度　中学校理科教育振興奨励」の研究助成を受けたものである。

（鷲辺　章宏）

第９章　「語り合う」中で自己の物語をつむぐNIESD

１　はじめに

情報消費社会下の学校教育の課題に，子どものアイデンティティ形成の場の準備がある(伊藤2009，2010)。私たちは，社会・歴史的な文脈を参照しながら、しばしばアイデンティティを形成していく。そして，社会・歴史的な文脈を参照する有力な手がかりに，新聞がある。そこで，上手く新聞を活用し，社会・歴史的な文脈を参照することが求められる。その際，我々自身がマスコミの「向こう側」を想像し，そこに歩み寄り，知り，発言するための公共性を高めるメディア・リテラシー教育を主張する板場(2013)に着目したい。氏は，マスコミと受信者という閉ざされた関係の外部を意識する初動段階として，我々自身がメディアだという認識をもつことの有効性を指摘した。閉ざされた関係の外部の問題は，物語論における物語られない物語と物語の語り直しに通底する。

ここでは，ESD(Education for Sustainable Development＝持続可能な開発のための教育)の豊饒化には，情報の視角からのアプローチが必要と考え，NIE(Newspaper in Education＝教育に新聞を)によるESDの有効性と，新聞が「物語り」であるという見方に立つNIEの有効性とを述べてみたい。タイトルに掲げたNIESDは，Newspaper in Education for Sustainable Development(持続可能な開発のための教育に新聞を)と，Narrative in Education for Sustainable Development(持続可能な開発のための教育の物語)を含意させた伊藤の造語である。

２　ESDで看過されている情報という視角

ESDと正対した問い「私たちと次の世代の生命と暮らしの持続可能性を妨げる課題にどんなも

表１「私たちと次の世代の生命と暮らしの持続可能性を妨げる課題にどんなものがあるか」に関わる課題

領域	課　題
社会・文化	【人権】人種や民族・性・障害等をめぐる差別や偏見の解消，いじめ・虐待等の防止とケア
	【平和】戦争やテロの防止，核兵器・地雷・不発弾等の除去，海洋の安全
	【文化】異文化理解推進，歴史的遺産や文化等の多様性と伝承・継承
	【健康】HIV・エイズをはじめとしたグローバルな感染症等の病気の予防・治癒と食や薬の安全
	【統治】民主的で誰もが参加可能な社会制度の実現，公正な権利と収益の保障
	【犯罪】地域や学校・家庭で起こる犯罪や非行・いじめ・虐待等の防止とケア
	【情報】学校や家庭を超えた個人情報の漏洩，ネット犯罪，情報操作や扇動，情報格差の解消
環境	【天然資源・エネルギー】水・石油・原子力・レアメタル等の資源・エネルギーの維持，漁業資の維持，森林破壊防止と生物多様性の保持
	【農業】持続可能な農業の実現
	【環境】地球温暖化等の地球環境破壊の防止と回復，森林破壊防止，海洋汚染の防止
	【農村開発】持続可能な農村生活の実現
	【都市】持続可能な都市生活の実現
	【災害】多発する風水害等の様々な自然災害の防止と緩和
経済	【貧困削減】途上国・先進国間，各国における経済格差や貧困の克服
	【企業の社会的責任・説明責任】企業の社会的責任・説明責任の促進
	【市場経済】公正な市場経済の実現

下線部は実施計画(案)で抜け落ちる課題（伊藤201

のがあるか」を立てて解いていくと，「国連持続可能な開発のための教育の10年国際実施計画(案)」の課題は【犯罪】と【情報】が抜けていることが明らかとなった。同計画(案)の課題に先の二つを組み込み（伊藤 2010），再修正したものが表１である（伊藤 2016）。

３ 「物語り」と新聞

1) 「物語り」とは

「物語」が注目を集め，出自である文学理論や歴史理論の枠を超え心理学，社会学，医学，教育学等の人間科学の方法論や文化の基礎理論として用いられ，学際的で多様な展開をみせている。人間は「物語る動物」あるいは「物語る欲望に取り憑かれた存在」（野家 2005，13）であり，「物語ることは，われわれが自己の生の歩みを理解し，世界のなかで経験することを理解するための普遍的な形式である」（毛利 2006，22）と言われる。

やまだ(2000，3)によれば，物語る行為は，「２つ以上の出来事（events）をむすびつけて筋立てる行為（emplotting)」である。これは，出来事を時間的コンテキストに位置づけ，関連づけることである[1)]。「個々の出来事は同じでも，それをどのように結びつけるかによって，物語が変わる。たとえば，『幼い時に両親がなくなった』という出来事は変えられないが，『だから，自分は一人ぼっちだ』という出来事（行為）とむすぶか，『だから，自分は一人でも生きられる』という出来事（行為）とむすぶかによって，意味が大きく変わる。むすび方が変われば，人生の物語も，人生の意味も変わるはずである。」(やまだ 2000，128)。筋立てることで経験を組織化し意味づけることで，自らの在り方を確認する[2)]。結び方によって意味が変わることから，人は自分の人生物語を繰り返し物語り，「人生物語の主人公である自分自身と折り合いをつけ，自分の身に降りかかった出来事の結末を『受け入れよう』とする」(毛利 2006，7)。「人は，繰り返し物語りながら過去を再構成し，それによって未来を指向して生きる動物」(松木 2001，2)なのである。

藤原(2004，62)は，時間連鎖の形で関係づけられる出来事を語る行為やそれが生み出す言説，そうした行為を導く枠組みに関する理論を物語論と規定し，次のように述べている。

> 物語とは，まず，経験を物語る行為（ナラティブ）とみなされる。ナラティブ＝物語り行為等を通して，人間は，現実において出合った様々な出来事を意味つけ関連づけながら，自身の経験をかたどっていく。この物語り行為は，モノローグではなく他者との対話であり，これを通して語り手の経験にかかわる物語言説が社会的に構築されることになる。物語り行為は，J.S.ブルーナが「物語的思考」と呼ぶ認知様式によって導かれる。これは，事象間の因果関係の理解にかかわる「論理－科学的思考」と対置される，人間の行為の意図や出来事の意味の解釈にかかわる認知様式である。ただし，こうした認知の源泉は，社会の中で構築・共有されてきた種々のタイプの言説（神話・愚話・劇など）が担保する物語（ストーリー）の枠組みに見いだすことができる。つまり，「物語的思考」という人間の認知は，そうした社会文化的な物語枠組みに淵源していることになる。

現在の物語論における物語概念は，経験を構築する物語行為，経験にかかわる物語言説，社会文化的な物語枠組み，という三つの側面から理解できる。三つの側面は，循環的な関係にある。社会文化的な物語枠組みに規定された物語行為が経験にかかわる物語言説を生み，そうした言説が物語枠組みを担保しつつ，さらに物語行為を導くといった関係である。

野家(2005，300)は，物語を実態概念の「物語」（語られたもの，ストーリー）と機能概念の「物語り」（語る行為，ナラティブ）に分けている。物語りは，藤原の経験を構築する物語行為である。語られたものである物語は，藤原の経験にかかわる物語言説である。

ここでは，従来の物語の定義が多く踏まえられている布施(2009，127)の「目的に基づく時間構造もち，自らを社会の文脈の中に位置づけ説明づけ定義づけ，自らの生を意味づけ，生き方を方向づける行為」という物語の定義を下敷きに，物語を規定する。例えば，「目的に基づく時間構造もち……自らの生を意味づけ，生き方を方向づける行為」は，「人は，繰り返し物語りながら過去を再構成し，それによって未来を指向して生きる動物」と関わり，出来事を時間的コンテキスの中に位置づけ，関連づけることである。「自らを社会の文脈の中に位置づけ説明づけ定義づけ」は「社会文化的な物語枠組み」と通底し，経験の組織化のことである。ところで，布施の定義には物語ったものである「物語」の位置づけがよく分からない。そこで，物語る行為と物語られたもの（自己の物語や社会文化的な物語枠組み）が循環的な関係にあることから，両者を視野に入れ学習を構想する。まず，「物語」と「物語り」を包摂するものとして「物語り」と表記する。次に，「物語り」を「目的に基づく時間構造もち，仲間と語り合って自らを社会の文脈の中に位置づけ説明づけ定義づけ，自らの生を意味づけ，生き方を方向づける行為とその行為により生成されるもの」と規定する(伊藤 2014)。

2)　「物語り」としての新聞

香川大学教育学部附属坂出中学校(以後本校)研究集会(2013/6/18)で，伊藤が，新聞も「物語り」と言えることから，NIE と本校の研究(「『学ぶこと』と『生きること』の統合－語り合う中で自己の『ものがたり』をつむぐ－」)が接合可能なことを示したレジュメを掲載する。ゴチックは伊藤。

1)　**物語としての新聞**

・**ニュースを物語として論じることへの批判→複数のジャーナリストによる同一事件についての相互に極めて類似した報道＝報道の客観性を証明するもの**

・**ニュースの物語性を強調する研究者の主張**

確かに個々のジャーナリストは物語の作者ではないから報道の類似性は生じる。ただし，ジャーナリストが**事実の客観的な情報伝達者であるということではない。**共通の物語に沿って報道せざるをえないのである。**ジャーナリストやマス・メディア組織がある出来事を報道する際，彼らはその出来事が発生する以前から存在している物語に従って事実を物語へと変換するため，どの物語を採用するかを自由に選択することは困難である。**むしろ，ジャーナリストは，**社会で共有されている「集合的記憶」や「神話」に大きく影響されながら，そうした神話を再生産するような形で物語の選択を行う傾向がある**（津田 2006，64）。

出来事の経過や原因を詳細に論じるためには，入念な調査が必要であり，通常のジャーナリストが日々の時間的制約のなかでそれを行うことは難しいからである。そのため，しばしば既存の物語が流用され，出来事の解説を行われるという事態が生じることになる。

そのような既存の物語がとりわけ大きな影響ぼすのが，報道されている出来事を引き起こしたとされる個人の「動機」の解説である（津田 2006，70）。

ミルズによれば，人は自らの行為の動機について語る際，社会的に認められうる動機の語彙のなかから選択を行う一方，他人の行為に関しては自らが納得できる動機の語彙を介してそれを解釈しようとするのである。この動機の語彙は，時代状況において変化しうるものであり，中略。ジャーナリストも「わかりやすい」動機の語彙に照らし合わせて，報道対象の動機について解釈し，プロットを作成していくことになる（津田 2006，71）。

事件の捜査にあたる警察側の物語がマスメディアによって増幅され，一人の被害者が犯人に仕立てられていったのが，いわゆる「松本サリン事件」である。(井上 1997，37)

社会面などでは「近所の人たちの声」が紹介されているが，ここでは，**農薬調合の失敗という物語**

によって事件に一様の説明が与えられ，わけのわからないことから来る不安が解消されていく様子がうかがわれる。(井上 1997，38)→他者から承認されそうな物語の紡ぎだし
　メディアによって流布される物語が受け手の秩序感覚に呼応しながら，誰もがこの会社員・河野義行氏を犯人と思い込んでしまうような状況がつくられていく。(井上 1997，39)

2)　新聞と人間形成・社会形成（略）

4　NIESD の構想と展開

1)　NIESD が依拠する人間観と授業目的

　NIESD が依拠する人間観と授業目的は，以下の通りである。「物語り」を活用した NIESD は，「人間・社会は根源的に物語る存在である」という人間観に依拠する。ESD に関わるニュースが掲載される物語としての新聞を活用して学習することで，「持続可能な開発のための教育の物語」の紡ぎ出しを行う。そして，メディアによる秩序構成の在り方を問う力を育成した上で，社会的自己物語りの批判的構築を図る。

NIESD が依拠する人間観
人間・社会は根源的に物語る存在である。
NIESD の授業目的
社会的自己物語りの批判的構築をめざす。

2)　国語科での「情報操作や扇動」と関わる NIESD の実践

　以下は，平成 25 年度第 2 回香川県 NIE 実践報告会(2013/11/16)での川田の発表資料の一部である。ESD の有力な視角となる【情報】の「情報操作や扇動」と関わる実践である。

　中学校国語科の教科書では，「『正しい』言葉は信じられるか」（東京書籍３年）「論理の展開に着目して読もう　―新聞の社説を比較する―」（光村図書３年）という単元があり，新聞記事の言葉や論理の違いに着目した読み比べの観点が示されている。
　ＰＩＳＡ型読解力では，「情報の取り出し」「解釈」「熟考・評価」という三つのプロセスが設定されている。まずテキストの中から根拠となる情報（客観的な事実・データ）を取り出し，その意味を適切に「解釈」して，具体的な理由を示すことが必要になる。これにより，立場の異なる人とコミュニケーションが図れるようになる。ＯＥＣＤの設定した「キーコンピテンシー」の一つに「社会的に異質な集団で交流する力」があるが，こうした論理的な思考力・表現力を求めている。
　新聞記事の読み比べを通して，こうした力を育成することをねらいとして授業を行う。
　ここでは，本校３年生を対象に，筆者(川田英之，引用者補足)が教育実習生滝本千紘，森奏子（ともに香川大学教育学部学校教育教員養成課程中学校サブコース）と 25 年９月に実践した授業を報告する。

第三学年○組　国語科学習指導案

１．単元名　　「論理の展開に着目して読もう」

2．単元について

(1)　今日，様々な情報が錯綜する中，どの情報媒体に一番信頼を置けるか判断が難しい。中でも新聞は信頼を置ける媒体であるという認識がある可能性がある。そのような認識がある新聞さえ多くの記者たちが執筆した記事の集合体であり，そこには事実だけではなく彼らの意図をも含んでいる。

今回は四国新聞と朝日新聞，毎日新聞における同じ内容の記事を比較し，「写真」「見出し」「本文」等からその共通点や相違点を見付け，その意図から意見文を書くことで，中学校学習指導要領の「B　書くこと」の「(1)イ　論理の展開を工夫し，資料を適切に引用するなどして，説得力のある文章を書くこと」，「C　読むこと」の「(2)イ　論説や報道などに盛り込まれた情報を比較して読むこと」ができる教材である。

(2)　本学級の生徒は全体的に学習に前向きに取り組み，積極的に挙手や発言をする生徒が多い。意見交流についても普段から活発にしているため，グループ活動にも大きな問題はないように思われる。今回の題材である新聞については，本学級の生徒は他の教科の課題で触れる機会があるため，あまり抵抗なく単元に臨むことが出来るだろう。ただ，新聞には事実だけでなく記者の意図も含まれていることを認識するまでには至っていない。

(3)　本単元では，ワークシートを用い，三社の記事を比較する。比較する際，文体等の構成の違いや写真等を見比べる等，着目する要素を示す。ワークシートを活用して三社の記事の違いを明確にし，意見文を書くためのメモを作らせることでスムーズに文章を作ることに繋がる。ワークシートを活用し，三社の記事の共通点や相違点を明確にした上で，何故自分がその記事を選んだのかその理由や根拠を「写真」や「本文」等から明らかにして意見文に取り組む。

3．学習目標

・三社の新聞記事を読み比べ，その違いや記者の意図に気付くことができる。

・自分の立場を明確にし，根拠や理由をもって意見文を書くことができる。

4．学習指導計画

(1)　二社の新聞記事を比較し，違いについて交流する。　・・・・・・2時間

(2)　自分自身の気づきや全体で交流した情報を基に意見文を書かせる　・・・・・・1時間

5．本時の学習指導（第1時）

(1) 目標

・数社の新聞記事を比較し，それぞれの情報や構成を書くことができる。

・他者と意見交換し，自分の意見を深めたり再認識したりすることができる。

(2) 学習指導過程

学習活動	予想される生徒の反応	指導上の留意点
1.テレビ，雑誌，インターネット，新聞を比較し，どれが一番信頼できる情報なのかを考える。	○情報媒体を比較し，自分が一番信頼のおけるものを考えようとする。	○なぜ，その情報が信頼できないと考えるのか，信頼できると考えるのか，根拠を挙げさせる
2.マクドナルドについての新聞記事の比較をする。 (1)隣の人と気が付いたことを話し合い，発表する。 (2)どちらの新聞記事の方が良いか考え，発表する。	○見出し，写真，本文がそれぞれ違い，受ける印象が違うことを確認している。 ○小さな記事でも，記者の意図が入っていることを理解しようとしている。	○新聞記事を読む際に，相違点や共通点に気が付くようにするために注目して見るべき観点を強調する。 ○なぜその記事がいいと思うのか，理由を明確にするよう指示する。
3.朝日新聞・四国新聞・毎日新聞の三社の新聞記事を比較する。	○同じ出来事を伝える記事でも，書いてあることがそれぞれ	○机間指導を行い，進みが遅い生徒に助言をしたり，良い意見を書

(1)サークルマップにそれぞれの特徴を書き込む。 (2)四人組を作り意見交流する。 (3)全体で交流する。	違うことを確認している。 ○他人と意見を交換し，気が付かなかった点に気づいたり，自分の意見を再認識したりしている。	ている生徒を確認したりする。 ○自分の意見を区別するために，グループで出た意見は青色で，全体で出た意見は赤色で書き加えるように指示する。

(3) 評価
・ワークシートに，二社の新聞記事を比較してそれぞれ特徴を書くことができたか。
・根拠を明確にして，どの記事の方がいいか自分の意見を書くことができたか。

5．本時の学習指導（第２時）

(1) 目標
・他人の意見を聞き，自分の意見を深めたり，再認識したりすることができる。
・根拠や理由を明確にし，意見文を書くことができる。

(2) 学習指導過程

学習活動	予想される生徒の反応	指導上の留意点
1.前時の復習をする。	○前回のワークシートを見て，どのような観点で新聞記事を読み比べたのか，確認している。	○前回，新聞を読み比べた際に用いた観点を確認する。
2.サークルマップを，全体で共有する。 3.各新聞の主張をワークシートに纏める。 (1)個人で考える。 (2)グループで考える。 (3)全体で 共有する。	○他の人が挙げる意見を聞いて，自分の意見を深めている。 ○サークルマップを参考にして，自分の考えをまとめている。 ○他人の意見を聞いて，自分の意見を広げようとしている。 ○自分の意見を発言することによって，自分の意見を再認識している。	○あらかじめ読んでいる意見を参考に，挙手が少ない場合は指名する。 ○他人の意見を書き込むときは，色つきのペンで自分の意見と区別できるように指示する。

(3) 評価
・他人の意見を聞き，考えを深めることができたか。
・根拠や理由を明確にして，どの記事の方がいいか説得力のある文章を書くことができたか。

生徒の感想とワークシートの一例を載せる。

○今自分の家でとっている新聞だけでなく，いろいろ情報を見極めなければいけないと感じることができました。色々切り口が違っていておもしろかったです。
○新聞というのはそれぞれの新聞で見出しも写真も内容も違うことが分かりました。私は新聞を読んだことがないので，ここまで違うと思うとびっくりしました。でも読んでとてもよく分かりました。よかったです。
○こんなふうにたくさんの新聞を読み比べたことはなかったので，たくさんの気づきが生まれました。それぞれの社で工夫している点があっておもしろかった。また，写真や見出しを少し変えるだけでも大きく印象が変わることに気づき驚いた。
○新聞は正しいものだと思っていながらも読み進めていくとそうではない点が出てきました。テレビもネットもどんな情報機関も同じようなものだろうなと思います。自分の目で見るのが一番です。
○授業回数を重ねていき，それぞれの新聞をより深く読み比べていくうちに，良さ悪さが見つかり，自分の意見も変わっていきました。なぜ自分の家はその会社の新聞をとっているのか知りたいと思いました。
○家は読売新聞をとっているので他社を読む機会と言えば旅行先くらい。なので「比べる」ということを一度もしたことがなかった。こんなにも同じことを記事にしているはずなのに差があるのかと思った。情報は身の回りにたくさんあるので見わけるのは大変だと思う。

新聞の比較

三年　組　番　氏名（　　　　）

○それぞれの新聞記事が一番主張したいこと

四国新聞

首相が加害責任について触れなかった

平和の誓いが行われた・平和を願っている　朝日と毎日の要素を含む

朝日新聞

首相が加害責任に触れなかった

国内向け重視だった　政治

毎日新聞

だんだんと式が変わってきたこと　式辞

人々の思いは変わらない　憲法改正について今後の日本のことを視野に

○自分が選ぶ記事は・・・（毎日）新聞

理由や根拠

まず、写真が子供で戦争の悲惨さを伝えていかなくてはならないことが分かる。また図を使って式辞の変化を表して分かりやすい。

憲法などのことも含め広い視野でとらえていてくわしく分かるから。

見出しが「変わる空気　変わらぬ平和」でひきつけられる。

四国…両方の要素を含んでいる

要点がまとめられている

会場の様子が分かりやすい

客観的に

朝日…政治のこと

参列者について身近に

毎日…一般人の写真

中学生の今後の方向性

三年　組　番　氏名（　　　　）

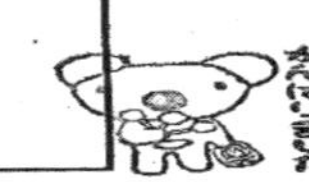

○それぞれの新聞記事が一番主張したいこと

四国新聞

戦争によって失ったもの、得たもの。影響

式の様子参列者の様子

朝日新聞

不戦。未来へ

首相の式辞の内容

毎日新聞

その日のことについて。数値から見えてくるもの

式の詳しい内容　政治的な観点から、世界と歴史

首相「加害明言」せず

○自分が選ぶ記事は・・・（朝日）新聞

理由や根拠

私が朝日新聞を選んだ理由は次の通りです。

・タイトルが大きくて太字

・いろいろな字体や文字の大きさ（やさしい）

全体的に読みあきない

・入りくんでいなくて読みやすい

・項目が多い

・いろいろな人に

・一番大切な「不戦」未来へという観点で見出しである。（10代と99歳を比較させているので）

・写真が二枚

・少し批判的な意見も入っているので、読者の心を動かしやすい→吟味できる。

・年齢年代人数、回数などに詳しい数値を使っているので、内容がよくわかる。「すごい」って思える。

3つの項目をみれば主旨がわかる。

・文の幅を広くなっているので読みやすい。

※ただ一文一文が少し長い気がするので、もっと区切ってほしい。

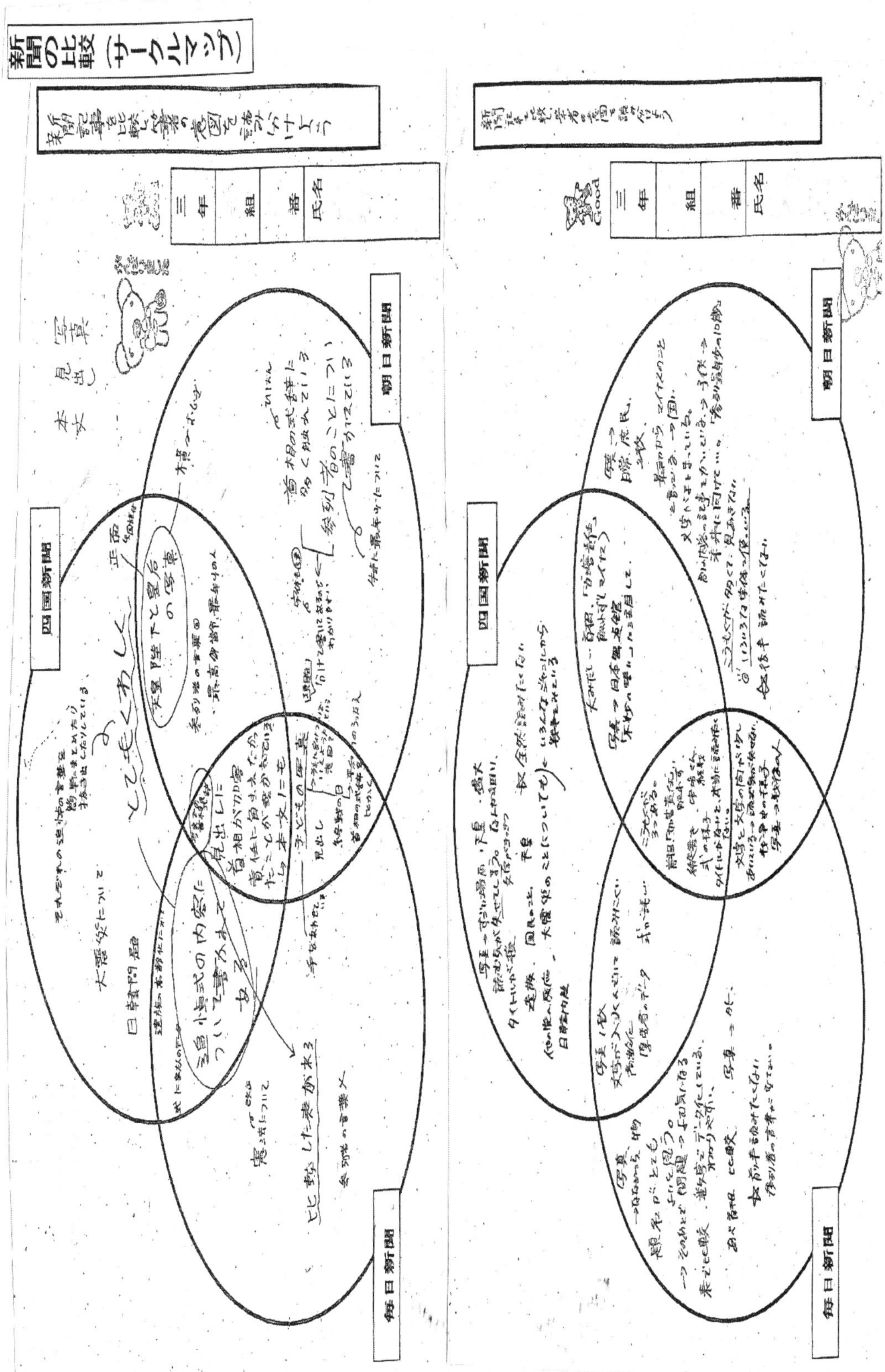
新聞の比較（サークルマップ）
四国新聞
朝日新聞
毎日新聞
年
組
番
氏名

最終意見文

理由や根拠を明確にして、意見文を書こう

三年　組　番　氏名（　　　）

○意見文を書いてみよう。

私は、朝日新聞の記事が最も良いと思う。一番の理由は、首相が加害責任について触れなかったことをきちんと批判していることだ。新聞社がそんなに強く批判するのはだめだという意見もあるが、その社会的なルールを守る守らないという視点で批判するよりも「不戦の誓い」が無かったことを批判する方がよっぽど重要なことだと私は思う。今年六十八回目を迎えた終戦記念日にしてもう戦争をしないという意思が十分に伝わらなかった点は首相の気持ちが理解できないという風に述べても悪いことではない。
また、毎日新聞の子供の写真について、私はこれはだめなのではないかと考えている。終戦記念日に式典が行われたことを伝える記事なのに式典の写真を貼らないというところがよく分からない。世代交代の予感がするといいながらも、やはり式典の写真を優先すべきである。

○授業を通しての感想

新聞は正しいものだと思って、ばくぜんと読み進めていくとそうではない点が出てきました。テレビも本も、どんな情報機関も同じようなものなのだろうなと思います。自分の目で見るのが一番です。

自分の目で確めて、情報を見極めてくださいね。

理由や根拠を明確にして、意見文を書こう

三年　組　番　氏名（　　　）

○意見文を書いてみよう。

私は、四国新聞の記事が一番いいと思う。四国新聞は一番「平和」や「終戦」について考えられているからだ。
四国新聞の記事では、追悼式の様子が一番よく書かれている。例えば、朝日新聞には、安倍首相の式辞のあとに一分間の黙とうがあったことが書かれていないなど、式の様子に不明な点が多い。また毎日新聞には、式の様子は書かれているが、参列者の方の言葉が入っておらず、式での人々の様子がよくわからない。終戦の日に行われた式の様子をくわしく書くのは、何よりも大切なことで、人々に平和の大切さを伝えることにつながる。
また、四国新聞だけ、「東日本大震災被災地の岩手、宮城、福島」と東日本大震災についてもふれている。最近あった災害についてふれることによって人々の平和意識が高まる。
たしかに首相の「加害責任」にふれなかったという事がらを述べることは大切だという意見もあるだろう。ただ8月15日は「終戦の日」という平和について考える日だ。その日に扱うべきものは、首相の批判ではなく、平和だと思う。
平和について人々がよく考えられるような四国新聞は、一番いいと思った。

四国新聞にしかない特徴を根拠に挙げ、反論の意見もきちんと述べており分かりやすい。

○授業を通しての感想

同じ事がらについて書いてある新聞でも、どちらが観点を中心にしているかだけで、こんなにまで主張がかわってくるものなのだと思った。いろいろな新聞を読み比べてみることによって、新しい考え方もうまれることがあるのだと思った。

3)　国語科においてNIESD実践を終えて

実践し終えた川田は，次のように本校のNIEを述べる。下線部は，川田が新聞を「物語り」と認識していることを表わし，新聞が「物語り」であることが分かるところである。

次のような笑い話がある。

本校の３年生K君は，野球部の中心選手である。K君の兄も，K高校野球部で活躍し，昨夏は県大会決勝戦で惜しくも敗れたものの，今年は主将として甲子園にも出場するなど活躍した。

昨年の決勝戦，球場で応援していたK君のもとにA新聞社の記者が取材にやってきた。

記者「お兄ちゃんはかっこいいですか？」

K君「・・・はい」（こう聞かれたら「はい」としか答えようがないなとK君は思ったらしい）

記者「（リードされている展開だけど）まだまだいけそうですか？」

K君「・・・はい」（これも「はい」としか答えようがないなとK君は思った）

翌日のA新聞には次のような記事が載った。

「応援に来ていたK選手の弟○○君は『かっこいい。まだまだいける。』）

（K君は小学生のコメントみたいで恥ずかしい思いをした。でもあの場面で，もし「いいえ」と言っていたら記事にはならなかっただろうとも思ったようだ。）

そして今年の決勝戦。またA新聞社の記者がやってきたので，今度はかなり用心して慎重にコメントした。「兄はあこがれです。」K高校が９回にだめ押しの１点。その際のコメントを求められたので「良かったです。」と答えた。

翌日のA新聞には次のような記事が載った。

「兄はあこがれです。最後の１点が良かった。」

（K君は「最後の１点が良かった。」などど「上から目線」で言っているようで，またまた，とても嫌な思いをしたようだ。）

さて，この話から何が見えてくるか。ジャーナリストは事実の客観的な伝達者ではないということである。「事実は事実として存在するのではない。そこには書き手の既存の物語が存在し，それに沿った形で一定の筋道を与えながら語る」のである。K君の場合は，書き手に「活躍する兄にあこがれをもち，一生懸命応援する家族」という物語があり，その物語に沿わないものを排除する形で報道がなされている。また，客観的事実は変えられないから，どうしても報道の類似性が生じてくる。そこで他との違いを出したり，際立たせたりしようとする際にも，書き手の「物語」が影響を与える。<現実>は社会的に構成されているものなのである。

こうした「物語」が全て悪いとは言わない。社会や文化として存在する大きな物語は，人々が社会的規範や価値を受け入れる上で重要な役割を果たす。世の中には多くの物語が存在し，私達は物語に囲まれながら成長する。と同時に「語られていない物語」「隠されている物語」に目を向ける姿勢が私達には必要である。報道によって語られた「物語」に積極的にかかわり，「語られていない」ものに目を向け，与えられた物語を「語り直す」ことが重要である。

これが（香川大学教育学部附属坂出中学校が目指す，引用者補足）「『語り合う』中で自己の『ものがたり』をつむぐＮＩＥ」である。

では，生徒はどのように新聞を捉えているのか。以下に最終意見文を載せる。

<最終意見文例>

ぼくは毎日新聞の記事が一番良いと思った。

毎日新聞は他社とは違い，子どもが手を合わせた写真を使っている。これは終戦したけれど子どもたちにも平和は受け継がれている，ということが書きたかったのではないかと思う。その点で見ると天皇陛下が手を合わせているよりも，子どもが手を合わせているほうが伝わりやすいだろう。

また後半では，安倍首相の式辞の変化，そして憲法と政治の変化のことについて述べられている。この変わる日本というものと変わらない日本ということの二つを対比して書いているのでおもしろい。

朝日新聞は「加害責任」に注目しているから良いという意見もあるが，ぼくは本当に注目すべきなのは「平和」だと思う。

八月十五日は終戦記念日で戦争が終わった日なのだ。たしかに安倍首相の発言も大事だろう。しかし，戦争が終わった日だ，ということが重要なのだ。

そのような視点から見ると，やはり「平和」を中心として書き，色々な工夫をしている毎日新聞が良いと思う。

これを見ると，この生徒は，「平和の物語」ということから新聞の比べ読みをしている。一番「平和の物語」が紡がれているのが毎日新聞だったから，毎日新聞に共感しているのである。

ESDの豊饒化には情報の視角が必要である。情報の視角を持つには，NIEが有効である。しかも，新聞は教科書と違いタイムリーなESDで取り上げたい記事が掲載される。NIEでESDを実践することは，効果的なESDと成り得る。NIEそのものの推進にも役立とう。一方，新聞が「物語り」であるとの見方をもつことは，川田の新聞を「物語り」であるという認識や生徒の最終意見に見られるように，新聞そのものをメタ的に見る姿勢が生まれ，マスコミと受信者という閉ざされた関係の外部を意識する初動段階となる。物語られないものを意識することになる。

注

1)　やまだ（2007）は，物語の定義では時間的定義が多いと指摘する。例えば，「私が起きたとき雪がふっていてびっくりした。」は，「私が起きたとき（始まり）」「雪がふっていて（中間）」，「びっくりした（終わり）」という時間的秩序で語られる。このように，「始まり－中間－終わり」という時間秩序と調和的形態を重視する。「始まり－中間－終わり」という時間秩序を前提にしないやまだの生成的定義も，二つの出来事をむすぶことで時間的コンテコストに位置づけ関連づける。どちらの物語の定義も，出来事を時間的コンテコストの中に位置づけ関連づける点では共通する。

2)　物語が，経験を組織化するものことについて，時間的定義をとる野家啓一は，「経験は『物語』を語る言語行為，すなわち物語行為を離れては存在しないのであり，逆に，物語行為こそが『経験』を構成するのである，と。」（野家2005，85）と述べる。時間秩序の前提の有無とは関係なく，物語が経験を組織化するものであることは共通する。

文献

井上俊（1996）「物語としての人生」井上俊・上野千鶴子・大澤真幸・見田宗介・吉見俊也編集『岩波講座現代社会学9　ライフコースの社会科学』，岩波書店，11-27

板場良久（2013）「メディアと教育」池田理知子『メディア・リテラシーの現在』，ナカニシヤ出版，19-39

伊藤裕康（2009）「情報消費社会と有用性のある地理学習」地理学報告108号，21-14

伊藤裕康（2010）「情報消費社会における社会科地理学習のあり方―持続可能な社会を目指す子ども参加の地理学習を例として―」地理教育研究6号，15-24

伊藤裕康（2014）「『物語り』を活用した授業づくり（2）」，香川大学教育実践総合研究第28号，79-90

伊藤裕康（2016）「水問題を基軸とした持続可能な社会形成のための社会科学習」教材学研究第27巻，87-98

津田正太郎（2006）「ニュースの物語とジャーナリズム」大石裕編『ジャーナリズムと権力』世界思想社，62－80

野家啓一（2005）『物語の哲学』岩波現代文庫，181－182

藤原顕（2004）「物語論」日本教育方法学会編『現代教育方法事典』，図書文化，62

布施元（2009）「環境問題の解決のための『物語』に関する考察－共生の視点を契機として－」共生システム研究Vol.3，No.1，127

松本健一（2001）「総合学習・学びのプロローグ」カリタス小学校／松本健一編集『共同で物語る

総合学習 自分をみつめる・自分をみつける』川島書店
毛利猛(2006)『臨床教育学への視座』ナカニシヤ出版
やまだようこ(2000)「人生を物語ることの意味」，やまだようこ編『人生を物語る』ミネルヴァ書房
やまだようこ(2007)「ライフストーリ・インタビュー」，やまだようこ編『質的心理学の方法ー語りを聞くー』新曜社，127

（伊藤裕康・川田英之）

あとがき

本書で授業実践を紹介した香川大学教育学部附属坂出中学校は，「自立した学習者の育成」をめざし，生涯にわたり学び続ける意欲やその基盤となる力の育成について継続して実践研究してきている。特に，2009（平成21）年度に寺岡英郎が副校長となり，ナラティヴ・アプローチを授業研究に導入したことが端緒となり，語り合いの中で自己の「ものがたり」を紡ぐことで，生涯にわたり学び続ける学習意欲の向上を図るカリキュラム構想を提案してきた。さらに，2012（平成24）年度，1990年代から物語構成学習の研究を進めていた伊藤が校長となってから，「物語り」を研究の基軸に据え，「ものがたり」による授業研究が本格化した。同校は，1947（昭和22）年4月21日に香川師範学校女子部附属中学校として創立され，2017（平成29）年度には70周年を迎えた。本書は，やや遅れた発刊となってしまったが，香川大学教育学部附属坂出中学校創立70周年を記念し，同校の「ナラティヴ・エデュケーション」と係わる授業実践を紹介する意味合いも持たせている。

一方，香川大学教育学部附属坂出中学校の研究に先立つ1998（平成10）年には，香川大学教育学部において日本教育学が開催された。同学会では，「教育という『物語』：人間形成への物語論的アプローチ」というテーマでシンポジウムがもたれた。そして，1999（平成11）年には，シンポジウムの成果を踏まえた香川大学教育学研究室編（1999）『教育という「物語」』世織書房が刊行された。平成18年には，人間形成の物語論的研究の成果として毛利猛（2006）『臨床教育学への視座』ナカニシヤ出版が刊行された。さらに，平成28年度には，竹森と伊藤により，竹森元彦編（2017）『ナラティヴ・エデュケーション入門』美巧社が刊行されている。本書刊行は，香川大学教育学部で積み重ねられてきた「物語り」の研究を淵源とし，学部教員と附属教員との協働による研究成果を発信する試みでもある。

「ナラティヴ・エデュケーション」とそれに係わる授業づくりは，未だ緒に就いたばかりである。今後，「ナラティヴ・エデュケーション」に関わる理論と実践を進めて行き，いつの日か本書をさらに深めたものを世に送り出すことができればと思っている。

最後に，本書の刊行に当たり，香川大学教育学部学術基金より出版助成金をいただいた。記して感謝の意を表する。

伊藤　裕康
竹森　元彦

2019（平成31）年1月1日

執筆者紹介（執筆順，＊は編集担当）

毛利　猛＊	香川大学教育学部教授	第Ⅰの扉第１章
竹森　元彦＊	香川大学医学部臨床心理学科教授，香川大学教育学部教授（併任）	第Ⅰの扉第２章
伊藤　裕康＊	香川大学教育学部教授	第Ⅰの扉第３章，第Ⅱの扉第９章
小林　理昭＊	善通寺市立善通寺西中学校校長（前香川大学教育学部附属坂出中学校副校長）	第Ⅱの扉第１章
川田　英之	香川県教育委員会事務局西部教育事務所主任指導主事（前香川大学教育学部附属坂出中学校教諭）	第Ⅱの扉第２章，第Ⅱの扉第９章
大西小百合	香川大学教育学部附属坂出中学校教諭	第Ⅱの扉第３章
山城　貴彦＊	香川大学教育学部附属坂出中学校教諭	第Ⅱの扉第４章
大和田　俊＊	香川大学教育学部附属坂出中学校教諭	第Ⅱの扉第５章
大西　光宏	香川大学教育学部附属坂出中学校教頭	第Ⅱの扉第６章
若林　教裕	香川県教育委員会義務教育課主任指導主事（前香川大学教育学部附属坂出中学校教諭）	第Ⅱの扉第７章
鷲辺　章宏	香川大学教育学部附属坂出中学校教諭	第Ⅱの扉第８章

ナラティヴ・エデュケーションへの扉をひらく

～個と集団をつなぎ，主体性と協同性を統合し，
「生きること」と
「学ぶこと」を
架橋する中学校の授業実践～

2019年3月31日　初版発行
定価　1,500円＋税

編集　竹森元彦・伊藤裕康・毛利猛
　　　小林理昭・山城貴彦・大和田俊 編

発行　株式会社 美巧社
　　　〒760－0063
　　　香川県高松市多賀町1－8－10
　　　TEL　087-833-5811

ISBN　978-4-86387-105-2 C1037